Zhang Zhung Nyengyud

シャンシュン・ニェンギュ入門

ボン教ゾクチェン最重要経典の日本語訳と解説

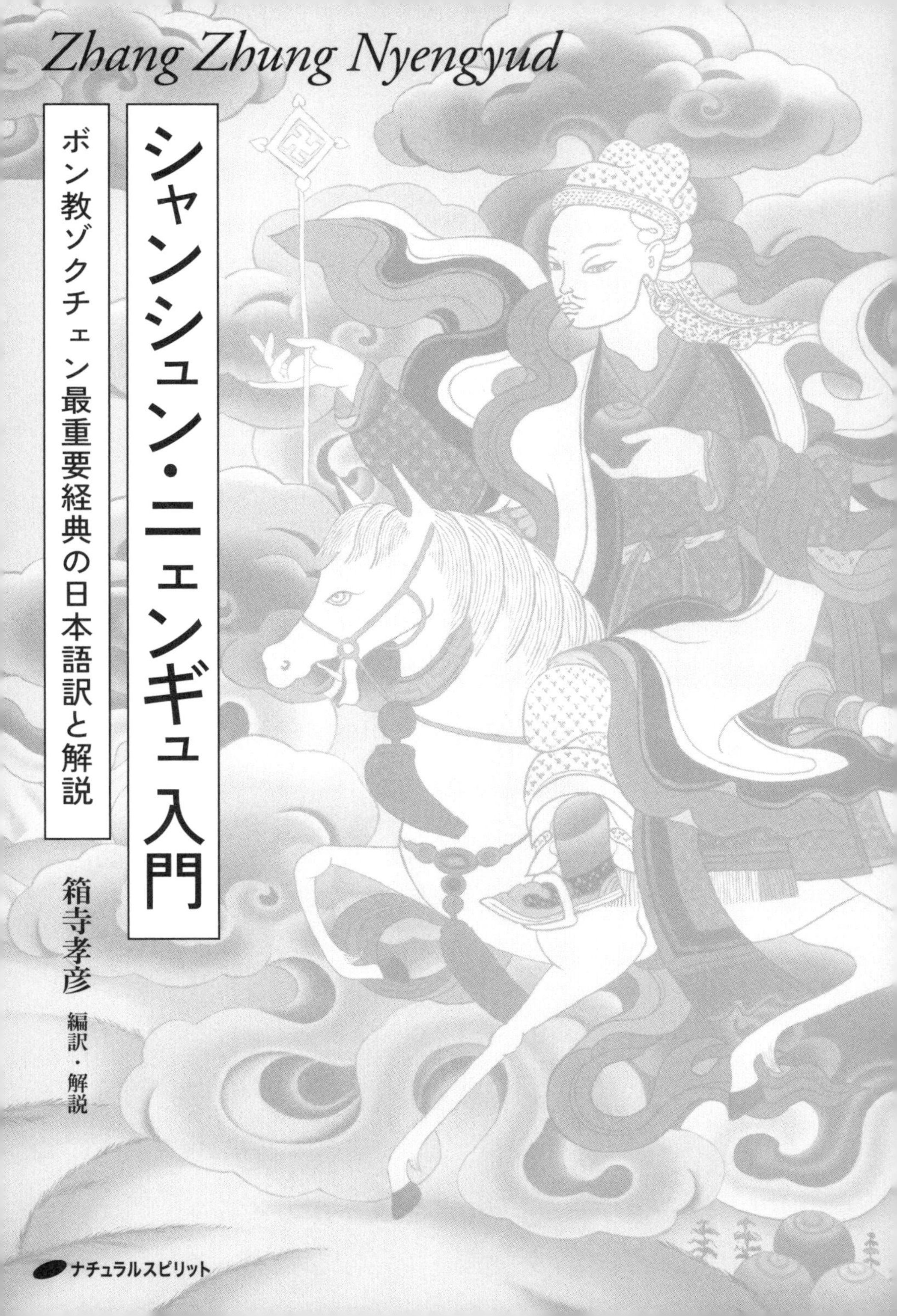

箱寺孝彦　編訳・解説

ナチュラルスピリット

◉目次

凡例　訳注は［　］で表す。

推薦の言葉　シャンシュンのこと

長野泰彦（国立民族学博物館名誉教授）

本書『シャンシュン・ニェンギュ』は「シャンシュンの聴聞相続」の意であり、ポン教独自の瞑想やゾクチェン（大究竟《だいくきょう》＝大いなる完成）哲学にかかる根本原理を書き記したものである。本来シャンシュン出身の学問僧によって口伝により伝承されたものが記録された結果である。

シャンシュン（チベット語ローマ字転写 zhang zhung）とは国の名前で、西チベット――現在のインドジャンム・カシミール州のレーからルトク、ガリ（阿里）、ツァパラン、カイラーサ（ティセ）山、プランを経て、現在の中国西藏自治区シガツェ地区西部に至る広大な地域――に存在した。首都はキュンルン・グルカル（「ガルーダの銀の座」の意）で、カイラーサ山の西麓にあった。漢籍の記す大羊同、小羊同にほぼあたり、上手のシャンシュン、下手のシャンシュンがそれに対応する。『隋書』に言う「女国」が大羊同に比定されよう。

同文献は、その国が５８６年に隋に使者を送ったと伝えるが、定かでない。また、『旧唐書』に言う「東女国」に比定する説もあるが、「東女国」は西チベットと現在の四川省西部の2カ所にあり、そのどちらを指すのかに関して混乱があって、『旧唐書』の記述は信用できない。シャンシュンがどのような社会だったのかは皆目わかっていないが、シャンシュンの zhang がチベット語で「母方のオジ」を意味する点は注目すべきだろう。

この国は中央チベットに古代吐蕃《とばん》王国が成立する以前から栄えており、ポン教発祥の地とされ、タジク（＝大食：イラン）方面からの文化的影響も受けている。附国や蘇毗《そひ》方面から南下して中央チベットに定着し、漸次力を付けたヤルルン家を核とする吐蕃王国とは通商・通婚関係を持っていて、実際吐蕃王の妹、セーマルカルがシャンシュン王に政略的に嫁いだこともある。シャンシュン王国最期の王リク・ミヒャは吐蕃の王ソンツェン・ガンポ（の手勢）により645年（一説では643年）に暗殺され、以後吐蕃に併合される。

ポン教はトンパ・シェンラプ・ミウォチェという「仏」によって創唱された。彼は1万8000年前に誕生し、タジクのオルモ・ルンリンからシャンシュンの地に来たったとされる。これは後期仏教の興隆に対抗して、ポン教徒が整備し直した解釈であるから、直ちに史実とは受け入れられない。しかし、ティセ山がポン教のみならず、仏教やヒンドゥー教にとっても「聖なる山」であること、イランやインドの古い宗教をも視野に入れて教説を発展させていること等を見ると、ポン教徒が非常に広い世界観ないし宇宙観を持っていたことは理解できる。

ポン教経典は必ずお経（チベット語）のタイトルの前に「インド（＝サンスクリット）語では〇〇〇〇」「シャンシュン語ではＸＸ」といった注釈を付ける。これが前節で指摘したポン教がイランやインドの古い宗教をも視野に収めていたことの裏付けにもなるのだが、このことを手掛かりとして彼らの言語を再構成する試みがなされてきた。1965年にインドで出版された *Tibetan Źang Źung Dictionary* はそれを後押しするものだった。しかし、この辞書は語彙集であり、様々の言語群との比較・対照がなされたけれども、結局ギャロン語群、チベット語群、羌《きょう》語群、ヒマラヤ語群などとの部分的類似が示されたにとどまり、決定的に近い親縁関係を示す言語群はなかった。

ただひとつ言えるのは、シャンシュン語はチベット・ビルマ系の言葉だということで、初期に唱えられたインド・ヨーロッパ語説は否定された。チベット・ビルマ系の言葉の中でも耳目を集めたのはキナウル語である。チベット人の間ではクヌ語とも言われ、インドのヒマチャル・プラデシュ州に話されている。キナウルやクヌは他称で、自称は「ジャンシュン」であって、シャンシュンに酷似している。また、空、星、雲などの天文用語はシャンシュン語によく似ている。ただ、身体名称や動詞には対応が見られない。

すべてのポン教経典を渉猟してシャンシュン語由来の語彙を特定する研究成果も出てきた。Dan Martin氏（米国出身でイスラエル在住の在野のチベット学者）らのグループがまとまった業績を発表しているが、未だ決定打はない。

一方、シャンシュン語の「文」を探し出して、その統語法を解析する研究も始まった。この研究傾向はF. W. Thomas氏（大英図書館の研究者）が早い時期から提唱していたもので、大英図書館とフランスの国立文書館に保存されている敦煌出土チベット語文献の中に10点ほどチベット文字で書かれたチベット語でない文献がある。このうちの6点をThomasはシャンシュン語と措定し、分析を進めたのである。

我々はこの研究を引き継ぎ、国立民族学博物館の共同研究班が全文献の電算化とKWICインデックス作成（文脈も考慮しながら文字データを牽引するときの一つの形式）を行い、統計学との協働により叙述文の単文の構造を明らかにした。ただ、文の数が少なすぎて、今のところ統計学の手法がうまく機能していない。

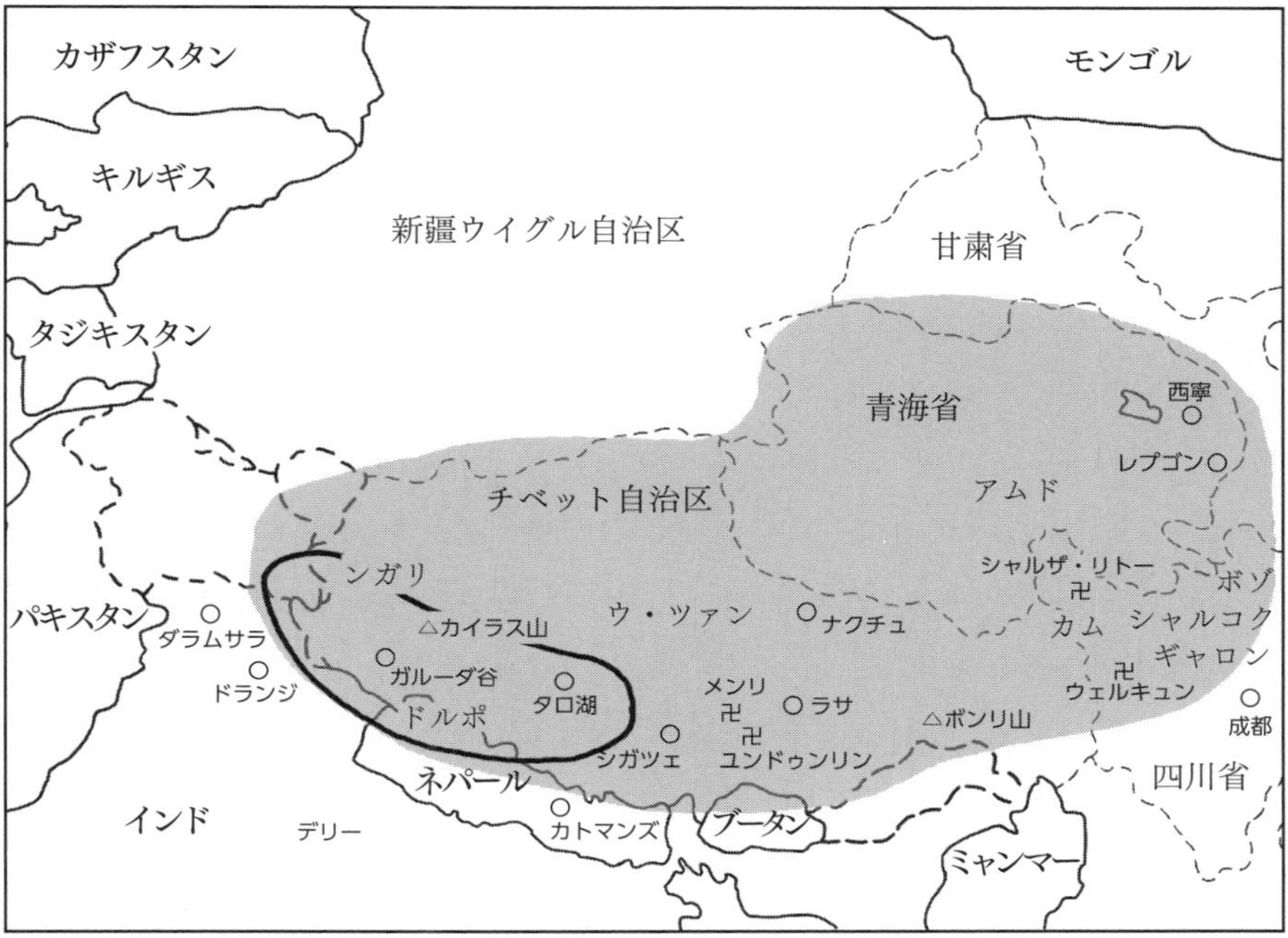

ボン教徒が考えるシャンシュンの版図（灰色部分）と、研究者が考えるシャンシュンの版図（実線）は異なる。『ボン教——弱者を生き抜くチベットの知恵』（創元社）の地図を一部改変した。

以上述べてきたとおり、シャンシュンそのものに関する研究は近年長足の進歩を遂げたとは言えないが、シャンシュンから発したボン教の文化と哲学は確実にチベットの脈絡の中で伝承され、進展している。特に「ゾクチェン」は大隆盛を遂げ、チベット仏教のいくつかの宗派や中国禅に強い影響を与え、入り込んでさえいる。「心の自然な光明」に裏打ちされた成就のあり方はユニバーサルな哲学になりつつある。

その典型である『シャンシュン・ニェンギュ』に日本語でアプローチできるようになったのは、欣快これに過ぎることはない。

まえがき

『シャンシュン・ニェンギュ』は現存する世界最古のゾクチェンの教えを記した経典であり、そこでは他に類を見ない、とてもユニークでピュアなゾクチェンの教えが説かれています。その起源はとてつもなく古く、8世紀にまでさかのぼります。ゾクチェンとは、主にチベット仏教のニンマ派と、チベット古来の宗教であるボン教に伝わる教えです。

チベット仏教ニンマ派にもボン教にもゾクチェンが伝承されていますし、どちらもその教えを九段階（九乗）に体系づけているなど、この二者の間で共通する点があることが指摘されています。しかし、その体系全体の設計思想や、ゾクチェン瞑想の実際のアプローチ方法など異なる点も少なくありません。本書で言及している内容、顕教や密教やゾクチェンはすべてボン教のものであり、チベット仏教ニンマ派のものではないことをご了承ください。

本書『シャンシュン・ニェンギュ入門』では一般の読者向けに、ボン教のゾクチェン経典『シャンシュン・ニェンギュ』の日本語翻訳を公開するとともに、その解説を収録しました。翻訳部分は英語などの他言語からの重訳ではなく、直接チベット語から日本語に翻訳したものです。

『シャンシュン・ニェンギュ』の経典の中には数多くの章が含まれていますが、その中から基礎的な瞑想の教えの一章（「見解の概略による禅定瞑想の修行方法」）、ゾクチェンの誕生と系譜にまつわる伝承の四章（「心から心へと直接的に次々と悟りの心を伝授した九仏に関する短い伝記」「尊師タピリツァが教えを説き始めた物語」「九回の丁寧なご挨拶」「ラマと弟子の再会」)、古代チベットの歴史物語の一章(「ボン教が滅亡しない理由」)を選び出し翻訳した上で、さらに『シャンシュン・ニェンギュ』のゾクチェン瞑想を実際に始めるときに唱える祈願文を一つ(「タピリッァに捧げる祈願文」)、他から添えました。解説部分は、28年以上に渡ってゾクチェン瞑想を修行し続け、13年以上に渡り日本でゾクチェンの教えを伝授している私が独自に執筆したものです。

本書を構成する翻訳部分も解説部分も、堅苦しく難解な学術研究書とは一線を画すように、わかりやすい言葉を選んで翻訳と執筆をしたので、あなたに十分古代チベットの瞑想や歴史や文化の魅力を味わっていただけると思います。瞑想の愛好者、ゾクチェンに興味がある人、チベット文化に関わる人、古代の歴史物語が好きな人に、ぜひお読みいただきたいと思います。

ひょっとすると今、本書を手にしているあなたは瞑想に深い関心を寄せていたとしても、チベット文化やゾクチェン瞑想に馴染《なじ》みがなく、これから先のページをめくることや本書を購入することに戸惑いや不安を感じているかもしれません。そこで、ここからしばらくの間、チベット、ボン教、ゾクチェン、シャンシュン王国、『シャンシュン・ニェンギュ』の各項目について簡単に説明しておきましょう。

こうした基礎知識を先に読んでおけば、本書の魅力をあなたに十分に感じていただけますし、滞りなく先のページに読み進めていくことができるでしょう。

宝蔵チベット

あなたはチベットがいったいどこにあるのかご存じでしょうか？　チベットという言葉はどこかで聞いたことがあると思います。

実際、日本人はチベットが大好きです。チベットをテーマとした博物館の展示会にはたくさんの人が押し寄せ、チベット旅行に行ってみたいと思っている人も少なくありません。しかし、そのチベットがいったいどこにあるのか、その場所や地理について意外にもご存じないかもしれません。

簡単に表現すれば、チベットはチベット高原にあります。チベット高原はユーラシア大陸のだいたい中央に位置しています。北は崑崙《こんろん》山脈やタクラマカン砂漠、南はヒマラヤ山脈やネパールやインド、東は祁連《きれん》山脈と中国、西はカラコルム山脈と北インドに挟まれた地域一帯を指します。ヒマラヤ造山運動により形成されたチベット高原はどこも、世界の屋根とも呼ばれるほど標高が高い地域です。

かつてチベットにはチベット人たちの独立した国家が存在していましたが、第二次世界大戦終了後の１９５０年代、世界中がまだ戦後の混とんとしている中で隙《すき》を突くように、中国共産党は人民解放軍をチベットに侵攻させ、チベットを支配するようになりました。それ以来チベットは独立を失い、今日に至ります。

現在インターネットでチベットを検索すると、ラサを中心にしたチベット自治区に関する情報が表示されます。しかし、本来のチベットはチベット自治区一帯だけに限りません。独立を失う前のチベットは現在の青海省《せいかい》の全体と、四川省や甘粛省《かんしゅく》や雲南省などの一部を含んだもっと広大な地域を指しました。

先ほどお話しした通り、現在、チベットは中国に支配されています。中国ではチベットのことを「西蔵」、つまり「西の蔵」と呼んでいます。その言葉の通り、実際チベットは財宝がぎっしり詰まった蔵のような地域です。

地上には豊かな高山植物、独特な動物相、潤沢な水資源。地下には鉱物やレアメタルや石油が大量に埋蔵されていることが指摘されています。そうした物質的な資源の豊かさから、中国ではチベットのことを「西の蔵」と呼んでいるのです。

私たち日本人や欧米人にとってもチベットはやはり宝の蔵なのですが、それは物質的な宝というよりも精神的な宝を秘めた宝の蔵なのです。精神的な宝とは、心に解放と幸福をもたらす教えと、その教えを実現するための瞑想を意味し、チベットにはそれらが豊富に保存されているのです。

今から約5000万年にインド大陸がユーラシア大陸と衝突したヒマラヤ造山運動により、大地が隆起しチベット高原が形成されました。チベット高原は数々の山脈や砂漠に囲まれ、地理的にアクセスが難しく近寄り難かったために、周辺諸国から隔離された陸の孤島のような地域でした。しかも、1950年代に独立を失うまでの長い間、チベットは周辺諸外国との間で人と物と情報のやり取りを断ち切った鎖国政策をとっていたのです。

地理的条件と政治政策による厚い壁に阻まれ、長い間チベット内部のようすをうかがい知ることができなかったことが要因となり、かえって多くの日本人や欧米人がチベットに心を奪われ、いやがうえにもチベットに関する空想を膨らませました。

明治時代にはより正確な仏教経典を求めて、日本人仏教僧の河口慧海《えかい》（1866〜1945）が鎖国中のチベットに潜入しました。大正時代には青木文教《ぶんきょう》（1886〜1956）と多田等観《とうかん》（1890〜1967）がダライ・ラマ13世の許可を得てラサに滞在し、チベットの文化や仏教の研究をしました。昭和の日中戦争時には、西川一三《かずみ》（1918〜2008）がチベットに潜伏し諜報活動をおこないました。

一方、欧米の著名な神秘家であるヘレナ・P・ブラヴァツキー（1831〜1891）やアリス・ベイリー（1880〜1949）たちは、チベットからその思想や霊性のインスピレーションを会得《えとく》していると主張しました。このように日本人も欧米人も、チベットには精神的な財宝が隠されていると考えていたのです。

21世紀の今日でも、相変わらずチベットは精神的な宝蔵《ほうぞう》であり続けています。大昔にインドで生まれた高度な仏教思想と密教瞑想の数々が、その後チベットに伝来し、今でもチベット文明の中で保存されていることが、20世紀中にさまざまな研究から明らかになったからです。

特に欧米ではチベット仏教とその瞑想に対する関心が高まり、至る所に瞑想センターが設立され、老若男女を問わずたくさんの人々がその精神的な宝を学んだり修行していたりします。欧米人である彼ら彼女たちは僧侶や尼僧《にそう》のように世俗の生活を断ち切ったり出家したりしているわけではありません。あなたと同じごく普通の人々で、生計を立てるための仕事を続けていたり、パートナーを見つけて結婚していたりします。

欧米人たちの仏教に向き合う姿勢と眼差しは、仏教が当たり前のように身近に浸透している私たち日本人が想像できないほど真剣です。仕事や人間関係のストレス、不眠症、アルコールやドラッグ依存症、社会的な孤独感、原因不明の体調不良など、欧米の人々は現代社会が抱え込んでいる、こうした諸問題を解決するための糸口を、チベット仏教の教えと瞑想に見出そうとしているのです。

永遠なるボン教

20世紀後半にチベット仏教が欧米に拡散し浸透するにつれて、チベットにはそれとは異なるもう一つ別の精神的な宝が存在することが次第に知られ始めました。それがボン教です。僧侶たちの生活スタイルから教義や瞑想まで、ボン教とチベット仏教はとてもよく似ていることが指摘されています。

この二者があまりにも似ているために、人によってはボン教のことを「仏教の偽物《にせもの》」だと謗《そし》る人もいます。しかし、驚くことはありません。なぜならばブッダの教えは普遍であり、ボン教もチベット仏教もどちらも真正のブッダの教えだからです。

今から二千五百年前にインドで仏教を説き始めた釈尊自身、「ブッダの教えは永遠であり、これまでの過去にもブッダは現れたし、これからの未来もブッダは現れ続ける」と断言されています。ボン教は仏教とは異なるもう一つのブッダの教えなのです。または、ボン教と仏教は仲の良い兄弟のような関係なのです。

ボン教はマイナーで修行している人はほとんどいないのではないかと、あなたは思っていらっしゃるかもしれません。しかし現在でもチベット人の全人口の約10％はボン教徒だといわれていますから、チベット人社会ではボン教は無視できない規模を持ったグループなのです。また欧米でボン教の魅力が認知されるにつれ、ボン教の修行をしたり、ボン教を人生の指針として取り入れたりしている欧米人の数は毎年増加し続けています。

仏教は完全に目覚めた釈尊が説いた教えであるように、ボン教は完全な悟りを成就したトンパ・シェンラプが説いた教えです。トンパ・シェンラプは今から一万八千年前に、神秘の国オルモルリンに王子として生まれました。そして彼が説いたボン教の教えははじめにオルモルリンに広まり、そこからシャンシュン王国へと伝搬し、さらにチベットの地にもたらされました。とても興味深いシャンシュン王国については後ほど説明します。

7世紀頃になると仏教が次第にインドからチベットに伝搬し始め、8世紀には仏教がチベットの国教に制定され、チベットは仏教国になりました。しかし、仏教がチベットにやってくる前まではずっと、チベットはボン教国だったのです。チベット国王はボン教を保護し、チベットの人々は皆ボン教を信仰し、ボン教の修行をしていたのです。

インドからやってきた仏教がチベットに定着する過程で、ボン教の思想や儀礼などがチベット仏教に吸収されていきました。たとえば、経文《きょうもん》を印刷した五色の旗を掲げるルンタやタルチョ、大麦の粉をこねて作る供物《くもつ》のトルマ、スル供養（食べ物を燃やす供養）やサン供養（香煙供養《こうえん》）などはどれもチベットの宗教文化を象徴する独特なものです。

しかし、ルンタやタルチョ、トルマやスル供養、サン供養は仏教の生まれ故郷のインドや、上座部《じょうざぶ》仏教が盛んな東南アジアの国々の仏教では見られません。なぜならば、それらはどれももともとはボン教の文化だったからなのです。チベット仏教が世界中に展開してその人気がすでに定着した1990年代の中頃から、遅まきながらボン教も少しずつ欧米を中心に広がり始めています。

ゾクチェンの教え

近年、欧米では仏教瞑想に対する関心が非常に高まっています。特にマインドフルネス瞑想がビジネスの世界で受け入れられ人気を博したことにより、その瞑想の母体であるヴィパッサナー瞑想と、それを何世紀にも渡り保存してきた上座部仏教に対して関心を持つ人々が世界中で増えています。素晴らしいことです。

上座部仏教とは主にスリランカと、タイやミャンマーをはじめとする東南アジア諸国で信仰されている仏教です。日本でも上座部仏教に関する多数の書籍が出版され、ヴィパッサナー瞑想のワークショップが各地で開催されています。同時に欧米では、ボン教やチベット仏教にも注目が集まっています。

典型的なチベット仏教では主に、高度に発達した密教瞑想が実践されています。それは基本的にインドで生まれた思想と瞑想で、思考やイメージの力でブッダの化身である本尊の姿や色彩豊かなマンダラを思い浮かべるのが特徴です。

密教はとても素晴らしい教えと瞑想です。一方でボン教と、チベット仏教の宗派の中でも最も古いニンマ派では、こうした思考やイメージに依存しない理論と瞑想が伝承されています。それがゾクチェンです。

ゾクチェンは日本語では「大いなる完成」や「大円満」と呼ばれています。一般的なチベット仏教の思想と瞑想がインドで生まれチベットに伝来したのとは異なり、ゾクチェンはチベットから見て西方向にあたる地域からチベットに伝来したといわれています。

ボン教にも顕教と密教があります。ボン教で密教に入門するときには、密教の瞑想をする許可を得る特殊な儀式である灌頂《かんじょう》を授けてもらった後、本尊の姿やマンダラを心に浮かべる瞑想をしていきます。つまり密教の瞑想は灌頂と、本尊やマンダラを観想するイメージ力に支えられているのです。

ところがボン教のゾクチェンでは、灌頂を授かる必要もなく、本尊やマンダラをイメージすることなく、ただ心の本性に留まる瞑想をしていきます。心の本性とはいわば、私たちの本来の心の姿です。思考やイメージから離れ、本来の心の姿をむき出しにするのがゾクチェン瞑想の特徴と醍醐味です。

私たちの心はいつも何らかの思考に執着したり囚《とら》われたりしています。心は常に思考にすっぽりと覆われているのです。

そこで、心をむき出しにするためのメソッドが、ゾクチェンの教えの中ではいろいろと伝承されています。そうしたメソッドの一つが「調整しないこと（無調整）」です。

「調整しないこと」とは、何も特別なことをしないことを意味しています。具体的な例を挙げると、特別な瞑想ポーズや座法で座らないこと。特殊な視線や半眼《はんがん》などにしないこと。特別な呼吸法を用いないこと。どんな理論や教義にも（ブッダの教えにも！）心を奪われないこと。本尊やマンダラなどの特殊なイメージを思い浮かべたりしないことなどです。

特別なことをすることによって特殊な体験が得られることは極々当たり前なことで、誰でもたやすく想像できる常識です。

たとえば、ツァルン瞑想。ボン教に伝承されているツァルン瞑想では、体内に三本の脈管を観想しながら、激しい呼吸法を用いることにより、高められた精神状態と特殊な体験を生み出そうとします。また、非合法ですがドラッグを摂取することにより非日常的な体験をしようとする人もいるでしょう。脳に強く影響する薬物を摂取すれば、精神にイレギュラーな刺激が与えられますから、神秘的な幻覚を見たり身体がとろけるような感覚になったりするのは道理に合っています。

ところがゾクチェン瞑想では、何も特別なことをしない、つまり何も「調整しない」のに、特殊な体験やピュアな精神状態が実現されるのです。どうですか、とても不思議でしょ。このようにゾクチェン瞑想は常識外れで、他の瞑想や精神的技法をはるかに凌駕《りょうが》しているのです。

シャンシュン王国

ゾクチェンの教えがいったいどこから発生してきたのか、それは未だに大きな謎です。ゾクチェンにはチベット仏教ニンマ派のものとボン教のものがあります。

チベット仏教ニンマ派のゾクチェンはウッディヤーナ地方で産声をあげた後、チベットに伝来したといわれています。ウッディヤーナ地方は現在の北インド、またはパキスタンのスワット地方を指します。

一方で、ボン教のゾクチェンはシャンシュン王国からチベットに伝来したといわれています。シャンシュン王国のシャンは国を意味し、シュンはキュンを意味します。キュンというのは神話上の鳥のことで、英語ではガルーダと翻訳されています。つまり、シャンシュン王国とは、ガルーダの国という意味なのです。

シャンシュン王国は想像上や物語の中の国ではなく、8世紀まで実在した国で、その首都ガルーダ谷の銀城の遺跡は西チベットで発見されています。

チベット人のボン教徒たちによれば、シャンシュン王国の国土はチベット高原全域を包み込むように広がっていたといいます。現在チベットと聞くと、ラサを中心としたチベット自治区を想像する人が多いと思います。しかし、中国に支配されるまでチベットはもっと広大な領土を有し、現在の青海省の全体と、四川省や甘粛省や雲南省などの一部を含んでいました。そして一部を除いたこれらの広大な地域は、かつてシャンシュン王国の領土だったのです。シャンシュン王国がいかに巨大な版図《はんと》の国だったのか想像できるでしょう。

文化的な影響力はさらに広範囲に及び、西はアラビアから東は中国や東南アジアまで、シャンシュン王国とつながりがあったと考えられています。なぜならばこれらの地域では、サラマンダー（トカゲやサンショウウオの姿をした火を司る伝説上の生き物）や火の鳥やガルーダが伝説上の生き物として人々に信じられていたからです。

こうした伝説上の生き物は元をたどれば、シャンシュン王国のガルーダにたどり着くというのです。古代の日本でもヤマトタケルが白鳥となって大空に飛び去ったという伝説がありますから、ひょっとすると日本もシャンシュン王国と何らかの関係があったかもしれません。

シャンシュン王国は、8世紀に最後のリミギャ王がチベットのティソン・デツェン王に暗殺された後大混乱におちいり、最終的にはチベット王国に吸収され滅亡しました。その滅亡の過程については、本書に収録されている「ボン教が滅亡しない理由」の中で臨場感たっぷりに描かれています。

『シャンシュン・ニェンギュ』

ボン教のゾクチェンの教えはすべてゾクチェン経典を源としていて、その多くが埋蔵《まいぞう》経典です。埋蔵経典とは、何らかの理由から大昔の成就者たちがそのゾクチェン経典を公開するのは時期尚早だと判断したり、迫害や戦乱のために教えがこの世から消失しないように、地中や岩や何もない空間に一時的に隠したものです。それらは何年も経過した後、適切な時代に適切な人物によって再発見、または発掘され、この世に再出現しました。夢の中で再発見される埋蔵経典もあります。

一方で、ボン教には埋蔵経典に由来しないゾクチェンの教えも存在します。その筆頭に挙げられるのが『シャンシュン・ニェンギュ』です。この経典名のうち「シャンシュン」という言葉は、この経典がシャンシュン王国やそこで修行した成就者たちに由来していることを意味し、「ニェンギュ」という言葉は本来「聴聞相承」、つまり耳で聞いて伝えられた教えを意味しますが、誰にでもよりわかりやすい「口伝」という訳語を私は採用しています。つまり『シャンシュン・ニェンギュ』とは「シャンシュン王国由来の口伝」の教えといった意味なのです。

『シャンシュン・ニェンギュ』にはもう一つ際立った特徴があります。その伝授の流れである系譜が一度も途切れたことがないことです。つまり、『シャンシュン・ニェンギュ』は最初のブッダであるクンツ・サンポからあなたのラマ（優れた師匠）を経由し、あなた自身まで一度も途切れることなく脈々とつながっている教えなのです。複数の系譜が錯綜することもなく、複雑な経緯を経ることもなく、戦乱や弾圧によって断絶することもなく、一直線にあなたに届けられた唯一のゾクチェンの教えなのです。

私はこうしたどこまでも透明かつシンプルで力強い生命力を宿している『シャンシュン・ニェンギュ』のスタイルがとても気に入っています。きっと、あなたも気に入るはずです。この『シャンシュン・ニェンギュ』の系譜については、『虹の身体の成就者たち』（ナチュラルスピリット社刊、2021年）

という書籍の中で詳細に調査と研究がなされていますので、そちらをぜひご覧ください。

付け加えると、ボン教には多数の埋蔵経典がありますし、現在でもボン教の埋蔵経典が再発見されることがあります。それらはとても神聖で貴い教えです。しかし、ボン教には『シャンシュン・ニェンギュ』や「アティ」をはじめとするいくつものすでに完成されたゾクチェン経典が多数存在するので、新しく埋蔵経典が再発見されたとしても、さほど重要視しないのがボン教の流儀です。

すでに述べた通り、本書にはこのチベット語経典『シャンシュン・ニェンギュ』から選び出した六章と、さらにタピリツァ（8世紀のシャンシュン王国出身の成就者）に捧げる祈願文が収録されています。それぞれの概略と魅力をここで手短に説明してみましょう。

「見解の概略による禅定瞑想の修行方法」[1]

『シャンシュン・ニェンギュ』の経典に収録されているどの章でも、ゾクチェンの理論と実践方法が説かれていますが、その中でも本章は基本的な瞑想方法に焦点があてられています。つまりこの章はゾクチェンの瞑想方法のエッセンスなのです。

ラマの選び方から、弟子としての心得、伝授を授かるときのマナー、加行（本格的な瞑想修行に入る前

1　原語　lta ba spyi gcod kyi mnyam bzhag sgom pa'i lag len bzhugs so

にこなしておくべき初歩的な瞑想）の教え、心を捉える瞑想、心の本性に留まる方法などが凝縮されて説かれています。この章を読むことにより、ゾクチェン瞑想の伝授の過程で開示される修行方法をひと通り概観することができます。

また、ここで説かれている正知《しょうち》（常に心の状態を観察するテクニック）と正念《しょうねん》（心をある一定の状態に置くことを思い出したり、その状態を保ち続けたりするためのテクニック）のような瞑想技術は、ゾクチェン以外の他の一般的な瞑想でも役に立ちます。

「心から心へと直接的に次々と悟りの心を伝授した九仏に関する短い伝記」2

『シャンシュン・ニェンギュ』は誰か人間の創作物ではありません。ブッダが説いた教えです。この教えが生まれたのは私たちが住んでいる世界とは次元の異なる世界です。

その異世界に九尊《くそん》のブッダが次々に登場して、言葉や文字といった媒介なしに、ブッダの心から次のブッダの心へと次々と悟りの心を伝授したのです。その神秘的な伝授のプロセスは、ゾクチェンの悟りの階梯《かいてい》そのものなのです。

この章を読むことにより、あなたは神秘に満ちたブッダの世界に誘われ、ゾクチェンが生まれた瞬間に立ち会うことができるでしょう。

「尊師タピリツァが教えを説き始めた物語」3

この章で語られている物語はボン教に伝承されているゾクチェンの歴史の中で、最も重要で、ゾクチェンパ（ゾクチェン修行者）たちに最も愛されているエピソードです。九仏の登場の後、『シャンシュン・ニェンギュ』は私たちの住むこの存在世界にもたらされ、シャンシュン王国に住む24人の成就者たちの間で次々に伝授されました。25人目の成就者であるタピリツァは、虹の身体の悟りを成就してこの世界から消え去った後、少年の姿でチベット高原に再出現し、自信満々で自惚《うぬぼ》れていた密教の大成就者ナンシェル・ルーポに遭遇します。

禅問答に似た限界や常識を超えた不思議な言葉の応酬の果てに、ナンシェル・ルーポはその鼻をへし折られ、ゾクチェンの教えに目覚め帰依《きえ》することになりました。美しい湖畔でくり広げられたタピリツァとナンシェル・ルーポのエキサイティングな再会劇。

「九回の丁寧なご挨拶」[4]

放牧の途中で山から下りてきたタピリツァは、湖畔に茂る木立の根元でくつろいで座っていたナン

2　原語　dgongs brgyud dgu'i yig chung bzhugs so
3　原語　rje ta pi hri tsa'i lung bstan bzhugs so
4　原語　zhe sa dgu phrugs bzhugs

シェル・ルーポに遭遇しました。タピリツァはいたずら心からナンシェル・ルーポを少しからかってやろうと思いました。

通常ラマに面会するときには三回五体投地（両手のひらと両ひざと額を地面につけて行う拝礼）の拝礼をすれば済むところ、タピリツァは九回もナンシェル・ルーポの前で五体投地を繰り返した上に、わざとらしく長々と丁寧すぎる挨拶をしたのです。この過剰なまでに丁寧な挨拶には、タピリツァのナンシェル・ルーポに対するピリリと辛い皮肉がたっぷりと込められていたのです。

「ラマと弟子の再会」[5]

タピリツァとの最初の遭遇から三年の年月が経過する間に、ナンシェル・ルーポは人が変わったようにゾクチェン瞑想の修行に没頭しました。瞑想が進めば進むほど、ラマであるタピリツァに会いたい気持ち、さらに深い教えの伝授を渇望する気持ちに包まれるようになりました。

ある日、朝日が昇ると、雨後に立つ虹のようにタピリツァが目の前の青空に鮮やかな光の姿で現れました。そして、タピリツァはナンシェル・ルーポに向かって『シャンシュン・ニェンギュ』の教えの伝授を再開したのです。

「タピリツァに捧げる祈願文」[6]

ラマであるタピリツァに向かって、弟子のナンシェル・ルーポが敬愛を込めて捧げた祈願文。この短い祈願文の中には、ゾクチェンの理論のエッセンスが凝縮されて埋め込まれています。

ボン教のゾクチェン修行者は雲一つないどこまでも抜けるような青空の下に座り込んだら、心を込めてこの祈願文を唱え、タピリツァが自分に加持（ブッダやラマから授かるパワーや加護のこと）を与えてくれるように祈り、瞑想に入っていきます。ゾクチェン瞑想を始めるときにこの祈願文を唱えれば、あなたにもタピリツァから言葉を超えた加持が授けられるはずです。

「ボン教が滅亡しない理由」[7]

インドで生まれた仏教が8世紀にチベットの国教に制定されると、ボン教に対する迫害が始まりました。チベット王は領土拡大の野心に燃え、シャンシュン王を暗殺したので、シャンシュン王国は大混乱におちいりました。

シャンシュン王妃は大成就者ナンシェル・ルーポを宮廷に招き、憎きチベット王に対する復讐を依頼

5 原語 mjal thebs bar ma bzhugs
6 原語 ta pi hri tsa gsol 'debs
7 原語 bon ma nub pa'i gtan tshigs bzhugs so

します。ナンシェル・ルーポは一週間の間、強力な密教の修法《しゅうほう》を執りおこなった後、夕暮れの空に向けて法力《ほうりき》を込めた一片の金を投げ放ちました。すると間もなくチベット王は息も絶え絶えになり、重篤な病に倒れました。

戦争、謎解き、謀略、呪術。正史の裏に隠され今まで語られることのなかった、誰も知らない壮大な古代チベットのスペクタルロマン。

ゾクチェン経典を翻訳する意義

ゾクチェン瞑想をする人にとって、ゾクチェン経典は命です。『シャンシュン・ニェンギュ』もゾクチェン経典の一つです。瞑想のやり方、瞑想中に起こる問題とその克服方法、瞑想で得られる心の変化はすべて、一点の曇りもなくゾクチェン経典の中で詳解されているからです。

昨今、瞑想がブームになり、瞑想を始める人が増加しています。とても素晴らしいことです。最も取り組みやすい身近な瞑想として、感覚やフィーリングに任せて瞑想する方法があります。こうした瞑想は、自分の心や身体と対話するような心地よい時間をあなたにもたらしてくれるでしょう。素晴らしいことです。

もしもあなたが瞑想にさらなる深みを求め、心の苦しみや悲しみから解放されたいと思うのでしたら、感覚やフィーリングから離れた瞑想をしてみたらどうでしょう。なぜならば、私たちの心の苦しみや悲しみは、感覚やフィーリングとそれらに囚われる思考から発生するからです。

心地よい感覚やフィーリングに浸る瞑想をするということは、美酒に酩酊《めいてい》している状態にたとえられます。酔っている間は心身ともに心地よいですが、酔いはいつか必ずさめます。酔いからさめると、再び苦しみや悲しみに襲われます。

このようにあなたの瞑想が感覚やフィーリングに依存し続ける限り、そこで得られた心の平安はやがて消え去ってしまうのです。どうして感覚やフィーリングに頼る瞑想をすると、一時の心の安らぎしか得られないのでしょうか？　その理由は、その瞑想にはブッダの智慧《ちえ》が欠けているからです。

ブッダの智慧は、ゾクチェンの教えの中ではリクパ（明知）とも呼ばれています。やみくもに感覚やフィーリングに頼る瞑想をしても、リクパに出会うことはできません。リクパに出会うためには、正しい理論や教えに従い、正しい方法で瞑想する必要があります。そのためには次の二点の存在が重要になります。それはゾクチェン経典の正確な翻訳と、正統的なラマの存在です。ここからこの二つの重要性についてあなたに説明してみましょう。

第一に、ゾクチェン経典の正確な翻訳について。ゾクチェン経典にはゾクチェンの見解（理論）と、その瞑想方法が具体的かつ詳細に記述されています。ゾクチェンの正しい理論を理解し、正しい瞑想方法を身につけるためには、ゾクチェン経典を紐解《ひもと》く必要があります。

ゾクチェン経典はすべてチベット語で書かれています。その上、その中では普通のチベット人では理解できないような特殊な専門用語が多用されています。言葉や思考を超えた瞑想体験や非二元（主体と対象に分断される前の世界）の境地について語られているので、何年もゾクチェン瞑想を続け、深い瞑想体験を得ている人でなければ正しく読み解くことも翻訳することもできないのです。

普通のチベット人のみならず、大多数のチベット人の僧侶にとってさえゾクチェン経典の内容を理解するのは簡単ではありません。

21世紀の玄奘三蔵

そうしたゾクチェン経典を日本語や外国語に翻訳する人のことを訳経師《やっきょうし》といいます。訳経師は経典の翻訳を専門にしている翻訳家なのです。

日本人の間で一番有名な訳経師といえば中国の玄奘三蔵《げんじょうさんぞう》でしょう。あなたもきっと、子供の頃に心をワクワクさせながら玄奘三蔵や孫悟空が登場する西遊記の物語を読んだり、学校の歴史の授業の中で玄奘三蔵について学んだりしたことがあるはずです。

玄奘三蔵は7世紀の唐の僧侶です。仏教の原典を手に入れるためにシルクロードを旅して、仏教の故郷インドを目指しました。インド滞在中に各地の仏跡を巡礼したり、仏教の研究をしたりした後、数多くの仏教経典を唐に持ち帰りました。帰国後、彼はその膨大な仏教経典をサンスクリット語（古代インドの言葉）から中国語に翻訳する事業に残りの生涯を捧げました。

玄奘三蔵が翻訳した仏教経典の中には、あなたがよく知っているものもあります。それは「般若心経《はんにゃしんぎょう》」です。「般若心経」は日本人の間で大変人気のある経典です。わずか300文字足らずで大乗仏教の空性のエッセンスを説いている素晴らしい教えです。

ひょっとしたら、あなたは「般若心経」を暗記しているかもしれませんし、毎日「般若心経」を唱えているかもしれません。もしもそうだとしたら、それは本当に素晴らしいことです。

あなたが「般若心経」に親しめるのは、玄奘三蔵のおかげなのです。なぜならば、あなたが大好きな「般若心経」をサンスクリット語から中国語に翻訳してくれたのは玄奘三蔵だからです。

私は二十代の中頃にゾクチェンの教えを求めて日本を飛び出し、ネパールで長年をかけてヨンジン・テンジン・ナムタク・リンポチェ（以下、ヨンジン・リンポチェ）をはじめとするチベット人のラマたちからゾクチェンの伝授を授かり、ゾクチェンの瞑想修行に没頭した後、三十代の終わりに日本に帰国しました。帰国してからの私は自分の瞑想修行を続ける傍ら、ボン教に伝承されているゾクチェン経典の翻訳に人生を捧げています。つまり、玄奘三蔵と同じことをしているのです。ですから私はいわば、21世紀の玄奘三蔵なのです。

経典の翻訳スタイルはいろいろあります。たとえば、学術研究の一環としてチベット語から日本語に翻訳するときには、可能な限り仏教用語を多用し、形式的な翻訳に仕上げる必要があります。

この方向性で突き詰めて翻訳していくと、最終的には難しい漢字ばかりが並ぶ、まるで中国語の呪文のような訳文になってしまいます。学術的には価値があったとしても、一般の人たちにとっては難解で意味のわからないものになってしまいます。

一方で、仏教用語や伝統的な形式から離れすぎたりくだけすぎたりした翻訳をすると、その翻訳の文章自体は理解しやすくても、一般に流通している他の仏教書との共通性が失われてしまいますし、他の翻訳家や訳経師が翻訳した経典との関係性を把握しづらくなります。

専門性と理解しやすさ、または伝統と現在。これら両極に偏ることなく、まるで曲芸師がアクロバティックな綱渡りをするように、チベット語原典の言葉をダイナミックかつ繊細に現代の日本語の言葉に置き換えていくのが優れた訳経師の仕事なのです。

本書に収録されている『シャンシュン・ニェンギュ』を翻訳した各章も、こうした思想と方針に沿って私が翻訳したものです。私は、これからゾクチェン瞑想を始めるあなたが理解しやすい訳語を選びながら、21世紀の現代人の言語感覚から離れすぎている専門用語はそのまま訳さず、新しく言葉を創作しました。

加えて伝統的な仏教用語を脚注などで補ったり、無理のない程度に織り交ぜたりしたので、私以外の翻訳家や訳経師の仕事に触れたときにも戸惑うことなくあなたは理解することができるはずです。

正統的なラマが必要

第二に、正統的なラマの存在です。ゾクチェン経典にはゾクチェンが目指しているリクパに関する詳細な記述がありますが、リクパは本来思考や言語を超越しているものです。思考や言語を媒介にしてリクパについて説明することは、ネズミの小さな口に象の巨体を入れるようなもの。土台無理な話なのです。思考や言語を媒介にしてリクパの姿を描き出そうとするとき、どうしてもその内容は一面的なものになりますし、みずみずしさや躍動感に欠けるので、リクパのありのままの姿を人に伝えることはできません。

その他にもゾクチェン経典の中には、瞑想中に遭遇する特殊な体験や心の変化に関する記述もありますが、あくまでもそれらは一般論。たくさんの人が同じゾクチェン瞑想をしていても、みんながみんなまったく同じ瞑想体験をするわけではないし、まったく同じ心の変化を得るわけではありません。いつ、どんな順番で特殊な体験が現れてくるのか、その瞑想体験の味わいや感じ方は人によって異なります。ですから、ただゾクチェン経典を読んでいるだけでは、その中にあなたの瞑想体験と完全に一致した説明を見つけ出せるわけではないのです。

その上、ゾクチェン経典が記述された時代や地域が、あなたが生きている21世紀の日本とは大きく異なるという問題もあります。リクパや瞑想体験そのものは時代や、地域という制限を超越した真実ですが、それが言語や文字で表現された瞬間、言語や文化による制限を受けてしまいます。

ゾクチェン経典が、文字に記された千年以上も昔の古代という時代や、シャンシュン王国や古代チベット王国といった特定の地域の言語や文化に制限されているのは仕方がないことです。ですからゾクチェン経典がどれほど正確に日本語に翻訳されていたとしても、言語や文化の壁により、21世紀の日本に住んでいるあなたがゾクチェン経典の内容を正確に理解することは極めて困難なのです。

そこで救いの手になるのが正統的なラマの存在です。正統的なラマならば、他の正統的なラマからすでに正統的な伝授を授かっています。ですから、今となっては失われて誰も話すことがない古代シャンシュン王国や古代チベット王国の古い言語の意味も理解されていますし、たとえ話として登場する古代の文化や古い表現方法についても熟知されています。古代の言語や文化に熟知しつつ、それを現代の言語や文化の文脈に移し替えることが可能なので、時代や言語や文化といった障壁をやすやすと乗り越えることができるのです。

また正統的なラマならば言語や思考だけでリクパを理解しているだけでなく、深い瞑想の中で実際にリクパをありありと体験されています。正統的なラマはまるでプリズムのような存在です。あたかも一筋の単調な白い光がプリズムによって七色の豊かな光に展開するように、一旦ゾクチェン経典の言語や文字の中に閉じ込められたリクパの意味や真実をご自身の経験や体験を通じて元のありのままのみずみずしい姿に復元することができるのです。ラマはさまざまな瞑想体験を一通り通過済みですから、ゾクチェン経典が説明しようとしている意図から離れることなく、あなたの個人的な瞑想体験に寄り添いながら、あなたをリクパへと導き入れることができるのです。

まとめると、ゾクチェンの教えの中で説かれているリクパというブッダの智慧に出会うためには、ゾクチェン経典の正確な翻訳だけでなく、それに命を吹き込むラマの存在も欠くことができません。この二つが揃ったときにだけ、あなたの目の前にリクパへの扉が開かれるのです。

チベット語のカタカナ表記

チベット人たちは近代化を経る前に国を失ったために、現在でも話し言葉に関してはチベット各地の方言が個別に存在するだけで、チベット人ならば誰もが理解できるような共通した国語が作り出されることはありませんでした。一方で、書き言葉で使用されるチベット文字はチベット各地で同じ共通のものが使用されていますが、地方ごとにその発音方法がかなり異なります。つまり、同じ文字でも方言によって発音が異なるのです。

私たち日本人をはじめとする外国人がチベット語を学習するときには、中国による侵攻前までチベットの政治的な中心地だったラサの方言を習得するのが普通です。私自身、ネパールの首都カトマンズの語学学校ではチベット人の先生から一番はじめにラサ方言のチベット語を習いました。

しかし、チベット語を学び始めたばかりの私にヨンジン・リンポチェとボン教の僧侶たちは、カム方言の発音を身につけるように助言しました。なぜならば、現在ゾクチェンの教えを説くラマとゾクチェンの修行者たちの出身地は、主に東チベットのカム地方や、東北チベットのアムド地方だからです。

また、亡命先のインドやネパールに定着したチベット人難民たちが話すチベット語は共通語（spyi skad）と呼ばれ、それはラサ方言の発音とはだいぶ異なり、比較的にカム方言に近い発音をするようです。

ラサ方言は音便化《おんびんか》（もとの音の一部が発音しやすいように変化すること）する傾向と、接尾辞により母音が変化する傾向があります。一方で、共通語やカム方言はチベット文字の綴りをそのまま素直に発音する傾向があります。たとえば、ラサ方言ではトゥゲルやギェンツェンと発音する言葉を、共通語やカム方言ではトゥガルやギャルツェンと発音するといった具合です。

ゾクチェンに関わる人には、共通語やカム方言に沿ったチベット語の発音とカタカナ表記を採用することをおすすめしたい。共通語やカム方言の発音に慣れていれば、チベット人のラマが説くゾクチェンの法話が聞き取りやすくなるし、チベット人ラマや成就者たちとの一般的なコミュニケーションがより円滑になるはずだからです。

以前『虹の身体の成就者たち』（ナチュラルスピリット社、２０２１年）の翻訳作業を進める中で、並行して私はチベット語のカタカナ表記をもう一度根本的に見直しました。その結果、小野田俊蔵先生と今枝由郎先生による「チベット語のカタカナ表記」を土台にしながら、それを共通語に合わせて修正した独自のカタカナ表記方法を作り上げました。

すでに日本で定着している言葉については、これまで通りの表記を優先しました。たとえば、ボンやバルドといったチベット語の言葉などです。私の表記ルールに従えば、プンやパルトとカタカナ表記すべきですが、これまで通りボンとバルドと表記しています。本書でもこの私独自の手法に従ってチベット語のカタカナ表記をしました。

本書の利用方法

本書は、チベット語のゾクチェン経典『シャンシュン・ニェンギュ』の翻訳とその解説から構成されています。具体的には、解説と書いてあるところが私の原稿で、それ以外は『シャンシュン・ニェンギュ』からの翻訳です。ただし、もともとのチベット語経典『シャンシュン・ニェンギュ』には見出しはついていません。読者が内容を理解しやすいよう、私の方で適宜、見出しを追加しました。

小説やノンフィクションの翻訳ならば自由な発想と表現スタイルが許容されますが、経典の翻訳の場合には、仏教用語が持つ長い歴史と伝統を無視することができません。その上、経典の中で語られている思想や言葉には同時にいくつもの意味が込められていて、それらは重層的な内部構造をしています。

そうした特徴を持つチベット語の言葉を日本語に変換するときには、一つの原語に宿る複数の意味からどれか一つの意味を選択しなければならないので、原語に宿る精神や生命力を狭めてしまうことになります。原語に宿る精神や生命力を可能な限り保存するために、私は直訳に近い体裁の翻訳に仕上げたので、少々不格好な訳文になりました。

しかしそうすることによって、一つの言葉の解釈に幅が生まれ、あなたが『シャンシュン・ニェンギュ』の教えをラマから口頭で伝授を受けるときに、多少ゴツゴツしたこの翻訳の方が、よりあなたの役に立つはずだと考えています。一方、本書で私が執筆した解説の部分では、翻訳部分では表現しきれなかった経典のもともとの言葉に宿る精神や生命力を蘇らせるように工夫しました。

本書の利用方法として、はじめに経典の翻訳を読んでから、次に該当する解説を読んでもかまいませんし、逆に、解説を読んでから経典の翻訳を読んでもかまいません。あなた好みの自由なスタイルでお読みになってください。

そしていつか機会を見つけて、私の瞑想教室やボン教のラマや高僧による法話会に出かけ、本書に収録されている教えを口頭で伝授してもらいましょう。そのときには本書を携帯するのをお忘れなく。ラマや高僧が口頭で説かれる教えや伝授に耳を傾けながら、該当する経典の日本語訳を目で追うことができたら、ゾクチェンの教えがあなたの心の中にすいすいと染み込み、心の扉が目に見えない広い世界に向かって大きく開かれていくでしょう。

そのとき雲一つない夏の突き抜けるような青空に似た心の幸福感を、あなたは体験するはずです。それははるか昔のシャンシュン王国の成就者たちが体験したことですし、今もボン教僧院で出家者や修行者たちが毎日味わっている幸福とまったく同じものです。あなたにもぜひこの幸福感を味わってほしいと、私は思っています。

こうしてゾクチェンの教えを伝授してもらったり、ゾクチェンの瞑想をしたりすることにより、無限にさかのぼる時間の始まりからあなたの心に堆積していた埃《ほこり》やかさぶたが払い落とされ、あなたの心の本性は少しずつあらわになり、あなたの人生は『シャンシュン・ニェンギュ』の系譜へと招かれるのです。

あなたの人生の中でそうした奇跡が実現するように願いながら、私はこの『シャンシュン・ニェンギュ』の翻訳作業と解説の執筆に力を注ぎました。

ལྟ་བ་སྤྱི་གཅོད་ཀྱི་མཉམ་བཞག་སྒོམ་པའི་ལག་ལེན་བཞུགས་སོ།

第1章　見解の概略による禅定瞑想の修行方法

第1節　加行と初心者向けの瞑想方法

自己認識を働かせながら禅定《ぜんじょう》[8]の境地にいらっしゃる、クンツ・サンポに拝礼します。禅定に至るための二種類の見解の概略により、幸運に恵まれたあなたを最初から悟りの道へと導くために、心から心へと直接的に次々と悟りの心を伝授した九尊の勝者に宿る仏心のエッセンスと、二十四人の成就者たちが残した秘訣の教えを凝縮して、禅定瞑想の修行方法について伝授していくとしよう。

この教えの系譜に連なり四つの心得を守るラマに教えを説いてもらいなさい。あなたは信心と精進《しょうじん》

8　深い瞑想状態に入っていること。

と智慧と慈悲を心に抱きながら、本尊とラマを自分の頭頂《とうちょう》にのせるような気持ちで敬いなさい。

心を開き、おしゃべりを止め、教えを守り、マサンゲ[9]の子供を見習い、腰を据えて浮ついた気持ちにならないようにしなさい。そんな才器に恵まれた弟子のあなたには、仏心のエッセンスを説いたこの口訣《くけつ》[10]の教えを包み隠さず授けよう。

加行

人里離れた場所にたどり着き、生活に必要なものを揃えなさい。生活物資と食料はほどほどにして、寒暖に悩まされないようにしなさい。家族や客人との交流を控え、瞑想の妨げになる悩みの種は捨て去りなさい。外なる加行と内なる加行を修行して対象と意識を浄化しなさい。

(I) 外なる加行

第一に、外なる現象や対象を浄化するために、人間としての生を得ることの難しさについて深く考えなさい。ようやく得られた人生を無駄にしないように、すぐに修行に取り掛かりなさい。

自由と好条件に恵まれた境遇[11]は無常だから、死について深く思い巡らせなさい。世俗の生活は錯覚か幻影のようなもの。その誘惑に負けないようにして、人生の足かせを確実に断ち切りなさい。世俗の営みに背を向け、輪廻《りんね》の生き方に対する執着心を蹴散《けち》らしなさい。六道輪廻[12]の苦しみは、確実にあなたの身の上に襲いかかる。このことについて深く考えて、六道輪廻の世界が苦しみにまみれていることを確信しなさい。

六道の生き物はどれもかつてあなたの両親や子供や親戚だったこともあるのだから、偏愛を超えた慈悲の気持ちを養いなさい。怠《なま》け心という敵を抑えつけ、精進という馬にまたがり、信心を養い、解脱へ続く道に歩みを進めなさい。

（Ⅱ）内なる加行

第二に、内なる意識を浄化するために、最も優れた悟りを目指す菩提心《ぼだいしん》を心の中に奮い起こしなさい。無明《むみょう》[13]に覆われ錯誤した他の生き物を救うために、慈愛、抜苦《ばっく》、随喜、平等心といった、慈悲の

9　マサンゲとは目に見えない生命体の一種で、異形の姿をしていて、人間が現れるまでチベットを支配していたという。
10　口で直接言い伝える奥義・秘伝のこと。
11　有暇具足《うかぐそく》（126ページ参照）。
12　生死を繰り返して六道の世界に迷い続けること。
13　真理を悟ることができない無知な状態。

四無量心《しむりょうしん》を養う瞑想をしなさい。

外《がい》・内《ない》・密《みつ》の三つに最密を加えた、帰依の拠り所であるラマと善逝《ぜんぜい》に向かって、ひたむきな気持ちで帰依しなさい。煩悩と罪と穢《けが》れを浄化するために、いくらでも功徳《くどく》を積み重ねなさい。最も優れた修行者ならば、三輪清浄[14]の気持ちからすべての所有物を捧げなさい。普通の修行者ならば、供養の儀式を盛大に執りおこないなさい。

善逝とダーキニー[15]と護法神[16]に捧げものをして、さまざまな障碍《しょうがい》が鎮まるように祈りを捧げなさい。神聖なラマが喜ぶことをしなさい。能力の低い修行者なら四種のマンダラを使用して、一日に三回か四回マンダラ供養を執りおこないなさい。

心の穢れを浄化する方法として、供養と布施と贖罪のためのトルマを用いなさい。そうして、六道の生き物に対するカルマの負債や罪や心の穢れを浄化しなさい。

ツァツァ[17]やチュートル[18]や放生やコルラ[19]を実践することにより、身体の穢れを浄化しなさい。帰依や真髄のマントラ[20]を唱えながら、言葉の穢れを浄化しなさい。

クンツ・サンポから放射される慈悲の光線により、あなたが六道におちいる原因となる五毒の種を破壊しなさい。白いア字の形をした光線が放射されたり吸収されたりする姿を思い浮かべることにより、煩悩五毒[21]や意識の穢れを浄化しなさい。

心を捉える瞑想

こうして加行を満了することができたら、象徴的な対象を用いて心を捉える瞑想の修行をしなさい。その瞑想対象には、ブッダの身体、ブッダの言葉、ブッダの心の三つを象徴するものが相応《ふさわ》しい。仏像を用いるのならば、指の幅（約2㎝）くらいの大きさのものにしなさい。

瞑想対象を順番に交換しながらそこに意識を集中させなさい。それには卍字や白いア字などをはっきりと描き、あなたの正面から一尋《ひろ》[22]先か適切な距離の場所に、その瞑想対象を固定しなさい。

身体が調和するように五要点座法[23]で座りなさい。身体に関する六要点と、感覚器官に関する五要点を以下のように示しておこう。

---

14 三輪清浄とは、行為する人、行為自体、行為対象の三つすべてに執着がないこと。
15 ブッダの智慧の化身。通常、女性の姿をしている。
16 ブッダの教えを護る天部の神々。
17 粘土などを金属製の型に入れて作るお供え。仏塔の形をしている。
18 水供養。器に水や牛乳やサフランを入れて龍神（ナーガ）に対しておこなう供養。
19 左繞《さにょ》。聖地や仏像の周りを左回りに歩くボン教式の作法。
20 智慧と力が宿る秘密の言葉。
21 怒り、貪り、愚かさ、自尊心、嫉妬心の5つの否定的な感情。
22 約1.8ｍ。
23 身体の五つの点に注意する座法。瞑想に適している。

身体の第一要点、結跏趺坐《けっかふざ》で座るのが足の要点。
身体の第二要点、矢軸《やじく》のように真っ直ぐに伸ばすのが背骨の要点。
身体の第三要点、上半身を立てるのが腰の要点。
身体の第四要点、両腕は上に持ち上げ、上半身を開き猫背にしないのが胸の要点。
身体の第五要点、両手をバランスよく揃えておくのが手の要点。
身体の第六要点、首は鉤爪《かぎつめ》のように曲げるのが首の要点。

感覚器官の第一要点、舌を上顎《うわあご》につけないのが舌の要点。
感覚器官の第二要点、まつ毛を合わせないのが目の要点。
感覚器官の第三要点、鼻孔《びこう》を通過する気息《きそく》は細く均等にするのが鼻の要点。
感覚器官の第四要点、外から聞こえてくる音のあとを追わないのが耳の要点。
感覚器官の第五要点、口と歯はゆったりとしておくのが歯と唇の要点。

言葉はおしゃべりを止めなさい。意識は現在・過去・未来といった三世のことで散漫にならないようにしなさい。この先の未来について決断せず、過ぎ去った過去に思いを馳せず、今この瞬間のことに煩《わずら》わされないようにしなさい。
ためらうことなく、意識を対象に強く集中させなさい。分別から離れ、不動の意識で、気が散ることがない状態に留まりながら、たゆまなく強く意識を対象に集中させなさい。一座の瞑想時間[24]の長さはあなたの体調に合わせなさい。

いくらか瞑想に慣れてきたら、無理をして意識を対象に集中させる必要がなくなるはずだ。そのままその状態にしばらく留まり続けると、心にさまざまな成就の印が現れてくるだろう。そうしたら、リラックスしながら徐々に心の姿に関する伝授を授かりなさい。このようにしてあなたは心を捉える方法の伝授を授かりなさい。

本然の境地に留まる瞑想

本然《ほんぜん》[25]の境地の姿を知るために、言葉を超えた本然の境地に留まり続けるための三段階のステップ[26]

24 一回瞑想することを一座といい、チベット語ではトゥン（原語　thun）という。
25 本来の姿。
26 三段階のステップにはいろいろ該当するものがあるが、ここでは主に次の二種類について理解しておけばいいだろう。第一段階、心を安定させる。第二段階、思考が現れる。第三段階、思考を見ている意識を探す。または、第一段階、瞑想する。第二段階、瞑想体験についてラマが弟子に尋ねる。第三段階、経典の記述と照合する。

を踏みなさい。リクパが揺動《ようどう》し、他の状態へそれないようにしなさい。鳥のヒバリが巣の中に忍び入るようにリクパに留まりなさい。

ひと仕事終えた人のように行為と努力から離れてリクパに留まりなさい。テーブルの上に寝かされた子供のように、何も調整せずに安らぎながらリクパに留まりなさい。そのときの心の状態をたとえるなら、とりもちに粘着した蜜蜂のよう。弟子には三種類のタイプがいるから、その弟子の能力に合わせた方法で本然の境地へと導き入れなさい。

瞑想を阻む三種の過失

不活性状態[27]と眠気状態[28]といった瞑想を阻む過失からの回復方法は、リクパを奮い起こし、気力を振り絞ること。高い場所に移動して、大空を見つめながら瞑想しなさい。山頂に立てられた旗のようにあなたの心がなるように、瞑想を調整しなさい。

雑念が次々と湧き上がる興奮状態[29]のときには、銅製の器にのせた亀のようにあなたの心がなるように、瞑想を調整しなさい。空き家に侵入した泥棒のようにあなたの心がなるように、瞑想を調整しなさい。薬で毒が変化するように、あなたの瞑想を調整しなさい。この調整をたとえるなら、熟練の職人技のよう。調整しないことこそ最良の調整。

心を見守る方法

心を見守る方法を以下のようにあなたに伝授しよう。王様が王妃を気づかうように、心を見守りなさい。暴れ馬を手懐《てなず》けるように、心を見守りなさい。如意宝珠《にょいほうじゅ》を丁寧に取り扱うように、心を見守りなさい。正知にあなたの心の状態を警戒させ、瞑想の過失を除去しなさい。これらが心を見守る方法だ。アヒルの王様である白鳥のように、あなたが心の本性に留まっているかどうか吟味してみなさい。美女が鏡を見るようにして、水晶玉を磨き上げるようにして、あなたが心の本性に留まっているかどうか吟味してみなさい。こうして瞑想の過失が取り除かれたら、存在も心も一つだと悟れるようになるはずだ。

27 懈怠《けたい》。
28 昏沈《こんじん》。
29 放逸《ほういつ》。

行為あるいは日常生活

あなたのする行為は自然に流れるようになり、何もしなくても本然の境地に融合していく。力自慢が弓の弦《つる》を引くときのように、倦《う》むことなく本然の境地に留まりながら行為をしなさい。そうした行為をたとえるなら、水中を泳ぐ魚。

得られる結果

この瞑想から得られる結果は白檀《びゃくだん》の種に似ている。または、黄金の島にたどり着いたかのようだともいえる。何もかもが自発的に完成するから、あなたは何かを望むこともなくなれば、何かを恐れることもなくなる。あなたはあらゆる望みを叶えてくれる如意宝珠を手に入れるのだ。それをたとえるなら、大空に輝き出す太陽。

そのとき、次のような自信があなたに芽生えるだろう。瞑想の過失が消え去ること稲妻の如し。煩悩を制圧すること雪獅子《ゆきじし》[30]の如し。恐れを知らなくなること舞い上がるガルーダの如し。透明かつ輝くこと大空の如し。

成就の印

成就の印は以下のように現れる。身体が軽やかになること綿の如し。気息の動きが感じられなくなるほど穏やかになる。気分は快活、身体は健康、リクパは輝く。心が不動不変になること須弥山《しゅみせん》[31]の如し。暗闇に灯明を掲げたときのように、リクパの輝きがあなたの心を覆っていた穢れを消滅させる。大海のような深い心になる。大空のように槍を振り回せるほど広々とした心になる。キラキラ輝きながら穏やかで清浄な心になる。このようなさまざまな瞑想体験と顕現《けんげん》があなたに現れるだろう。あなたは類《たぐい》まれな洞察[32]やリクパへと導き入れられ、心の本性が法性《ほっしょう》[33]の中へ自己解脱していく。自発的完成性の見解がストンと腑に落ち、あなたの心が森羅万象《しんらばんしょう》に遍《あまね》く広がっていることを確信するだろう。

---

30 チベットを象徴する神聖な動物。英語では snow lion と呼ばれている。
31 世界の中心にそびえるとされる高山。
32 原典ではヴィパッサナー（原語 lhag mthong）という言葉が使用されているが、ここでは自己認識やリクパのことを指している。
33 真の本性。究極的なリアリティーのこと。

悟りと死

このような悟りを得た人ならば、意識と身体が分離するとき、心は生まれることのない本来の姿を取り戻す[34]。三身に宿る潜在能力が顕現の姿で現れ、煩悩五毒はブッダの五智[35]へと自己解脱を遂げる。煩悩は浄化され、原初の智慧が展開する。

あなたはガルーダのひな鳥か雪獅子の子供のようになり、身体という殻から離れ、ブッダの解脱を成就する。悟りが極限に達し、あなたはブッダになるのだ。以上のようにタピリツァは説かれた。サマヤ[36]。

第2節　上級者向けの瞑想方法とバルド

自己認識を働かせながら平等の境地にいらっしゃるクンツ・サンポに拝礼します。良家の子よ。信心に欠け、まだ悟りを得ていないために、意識が執着心で満たされている人たちが、間違いなく教えに精通し、完全な解脱を遂げることができるように、深遠かつ秘訣の教えをはじめから説いていくことにしよう。

これは、心から心へと直接的に次々と悟りの心を伝授した九善逝《ぜんぜい》の仏心のエッセンスであり、二十四人の成就者たちの体験に根差した秘訣の教えである。幸運な人たちの意識に授けられますように。サマヤ。

ゾクチェンの見解

器世間《きせけん》[37]と衆生世間《しゆじよう》[38]も、輪廻と涅槃《ねはん》も、あらゆる存在は、どれもあますことなく菩提心に完成されている。原初から心の本性は禅定の境地に留まり、そこから自己発生する原初の智慧が自発的に輝

34 今体験している生死を繰り返す意識は泡のような一時的なもので、その下に生まれることも死ぬこともない心（心の本性）があり、それを取り戻すことが悟りや解脱になるということ。
35 ブッダの五智とは法界体性智、大円鏡智、平等性智、妙観察智、成所作智のこと。
36 本来は密教のサマヤ戒のこと。ここでは、この教えを秘密にしなさいといった意味。
37 あらゆる生き物が活動する環境世界。宇宙。
38 人間や動物を含むあらゆる生き物のこと。

き出している。

その輝きはさまざまな事象と顕現の姿になり、そうした外界にも内界にもリクパは遍く広がっている。輝くリクパは穢されることもなく、誕生することもなければ死滅することもない。調整されることもなく穢されることもない空性である心の本性から、輝きの側面やリクパの側面が途絶えることなく顕現し続ける。

その輝きと空性は大空の姿に相似して、中央もなければ周辺もなく大楽《たいらく》[39]に満たされている。その大楽に満たされながら限界なく広がるのが法性である。

実体のない心の本性に備わる原初の智慧は、何らかの原因から生まれることはなく自己発生する。それは条件により穢されることがないから常に透き通っている。

それは誰も調整できないから、清々《すがすが》しい。それは原初からあるから悠然としている。それは生まれることがないから人に見せることもできない。

これらの言葉はどれもあなた自身の心を認識するリクパについて説いていて、それは他のところには見つけ出すことができないもので、あなた自身の中に輝いている。それは誕生することもなく死滅することもなく、離散集合することもない。誰でも知り得るわけではない大いなるティクレ[40]だ。以上のようにタピリツァは説かれた。サマヤ。

瞑想の実践方法

そのゾクチェンの境地に留まる方法は、他のところを探さずに自分の中を探すこと。瞑想では到達できない境地から散漫になることなく、身体をゆったりと安らかにして、意識をありのままの清々しい状態に留めなさい。

息を細く長く穏やかに吐き出しなさい。意識を遮断したり強張《こわば》らせたりせず、どこにも集中させず抑え込まずに放っておき、自然なまま清々しくリラックスした状態に留めなさい。

現れてくる大楽の法身を対象化せず、思考の拠り所にしないこと。わざわざ何かを成し遂げようとせず、自然と心の中に顕現が現れてきてもそれを遮断しないこと。

実際に何も追い求めず、努力して一生懸命になったり、特別なことは何もしたりしないこと。心の輝きはそのままに、分別が働かないようにしなさい。

分別から離れ、無為のありのままの状態に留まりなさい。知覚対象が増加したとしても、錯誤した煩悩が繰り返し現れても、それに対する執着心が内側から発生しないようにしながら、執着対象を外側に押し止めようともしないことだ。

悪徳と功徳の二つに分ける見解を取らず、否定からも肯定からも離れた境地に留まりなさい。ありのままで調整されていない本来の姿でいるとき、大いなる自発的な輝きがあなたに現れてくる。

39　あらゆる苦しみや悲しみから離れた無条件な幸福のこと。

40　本来は瞑想中に現れる光の粒を意味するが、ここでは心の本性を意味している。

錯誤した煩悩や雑念には、さまざまな内容のものがあり、そのうちのどれかがあなたの心の中に現れてきたとしても、否定もせず放棄もせず、そのあとを追従《ついじゅう》しないことだ。それに執着せず、それが自発的に消え去るままにしておけば、その本体である法性が自発的に輝き出すはずだ。サマヤ。

瞑想の過失と対処法

このようにあなたが禅定にいるときに、興奮状態と眠気状態といった二種類の過失に見舞われることがある。

興奮状態という過失の対処方法について説くことにしよう。興奮状態とは、馬勒《ばろく》[41]をつけていない荒馬のように意識がなること。知覚対象に対して心がますます興奮するようになり、さまざまな雑念が生じるようになる。

そうした状態をわざわざ止めようとしたり受け入れたりしないこと。それを歓迎することもなく、その後を追従することもなく、興奮状態を手放し、清々しい心の状態に留まりなさい。正知という意識の働きを駆使しなさい。

このように瞑想が上達できたら、あなたは大楽に満たされた界[42]になる。そうすれば、あなたの心は自発的に元の状態に戻り、心の穏やかさが自然に訪れる。これが興奮状態に対する対処方法だ。

眠気状態および不活性状態という過失の対処方法について説くことにしよう。これらは海中に沈み込んだ盲人のように意識がなること。

六つの意識[43]が暗闇に閉ざされ、けだるくなり、眠気に襲われる。六つの意識が外界から遮断され、内界へと収縮していき、見ることも聞くこともできなくなる。それは邪悪なものが意識を威圧するのに似ている。

この状態におちいったらリラックスしながら、気持ちを奮い起こしゆったりとし、その状態に対してあなたの意識が執着しないようにしなさい。分別から離れたあなたの本性が原初から遍く広がっていることがわかるだろう。

原初からどこまでも遍く広がる状態のままになれば、さまざまな過失が自発的に鎮まり自己解脱を遂げ、原初からの智慧が大いなる光明の姿で現れてくる。以上のようにタピリツァは説かれた。サマヤ。

---

41 馬を操るために馬の口の隙間に棒を通し、手綱をつけた馬具のこと。
42 外界と内界の垣根がなくなった状態のこと。
43 六識。眼識・耳識・鼻識・舌識・身識・意識のこと。

得られる結果

このように顕現する原初の智慧は、執着する思考から離れた不変（ユンドゥン）である。不二《ふじ》[44]に回帰することにより大楽があなたの中に現れてくる。この不二の大楽に留まることを説いている秘訣の教えは、無明を明知に変えてしまう。

存在は原初から分離した姿をしていない。調整されていない法性に向かって、穢れていない心の本性により、散漫にならない三昧《さんまい》[45]という不動の境地に留まる瞑想をしなさい。

このようにこの境地に留まることにより、輝くリクパの意識があなたの中に現れてくる。その結果、存在と心を含む森羅万象は、そのエッセンスである菩提心に帰っていく。あなたは大楽に満たされた法身そのものを体験しながら、それはますます輝き出すようになる。

その法身がどういった姿をしているかといえば、まったく実在性がないものだ。どんなにしても言い表すことが不可能だし、どうやっても名づけることも不可能だ。その真理を体験できるようになりなさい。以上のようにタピリツァは説かれた。サマヤ。

悟りの姿

こうした姿をした法性には、実体のある本体など存在しない。その形も色も知覚することができない。形も色もないから実在性を超越している。法性はこういうものだと提示することができない。

法性には発生する原因もなければ、それを支える土台もないから、その発生する原因も滅亡する原因も原初から根絶されている。その支えとなる土台もなければ根源もないから、まったく何にも依存したこともない。始まりの時もなければ終わりの時もないし、何かから結合してできているわけでもなければ、いくつかに分離することもなく、森羅万象に遍く広がっている。

法性には中央も端もなく、リクパの光明があらゆるところに遍く広がっている。ここで私が詳しく説いている秘訣の教えに従い、存在と心についてあますことなく徹底的に吟味しつくしなさい。それこそが悟りという生涯に渡り追い求めるべき深遠《しんえん》な目的なのだ。

このような吟味により、さまざまな煩悩は原初の智慧に変わり、執着は自発的に消え去り、苦しみは浄化され、執着するあらゆる思考の正体を見定めることができる。森羅万象という顕現は、大楽に満たされた菩提心の中へと原初から輝き映し出されているものだから、教えに対する躊躇《ためら》いや誤解は手放される。

44　主体と対象に分離する前の状態のこと。非二元の境地。

45　本来は意識を一つの対象に集中させて動揺しない状態を指す言葉だが、ここでは心の本性に馴染んでいる状態を意味している。

あらゆる思考に対して何も調整しなければ、存在と心が二つに分離することがないから、あらゆる戯論《けろん》[46]は根底から浄化され、あなたは悪徳と功徳を拒絶しようとも獲得しようともしなくなる。

森羅万象のエッセンスがティクレだと結論を下すことにより、不活性状態と興奮状態と逸脱と穢れなどをあなたの心から駆逐しなさい。ボンの九乗から獲得される成果はすべて、あなたの本性から立ち現れると確信し、ゾクチェンよりも劣る乗《じょう》[47]から得られる結果を望まなくなる。以上のようにタピリツァは説かれた。サマヤ。

ゾクチェン瞑想の行為

このときにする秘密の行為とは、見解と瞑想に結びついた境地にいながら、歩く、寝る、たたずむ、座るといった行為をすること。身体と言葉と意識の三門を使ったどんな行為をしていようとも、エッセンスである本性から逸脱しなくなる。

たとえば、魚がどんなに泳いでも、水の外に出ることはあり得ない。同様に身体と言葉と意識の三門を通じてどんな行為をしようとも、大楽のエッセンスに留まりなさい。

どれほど卑しい行為をしたとしても、その悪徳も功徳もあなたの本性に影響を与えはしない。善い行為も悪い行為もあますことなく、大楽のエッセンスと結びついた行為から時を超えて逸脱することなく、大楽のエッセンスに自発的に完成されている。

そもそも何をしても獲得することもなければ放棄することもないのだから、これこそがクンツ・サンポの行為なのだ。このような悟りを得たとき、微塵《みじん》たりともその悟りから脇道に逸《そ》れることはなくなるから、あなたは心の連続体を浄化させたり悟りを成就したりしたブッタになるのだ。以上のようにタピリツァは明言された。サマヤ。

結果と成就の印

真理というものは原初から完成された大いなるティクレのこと。その真理に対して結果などと名づけるべきではないし、大楽に満たされたあなたの心の本性の他に、どんな結果も求めるべきでない。心の本性は正真正銘の法身であり、大いなる自己解脱を果たしているから、ありとあらゆる存在は調整されていない本来の姿に落ち着き、自発的に本来の完成された姿になる。

46　本来は無意味な言論を意味するが、ここではあらゆる言語活動や思考活動を意味する。
47　ブッダの教え。

心の本性は寄せ集められたわけでもないのにひとつながりの姿をして、拡散されたわけでもないのに原初から遍く広がっている。努力することなく得られるこの結果は、努力することによりどこか他のところから得られるわけではない。

あなたのリクパは錯誤することなく極限まで実現し、その能力は最大限完成され成就を迎える。リクパに熟達し、自発的完成を成就すれば、あなたのこれまでの決意と努力が教えに対する確信へと姿を変える。こうしたことがゾクチェン瞑想の結果だと名づけることができる。

あなたの心がこのような境地に留まることにより、現在・過去・未来といった三世の違いのない等しい境地から、功徳が自然に顕現する。そうした功徳は、印と本性と深い悟りの三種類をはじめとするあらゆる姿で湧き起こる。

その三種類の功徳が同時に湧き起こることもあるし湧き起こらないこともあるが、本質的な違いはない。功徳が湧き起こっても、執着せず錯誤せず遮らないようにしなさい。功徳が得られなかったとしても、功徳が得られたとしても、あなたは歓喜に溺れないようにしなさい。

何も否定すべきでないのに、否定するようになったら、それこそが本性からの逸脱なのだ。功徳が湧き起こらなくても確信が得られれば、それが最高の功徳。

功徳が湧き起こっても分別から離れていれば、功徳と心の二つは一つのままだ。だから分別から離れながら不動の三昧の境地に途切れることなく留まりなさい。以上のようにタピリツァは説かれた。サマヤ。

死とバルドの教え

心の本体は不死だから、原初から生まれることもなければ死ぬこともないが、一時的に意識が身体を捨て去ることがある。心と身体が分離するそのときは、今生《こんじょう》と来世の境目であるバルドの中で顕現が現れるときである。

意識が光の方向へ向かい、映像のような対象が見えるとき、外的なルン[48]は完全に静止している。音があなたの内側に収斂《しゅうれん》するとき、顕現が五色の光の姿で目の前に現れるとき、リクパが光線の姿で放射されるとき、物質的な身体からリクパと結びついたルンが分離する。それにより何劫《ごう》もの気が遠くなるほど長い時の流れの中で、あなたは自己顕現に対する錯誤を起こし、苦しみを体験してきたのだ。

一方で、あなたが心の本性に導き入れられれば、法性が調整されていない純粋なままの姿で現れる。その法性がどのようにして現れるかといえば、過去の穢れから離れることによりリクパが輝くのだ。

そうして現れた法性というエッセンスが、あなたの本来の心でリクパだと確信しなさい。実体のない顕現を含む森羅万象という存在のすべては、執着する思考や愛着心などから分離していく。

48　本来は風を意味するが、ここでは気息または生命エネルギーを意味している。

そもそも現在・過去・未来といった三世もなく原因からも離れた自己発生かつ不生《ふしょう》49の境地にあなたが留まれば、リクパが働き出し、心の本性が姿を現す。その成就は生前の間に秘訣の教えに従い、これまで励んできた修行から生じたものだ。

見える光景は実体がないのに何もかも輝いている。輝いていても、「それはここに存在する！」と執着しないようにしなさい。

あなたがゆったりとその純粋な境地に留まれば、そうした光景は壮麗かつ穏やかに輝く姿へと変化する。ほんの一瞬でもその心の本性にあなたが結合することができれば、バルドの中で功徳が自発的に完成され、自己発生するティクレの境地へとあなたは自己解脱を遂げることができる。

それは雲一つない青空に太陽が昇るのに似ている。この悟りを成就することにより、あなたはブッダになり、大楽の境地に安らぎ続けることができる。

サマヤ戒

難解でもないのに得るところが多いこの秘訣の教えは、死に間際の人、幸運にもこの教えに相応しい修行者、秘密を守り深遠な教えを咀嚼《そしゃく》できる修行の達人、このような人たちにこれからあなたは伝授していきなさい。

教えに相応しくないインチキで口先だけの人、教えの意味が腑に落ちず修行しない人、そのような人たちにはとりわけこの教えを秘密にしなさい。そんな人たちには一言たりとも口を滑らせて教えを漏らさないようにしなさい。以上のようにタピリツァは説かれた。サマヤ。

祈りと回向

良家の子よ。この教えは心から心へと直接的に次々と悟りの心を伝授した九善逝の仏心のエッセンスであり、二十四人の成就者たちが体験した秘訣の教えの集大成。この「禅定瞑想の修行方法」は、見解と瞑想の要点をあなたの心に打ちつける釘のような秘訣の教え。

せっかくこの教えに出会えた幸運なあなたが道筋を誤らないように導き、伝授した教え。あなたの心の一番奥底に大切にしまっておくように。不適格な人たちには厳重にして秘密を漏らさないようにしなさい。この世の終わりまでこの教えが途絶えることなく生き物の利益になりますように。サマヤ。

49　実体化や実在化しないこと。

結び

以上のように、虹の身体の姿で現れた化身[50]のタピリツァが大成就者ナンシェル・ルーポに教えを説いた。対象化から離れた本然の境地に心を定めながら、禅定に至るこの秘訣の教えは、持明者たちが伝承してきた口伝の教えである。人間のありきたりな言葉によって穢されることがなかったこの口訣の教えは、口頭で伝承されたあと、文字に書き取られた。サマヤ。ギャギャギャ[51]。イット[52]。

解説　見解の概略による禅定瞑想の修行方法

あなたへのお願い

ゾクチェン、特にその中でも『シャンシュン・ニェンギュ』の教えは、口頭伝授が正統的な伝授の流儀です。口頭伝授とはラマのところに赴き、目の前でその教えを口頭で伝授してもらうことです。ラマというのはチベット語で、教えを説き瞑想を指導する師範の中でも特に優れたレベルの師範のことを意味します。『シャンシュン・ニェンギュ』の故郷であるシャンシュン王国やチベットでは千年以上もの間、ラマと弟子は同じ一つの場所に集い、同じ空気を吸いながら、互いに顔を見合わせて教えが伝授されてきました。

50　原語　sprul pa'i sku。応身の意味。

51　ギャが三回繰り返されているのは、ゾクチェンの本然の境地は心の中に存在すること、心の外には存在しないこと、相応しい人物にしかゾクチェンの教えは役立たないことの三つを意味している。

52　原語　a ＋ tha。rgyud と同義語。詳細な教え。

私はこれから試みとして、この口頭伝授を紙面上で「解説」として再現してみようと思います。ゾクチェンの思想や瞑想方法について興味を持たれ、本書を手に取られたあなたの便宜をはかり、本来口頭伝授のスタイルで説かれる教えを、私がここに文字として書き記してみようとしているのです。『シャンシュン・ニェンギュ』に含まれるいくつかの章に関しては、英訳の書籍がすでに数点一般向けに出版されています。しかし、資格を備えたラマがそれについて伝授したり解説したりしたものは、欧米にあるボン教の瞑想センター内でだけ入手可能で、私の知る限り、まだ英語でも一般向けには出版されていないはずです。悠久に続く『シャンシュン・ニェンギュ』の歴史上初めての試みになるのです。

厳密にいえば、これからあなたのために始める「解説」は伝統的な伝授とは同じものではありません。なぜならば、ゾクチェンが伝授されるときには、ラマの加持力が不可欠だからです。それは対面で可能になることで、紙面で再現することは不可能なのです。

紙面を通じてあなたがゾクチェンを頭で理解できたと思っても、実際に瞑想に取り組んでみればわかりますが、どうにもこうにも上手くいかないはずです。または、上手くいっていると勘違いしてしまうことでしょう。

ラマの加持が欠けた伝授はまるで、精巧に作られた造花。その造花の見た目がどんなにリアルで華麗でも、そこには生命や精神が宿っていません。ラマの加持が宿る伝授と、ラマの加持が欠けた「解説」には天地ほどの差異があるのです。

その上『シャンシュン・ニェンギュ』の教えは、二柱の強力な霊的な存在によって厳格に護衛されています。ブッダの教えを保護する霊的な存在のことを護法神といい、それらは天部の神々です。『シャンシュン・ニェンギュ』を護衛しているその二柱の護法神とはウェルロ・ニパンセとメンモ・クマラツァです。この二柱の護法神は私たちの目には見えませんが、『シャンシュン・ニェンギュ』が説かれるところや『シャンシュン・ニェンギュ』の修行をする人のまわりには必ず現れるといわれます。

彼らは不届き者が『シャンシュン・ニェンギュ』に近寄らないように常に目を光らせる一方で、真剣な修行者が困難に見舞われたときにはやさしく救いの手を差し伸べてくれる頼りになる存在なのです。私が本書の表紙としてウェルロ・ニパンセの仏画を選んだのは、そうした理由があるからなのです。

あなたが少しでもこのゾクチェンの教えと縁が結べるようにウェルロ・ニパンセとメンモ・クマラツァに心からお祈りを捧げながら、私はこれから精一杯の努力を尽くしてあなたのためにこの経典の「解説」を文字に書き綴っていくことにしましょう。

この経典「見解の概略による禅定瞑想の修行方法」は二部構成になっています。第1節ではより初心者に寄り添った瞑想方法が説かれ、第2節では上級者向けの瞑想方法が惜しみなく説かれています。

本書のために書き下ろしたこの「解説」では、第1節の内容の概略に焦点を絞りました。というのも、本書を手に取る読者の多くがゾクチェンについて初めて知る方ばかりだと思いますから、迷路のように入り組んで難解な内容にはあまり踏み入らずに、ゾクチェン瞑想の概略をやさしくまとめた内容の方が役立つはずだと思ったからです。

一方で、すでにラマから伝授を受けている方や、ゾクチェン瞑想にある程度親しんでいる方にとっては、この「解説」は親切な復習の役目を果たしてくれるでしょう。

あなたが本書を読んでゾクチェンに興味を持たれたり、不思議な縁を感じ取られたりしたら、ぜひあなたに相応しいボン教のラマを見つけてください。あなたが出会う運命のラマはチベット人かもしれないし、西洋人や日本人かもしれない。

僧侶や尼僧のような出家者かもしれないし、仕事や家庭を持つ俗人かもしれない。男性かもしれないし女性かもしれない。年上かもしれないし年下かもしれない。

そんな些細なことでラマを格付けしたり、区別したりしないことです。生まれ変わりの活仏《かつぶつ》ラマや、宗派を代表する著名なラマたちは素晴らしい方々ばかりですが、あなたの目の前にいるラマがあなたにとって最も大切な指導者なのです。

残念なことですが、ほとんどの人がこの大切なことに気づけずにいます。ボン教の正統的なラマとあなたを結びつける運命の糸を手繰《たぐ》り寄せ、あなたに相応しいラマに出会い、そのラマから「見解の概略による禅定瞑想の修行方法」を構成している第1節と第2節で説かれている教えや瞑想方法を、たっぷり時間をかけてあますことなく口頭伝授してもらいなさい。

伝授と「解説」との違いと、いつかあなたの運命のラマから口頭による伝授を授かってほしいという私の願いが理解できたら、さっそくこれから、経典『ゾクパチェンポ・シャンシュン・ニェンギュ』から「見解の概略による禅定瞑想の修行方法」についての解説を始めることにしましょう。

ゾクチェンという言葉の意味

まず、経典『ゾクパチェンポ・シャンシュン・ニェンギュ』のタイトルについて説明しましょう。経典のタイトルの意味を知れば、そこに記述されている内容の特徴を手短に把握できるからです。

ゾクパチェンポというのはチベット語の言葉で、ゾクパとチェンポという二つの単語から構成されています。ゾクパという一つの言葉には主に、究極と完成と消滅といった三種類の意味があります。チェンポという言葉は、大きいとか偉大な、といった意味です。そこでゾクパチェンポという言葉には、次のような三つの意味や特徴が込められていることがわかるでしょう。

一つ目は、大いなる究極。つまり、あらゆる教えの中で最も究極的な教えだという意味です。ボン教には八万四千種類もの教えが存在するといわれています。その中には、病を癒す教え、財運を高める教え、死者を送る教え、善悪を見分ける教え、空性を悟る顕教の教え、イメージ力を駆使する密教の教えなどのさまざまな教えが収められています。どの教えも完成された貴いブッダの教えであることに間違いはありませんが、その中でもゾクチェンは最も高度な教えであり、究極的な結果をもたらす教えなのです。

二つ目は、大いなる完成。つまり、あらゆる完成された智慧を備えている教えだという意味です。智慧には、善いことと悪いことを見抜く智慧、苦しみや悲しみから離れる智慧、真理を悟る智慧、生きとし生けるものを救う智慧など、さまざまな種類のものがあります。驚くべきことに、ゾクチェン瞑想をすることにより、これらを含むあらゆる智慧を一挙に入手することが可能なのです。

三つ目は、大いなる消滅。つまり、どんな穢れでも浄化しつくす教えだという意味です。私たちの誰もが抱えている無数の苦しみや悲しみはどれも、自分の心の穢れから生み出されたものだといわれています。ゾクチェンならば心の穢れを根こそぎ消滅することができるという意味なのです。

これであなたはゾクパチェンポという言葉の意味を十分に理解できたことでしょう。ボン教のラマや修行者たちはゾクパチェンポという言葉をゾクチェンと短縮して呼ぶことも多いので、これから先はゾクパチェンポのことをゾクチェンと呼ぶことにしましょう。

ゾクチェンという言葉は一般的に、「大いなる完成」や「大円満」というふうに日本語に翻訳されます。あなたも「大いなる完成」や「大円満」という名前をどこかで見たり聞いたりしたことがあるかもしれません。

ゾクチェンという言葉を知っているほとんどの人は、それはチベットだけに伝承されているある特定の教えや瞑想方法のことだと理解しているようですが、実はもっと深い意味がゾクチェンという言葉に込められています。その意味とは何かというと、ゾクチェンはあなたの本来の心の姿そのものについて指し示している言葉でもあるということです。

本来の心の姿のことを、ゾクチェンの教えの中では心の本性と呼んでいます。心の本性を知り尽くすことがゾクチェンの方法論だとも目的だともいえるので、心の本性はゾクチェンを学ぶ人にとって本当に重要な言葉だということを忘れないでください。これからこの解説の中でも繰り返し何度も、あなたは心の本性という言葉に出会うはずです。

ありきたりの心（意識）と心の本性。この二つの言葉はとてもよく似ていますが、まったく異なるものを指し示そうとしています。

心または意識は、日常的にあなたが体験している二元的な精神のことです。心は常に思考の後を追いかけています。

たとえば、怒りという思考が現れたらあなたの心はその思考の後を追いますし、執着という思考が現れたらその思考の後を追いかけます。生きとし生けるものはそうして思考によって振り回されたり、覆われたり、汚されたりして、本来の自分の心の姿を見失ってしまった結果、いつまでも終わることなく輪廻の世界を目的もなくさまよい続けているのです。

一方で心の本性とは、ゾクチェンが目指しているピュアで非二元の精神のことです。心の本性は思考の後を追いかけたりしません。たとえば怒りや執着といった思考が現れても、心の本性はその思考の後を追いかけないのです。

ですから、心の本性は思考によって振り回されることもなく、覆われることもなく、汚されることもありません。思考から離れた心の本性とは、本来のあなたの心がむき出しになった姿であり、それこそが輪廻から離脱して涅槃の境地に至る扉なのです。

Q：輪廻とはどういう意味でしょうか？
A：輪廻とは生き物が誕生と死を繰り返すことです。現在一般的に大部分の日本人が信じていることとは異なり、死んだら何もかも終わりというわけではないのです。死んだら、生まれ変わらなければならないのです。

死んだ後に生まれ変わる先は、地獄界、餓鬼《がき》界、動物（畜生）界、人間界、阿修羅《あしゅら》界、天界の六種類の世界のどれかになります。これら六種類の世界のことをひとまとめにして六道ともいいます。

地獄界は何もかも燃え上がるような灼熱《しゃくねつ》と、すべてが凍《い》てつくほどの極寒に苦しみ続ける世界です。怒り、特に殺生《せっしょう》などの悪業が原因となり地獄界に生まれ変わります。

餓鬼界は途切れることのない飢えと渇きに苦しみ続ける世界です。そこに住む生き物はとびぬけて大きな頭と腹を持った姿をしています。餓鬼界の生き物はのどが細いために食べ物を何も飲み込むことができず、耐えがたい飢えと渇きにさらされ続けます。

動物界の生き物は知性に欠け、無知に覆われ、善悪の判断ができません。自分の力で運命を切り開くこともできませんし、ブッダの教えを学んだりする力もありません。

人間界は短い寿命と五感（視覚、聴覚、嗅覚、味覚、触覚）の働きから大きな制限を受けています。しかし、比較的に自由な世界で、ブッダの教えを学んだり瞑想したりする機会に恵まれています。輪廻の世界には苦しみだけしかないことを理解し、そこから抜け出そうと努力することができるのです。

阿修羅界の生き物は、天界に住む自分よりも優れた能力の神々に対する劣等感と嫉妬心に苦しめられています。天界の神々に戦いを挑みますが、決して勝利することはありません。

天界に住む神々は人間とは比較できないほどの長寿と不完全な幸福にふけり、ブッダの教えを学ぼうとしません。善いカルマが尽きたら、地獄界などの過酷な世界に生まれ変わる運命が待ち受けています。

このように六種類ある輪廻の世界はどこも完全な幸福からほど遠く、苦しみと悲しみに満ちた世界なのです。あなたがそこから抜け出して、揺るぎない幸せを手に入れようとするのでしたら、ゾクチェンの教えを説くラマに出会い、ゾクチェンの教えを伝授してもらい、ゾクチェンの瞑想に取り組みましょう。そうすれば、あなたはあらゆる苦しみや悲しみから離れ、心の穢れやカルマを完全に浄化してブッダになり、輪廻の世界から永遠に離れ、輪廻の世界をさまよい苦しみにあえぐ他の生き物を救い出す能力を獲得することができます。

心の本性の三つの特徴

先ほどあなたに述べた通りに、ゾクチェンという名前には大いなる究極、大いなる完成、大いなる消滅という三種類の意味や特徴が込められています。そして、ゾクチェンは心の本性を指し示す言葉でもありますから、心の本性にも同様に、大いなる究極、大いなる完成、大いなる消滅という三種類の特徴が備わっていることになります。それでは、心の本性に備わるこれら三つの特徴について、あなたに説明していくことにしましょう。

心の本性に備わる三種類の特徴のうち一つ目は、心の本性は大いなる究極的なものだという特徴。心の本性は森羅万象の中で究極的な価値を有するものだということ。

あなたはいったいどんな価値観を持っていますか？　たとえば経済力や財力に価値を置きますか？名誉や称賛を得ることに価値を置きますか？　それとも自由や快適さに価値を置きますか？

人によって価値観はさまざまに異なりますが、今までの何年もの間あなたは自分が信じていた価値を追求してきたはずです。それを手に入れて、満足いく結果や幸福に満たされたでしょうか。ゾクチェンの教えでは、究極的な価値のあるものとはあなたの心の本性だと説かれています。

二つ目は、心の本性には大いなる完成が備わっているという特徴。あなたの心の本性の中にはありとあらゆるブッダの智慧がすでに完成された姿で備わっているということ。ですからブッダの智慧を身につけるために、とびきり難しい課題の勉強をする必要もなければ、心身に堪《こた》える特別辛い苦行をする必要もないということになります。

三つ目は、心の本性は大いなる消滅を果たしているという特徴。あなたの心の本性は本来とてもピュアであらゆる穢れから解放されているのです。理解に欠けた上司に対する怒りや、流行の服を購入したい執着心などで、一時的にあなたの心が穢されることがあるかもしれません。しかし、心の本性に立ち返る技術を習得すれば、あっという間に心の穢れはつるっと心から脱落してしまうのです。心の本性はもともとピュアで穢れとは無縁なのです。

Q：ブッダとは何でしょうか？

A：ブッダは漢字では仏陀と表記します。ボン教や仏教の本を開けば、ブッダや仏陀という言葉が何度も繰り返し登場します。だから、きっとあなたもこの言葉を聞いたことがあったり、知っていたりするはずです。

多くの人がブッダという言葉から、今から約二千五百年前にインドで深い悟りを成就し、仏教を始めた釈尊の姿を思い浮かべることでしょう。ブッダという言葉はもともと、インドの菩提樹の下で瞑想し、優れた悟りを成就した釈尊に贈られた「目覚めた人」という称号でした。

その後チベットや中国や日本で広まった大乗の教えの中では、釈尊と同じように優れた悟りを成就した人ならば誰でもブッダと呼べることになりました。つまり、ブッダはたった一人ではなく、完全な悟りを開いた人の数だけ存在するのです。

たとえば、今から一万八千年前に神秘の国オルモルリンでボン教の教えを説き始めたトンパ・シェンラプ。彼も無数に存在するブッダの一人なのです。

本書を読んでいるあなたもゾクチェン瞑想に励み、虹の身体の悟りを成就できたら完全なブッダになれます。あなたもブッダになれるのです。ひょっとするとあなたはブッダというと、京都や鎌倉の街中に点在するお寺に参拝したときに拝観できる仏像や仏画に描かれた姿をイメージするかもしれません。

頭の上に突起状に髪を巻いたいくつもの螺髪《らほつ》をのせ、額に白く長い毛を丸めた白毫《びゃくごう》をつけ、顔には穏やかな微笑みを浮かべ、両耳は肩に届くほど長く、身体にゆったりとしたローブをまとった姿。私たちの常識では、ブッダというものを何かこうした人間的な姿かたちをしているものだと考えがちです。

しかしゾクチェンの教えによれば、そうした目に見えるブッダは本当のブッダの仮の姿にすぎず、本当のブッダとは私たちの本来の心そのものだとされています。ゾクチェンの教えでは、仏像や仏画に描かれているようなブッダの姿に自分を近づけようともしませんし、ブッダの姿を自分の目で見ようとも、ブッダの声を自分の耳で聞いたりしようともしません。リアルな現実の中でも、夜見る夢の中でもブッダに出会ったりしようともしません。

そうではなく、瞑想することにより自分自身の心をむき出しにして、自分自身の心からブッダの智慧をこんこんと湧き出させようとするのです。つまり、自分自身でブッダの心や智慧を体験しようとするのです。すなわち、ゾクチェンの教えによれば、あなたの本来の心こそがブッダなのです。

Q：瞑想から得られる智慧はどのようなものなのでしょうか？

A：あなたが瞑想を続けていけば、知恵と智慧が得られるでしょう。知恵と智慧はとてもよく似ている言葉ですが、実はその内容や意味が大きく異なります。

まず瞑想は主に世俗的な瞑想と、宗教的な瞑想の二種類に分類することができます。世俗的という言葉は日常生活の延長上を意味し、宗教的とは日常生活を超越したところを意味します。

世俗的な瞑想をすれば日常生活上の知恵が得られますし、宗教的な瞑想をすれば日常生活を超越した智慧が得られます。それではこの二つはどのように異なるのか説明していきましょう。

世俗的な瞑想をするときには、ブッダやブッダの教えを信じる帰依のお祈りや、他の生きとし生けるものに対して憐れみの気持ちを向ける慈悲のお祈りを唱えたりしません。そのかわりに、すぐさま瞑想を開始します。

世俗的な瞑想をすると、心が穏やかになったり安らかになったり、仕事や人間関係のストレスから解放されたりします。斬新なアイデアが湧いたり、集中力や記憶力が向上したり、仕事や勉強のパフォーマンスが高まったりします。

つまり、世俗的な瞑想とはビジネスライクな瞑想とも表現できるでしょう。世俗的な瞑想から得られるこうした知恵により、あなたは日常生活の満足度を高めることができるのです。素晴らしい！

一方で、宗教的な瞑想をするときには、準備を念入りにする必要があります。帰依や慈悲のお祈りを唱えてから、瞑想を始めるのです。

宗教的な瞑想をすると、斬新なアイデアを含むあらゆる思考が蒸発し、狭苦しい自我意識や凝り固まった自己執着心から解放され、仕事や人間関係の煩わしさが光の幻へと変容していきます。心の構造自体が変化して、真理を見極める智慧が手に入り、子供の頃から身につけてきた狭い価値観が覆ります。

人生や死に対する新しい洞察や価値観が生まれ、社会的成功から離れた揺るぎない幸福を体験するようになります。ですから、宗教的な瞑想はさらに素晴らしいのです。

まとめると、世俗的な瞑想をすることによりビジネスライクな知恵が得られ、宗教的な瞑想をすることによりビジネスや日常生活を超越した智慧が得られるのです。

『シャンシュン・ニェンギュ』の教えとは

ゾクチェンの教えと瞑想は、私や他の誰かが勝手に空想したり、創作したりしたものではありません。はるか昔から口伝を通じて伝承され続けてきた教えです。今日では特に経典にもとづいて『シャンシュン・ニェンギュ』の伝授がおこなわれます。

あなたが誰かからゾクチェンの教えを授かったとしても、もしもその教えが経典の内容と矛盾していたら、それは正統的なゾクチェンの教えではありません。ゾクチェン経典はボン教にもチベット仏教ニンマ派にも多数存在し、すべてチベット語で書かれています。

ニンマ派とはチベット仏教最古の宗派で、同時にチベット仏教の中で唯一正統的にゾクチェンの教えを伝承している宗派です。一方で、数あるゾクチェンの教えの中でも最も歴史が古いものを記した経典がボン教の中に保存されていて、それが『シャンシュン・ニェンギュ』なのです。ここでは、この経典名の意味を説明しておきましょう。

『シャンシュン・ニェンギュ』の「シャンシュン」は実在した謎の古代王国の名前で、7世紀にチベットが統一国家として初めて歴史上に登場するはるか昔からチベット高原に存在していました。シャンシュン王国に関する調査や研究はまだ着手されたばかりで、ボン教と深いつながりがあることは明白な事実としてわかっていますが、その民族構成や言語や文化についてはまだ深い謎に包まれたままです。

「ニェンギュ」はラマから弟子へと直接的に口伝や口頭でおこなわれる伝授を意味しています。ラマはチベット語の言葉で、宗教上の教えや瞑想を指導してくれる特に優れたレベルの師範や先生のことを意味します。

「ラマ」という言葉は「ラ」と「マ」に分解することができ、「ラ」は最も優れたという意味で、「マ」は母親を意味します。ラマはあなたが速やかに瞑想に熟達できるように、そしてあなたが本来の心の姿に出会えるように手助けしてくれるとても優しい母親のような存在なのです。

まとめると、『シャンシュン・ニェンギュ』とはシャンシュン王国に由来し口伝で伝授された特別なゾクチェンの教えや、それを文字に書き記した経典の名前なのです。

「見解の概略による禅定瞑想の修行方法」とは

『シャンシュン・ニェンギュ』の経典の中には、ゾクチェンについて説いている数多くの章が収録されています。そのどれもが包み隠さず直接的にゾクチェンの見解と瞑想について語っています。

見解とは瞑想の背景となる理論や思想のことです。その中の一つの章が、これから私があなたに解説していく「見解の概略による禅定瞑想の修行方法」です。

本章の中ではゾクチェン瞑想の基本的な実践方法に焦点が絞られていて、その背景となるゾクチェンの見解については詳細には語られていません。瞑想のやり方だけを知りたいとか、見解や理論など知らなくても瞑想はできると、あなたは思っているかもしれません。しかし、本格的にゾクチェン瞑想に取り組む場合にはゾクチェンの見解や理論を知る必要があります。

ゾクチェンはありきたりな意識を超越した心の本性で瞑想します。ゾクチェンの見解を知らなければ、ありきたりな意識と心の本性の違いを十分に把握することができません。すると自分ではゾクチェン瞑想をしているつもりでも、それはありきたりな意識に縛られたありきたりな瞑想になってしまいます。

ですから、瞑想を開始する前にゾクチェンの見解についても十分にラマから伝授を受けておく必要があります。

この教えのタイトルに含まれる「禅定」という言葉は、原典のチベット語経典で「ニャムシャク」と表記されている言葉を翻訳したものです。「ニャムシャク」は深い瞑想状態に入っていることを意味する言葉で、日本語に翻訳するのがとても難しい言葉の一つです。

日本語にもチベット語にも、深い瞑想状態に入っていることを意味する言葉がいくつも存在します。日本語ならばたとえば、三昧や禅定などが有名でしょう。

チベット語ならば、サムテン（安定した心）やティンンゲジン（意識の一点集中）などの言葉があります。「ニャムシャク」もそうした言葉の一つです。

同時に「ニャムシャク」には他にも「均衡」や「バランス」が取れた状態も意味します。「等引」という仏教用語が「ニャムシャク」に意味が近いようですが、あまりこの言葉は一般的ではないので、本書の中では「禅定」と翻訳することにしました。

Q：ゾクチェン瞑想で得られる禅定や心の穏やかさは、他の一般的な瞑想で得られるものと同じですか？

A：一般的にどんな瞑想を実践しても、心が穏やかに変化していきます。日常生活の中で私たちの心は、休むことなく常にさまざまな思考や対象の間を飛び回っています。

たとえば、あるときにはやり残した仕事や間近に迫った資格試験について考えていたと思ったら、次の瞬間には歯の間に挟まった食べ物のことが気になって仕方がなくなります。このように私たちの心が安定さに欠けて、あちこちに行ったり来たりするのは、次々に浮かぶ思考の後を追っているからです。

一般的な瞑想では意識を安定させて穏やかにするために、何らかの対象に意識を集中させたり固定させたりします。その対象とは、鼻孔を通過する息の動きだったり、仏像や仏画だったり、心の中にイメージしたブッダの姿やマンダラなどだったりします。

意識を集中させる対象はさまざまありますが、共通していることは、そこで得られるのは輪廻をさまよう生命存在としての意識が安定したり穏やかになったりすることです。なぜならば、そうしたどの瞑想でも意識は、根本的には思考の後を追い続けたり、対象に集中したりするという輪廻をさまよう生命存在としての意識の特徴に変わりはないからです。こうしたケースの意識の穏やかさは脆《もろ》く、不安定で、いずれかは失われてしまう宿命です。

一方、ゾクチェン瞑想では一般的な瞑想とは異なり、意識をどこかに集中させることもなければ思考の後を追うこともありません。思考を晴らし、本来の心である心の本性をむき出しにします。むき出しになった心はどこにも集中したり、偏ったりしません。ただ、あるがままの心の本性に留まり続けるだけなのです。

ゾクチェン瞑想をすることにより、あなたは輪廻をさまよう生命存在としての意識の底を突き破り、心の本性に到達することができます。ここで得られる心の穏やかさは力強く、不動で、決して失われることがありません。

一般的な瞑想中の意識は足場の悪い砂地、ゾクチェン瞑想中の心の本性は地下に眠る地盤にたとえることができます。風が吹くと地表の砂はやすやすと吹き飛ばされ、雨が降ると砂は根こそぎ洗い流されていきますが、地下に眠る硬い地盤はびくともしません。同様に、一般的な瞑想中の意識ははかなく、ゾクチェン瞑想中の心の本性は揺るぎなく毅然としているのです。

これで経典名の説明がひと通り終わったので、いよいよこれからこの経典に沿いながらゾクチェンの瞑想方法についてあなたに説いていくことにしましょう。

自己認識のひみつ

自己認識。経典の冒頭からいきなり難しい言葉が目に飛び込んできましたが、どうぞひるまないでください。この自己認識はゾクチェンを理解する上で非常に重要な言葉なので、これから私があなたになるべくわかりやすいように噛み砕いて説明してみますから安心してください。

自己認識という言葉は日常生活の中でも使用されますが、ゾクチェンの教えの中で説かれる自己認識はそれとは意味や内容が異なることをまず理解してください。日常生活の中で自己認識という言葉を使用するとき、それは一歩引いて自分自身を見つめ直すといった意味になるでしょう。たとえば、取引先の商談相手が打ち合わせに遅れてきてもお詫びの一言もないときに、あなたはイラっとすることがあるでしょう。そのとき、「今自分はイラっとしている」と気がつくことが自己認識になります。しかし、ゾクチェンの中で自己認識という言葉が登場する場合には、これとはまったく異なる意味になります。

ゾクチェン瞑想をしていく中で、瞑想が安定してくると、今まであなたの意識を振り回してきた思考が減少したり消滅したりしていきます。さらにあなたの外界と内界を隔てていた垣根のような身体感覚も削ぎ落とされていきます。

なぜならば、身体感覚も思考の一種だからです。身体感覚は今まであなたの身体の外側に広がっていた外界と、あなたの体内に閉じ込められていた内界を隔てていた垣根でした。この垣根が消滅すると、外界と内界が一つに融合する感覚や洞察が生まれます。

外界と内界が一つに融合すると、今まで外界に存在していた森羅万象、それは今あなたが手にしている本書だったり、あなたが住んでいる住宅だったり、涼しげな木陰を提供してくれる林など目に見えるものは何でも、内界であるあなたの心と区別がつかなくなります。

そうするとあなたは今まで外側に見ていた森羅万象を、あなたの内側を覗き込むように認識するようになります。主体である心と対象である森羅万象との関係性や構造が一変するのです。

主体と対象に起こる構造の変転についてもっとわかりやすくするために、次ページのイラストを使用して説明してみましょう。あなたの心を袋にたとえます。目の前に何も入っていない空の袋が一つあるとイメージしてみてください。ただし、それはありきたりな袋ではなく、物事を知る認識能力が宿っている袋だと思ってください。

この袋の素材が袋の外部空間と内部空間を分離しています。袋の外部空間は宇宙のたとえで、袋の内部空間があなたの意識のたとえです。袋の外側と内側をひっくり返してみましょう。その瞬間、袋の内部空間が外部に開放され、今まで外部空間だったものが袋の内部に包み込まれ、閉じ込められます。

同時に外部空間に存在していた森や川や大空といった森羅万象が、袋の内部に包み込まれ、閉じ込められたと想像してみてください。

長い間ゾクチェン瞑想を続けていると、ちょうどこのように袋の外側と内側がひっくり返るような体験が生まれます。心が宇宙全体と森羅万象を包み込み、心の中に閉じ込めるのです。

宇宙全体と森羅万象が心の内部に閉じ込められたとしても、それらは決して消滅したわけではありません。このときあなたの心が森や川や大空を見るとき、今までとは異なり、あなたの心はそれらを心の外側ではなく、心の内側に見るようになるはずです。まるで自分自身の内側を覗き込むようにして、森や川や大空を認識するのです。

右のイラストが示すように、ゾクチェンで説かれている自己認識とは、心の外側と内側が入れ替わったような構造をした知性の働きなのです。

伝統的にチベット人のラマたちは、自己認識のたとえとして鏡を持ち出します。鏡と鏡像を使用したたとえは、ゾクチェンの自己認識の働きについてとても巧みに説明しています。

鏡の前にリンゴを置けば、みずみずしく赤い色をしたリンゴの姿が鏡に映し出されます（左上のイラスト）。鏡の前に炎が点火されたアロマキャンドルを置けば、その姿が鏡に映し出されます。

このように、鏡はありとあらゆるものを映し出します。このとき鏡に映し出された鏡像はどんな形や色をしていても、その正体は鏡そのものです。どんな鏡像も鏡そのものなのです。鏡はあなたの心のたとえで、鏡像は森羅万象のたとえです。このとき

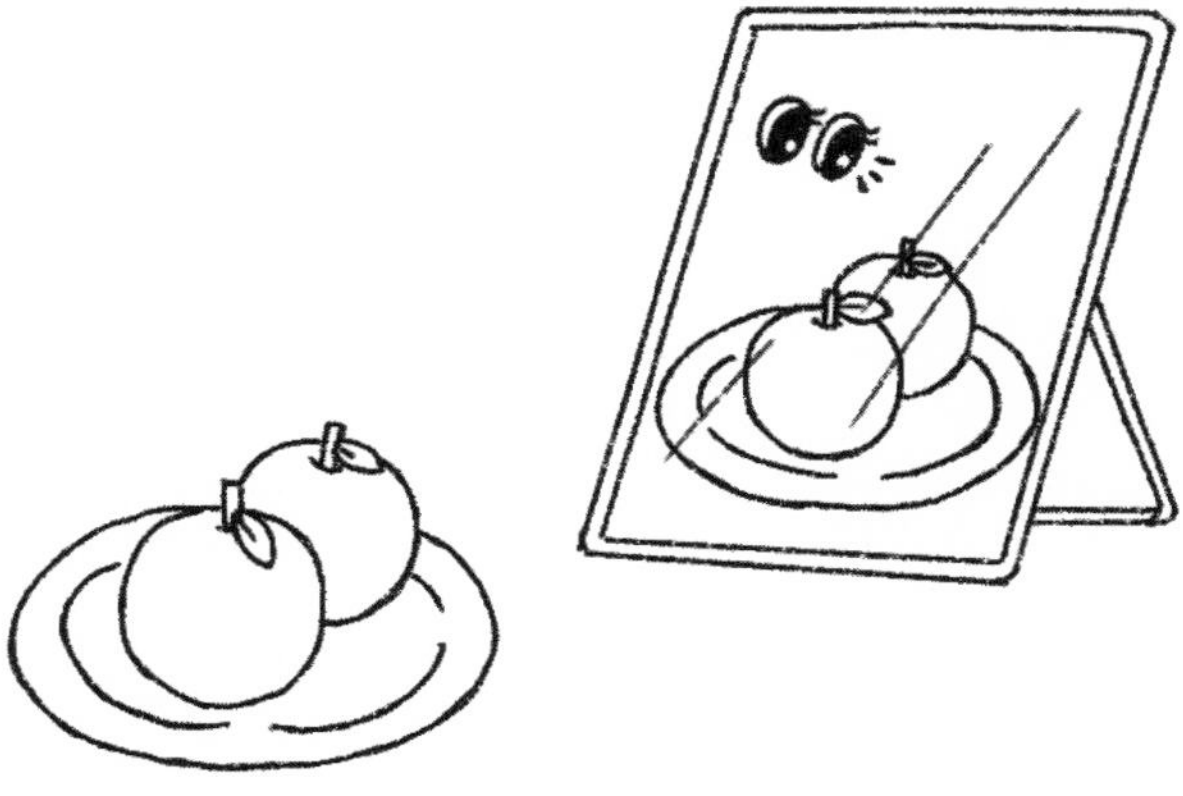

もしも鏡に意識が宿っていたとしたら、その意識は自分の外側ではなく内側を覗き込むようにして鏡像を認識するはずです。これが自己認識です。

ゾクチェンの自己認識は、自己認識の原初の智慧とも呼ばれることがあります。なぜならば、この常識を超えた自己認識の智慧は、あなたがゾクチェンに出会う前から、そもそもあなたが生まれてくる前から、もともとあなたの心の中に完全な姿で宿っていたからです。

ゾクチェンの教えの中でブッダの智慧を指し示す言葉がいろいろと登場しますが、この自己認識もそうした言葉の一つなのです。

青色のブッダ、クンツ・サンポ

普通、チベット仏教でクンツ・サンポといえば普賢《ふげん》菩薩のことを意味し、普賢菩薩のことをサンスクリット語ではサマンタバドラと呼びます。菩薩とは、瞑想などの修行により私たちよりもはるかに高度な精神を実現しつつも、ブッダの完全な悟りや智慧をまだ成就していない修行者のことを意味します。

菩薩は観音菩薩や文殊菩薩などのように、何人もたくさんいらっしゃり、普賢菩薩もそのうちの一人です。しかし、ボン教のゾクチェンの教えの中で登場するクンツ・サンポは普賢菩薩のことではなく、究極的なリアリティーを象徴するブッダを意味します。クンツ・サンポはあらゆるブッダの中でも最も先行し、最も根源的なブッダなので原初仏とも呼ばれることがあります。

クンツ・サンポという言葉は、クンツとサンポという二つのチベット語の言葉から構成されています。クンツは「一切」や「ありとあらゆるもの」を意味し、サンポは「善」を意味し、これら二つの言葉をつなげたクンツ・サンポは、「一切善」や「何もかもが善」という意味になります。通常の「善」にはそれと対になる悪という概念がありますが、「一切善」は善悪の二元性を超越した絶対的な善の境地を指し示している言葉なのです。

通常、私たちの意識は自動的に対象をAかBかのどちらかに判断したり振り分けたりしています。たとえば美しい花は善で萎《しお》れた花は悪、ルールを守るのが善でルールを破るのが悪といった具合です。こうした善と悪の判断はすべて思考がおこないます。

ゾクチェン瞑想をしていく中で心の本性があざやかに姿を現すと、あらゆる思考が晴れ渡るとともに対象化の働きが融解し、あなたは二元的な善悪を超越した境地に到達するようになります。「一切善」はそうした善と悪、主体と対象といった二元性を超越した境地や心の働きをあなたに伝えようとしている言葉なのです。あなたが瞑想中にこの境地に到達したときには、「何もかもこれでいいのだ！」という透明で底が抜けたような清々しさに包まれるはずです。

伝統的なチベット式仏画としてクンツ・サンポが描かれるときには、その顔と身体は深い青色や紺色に色づけされ、身体の上には衣類や王冠やネックレスなどの装飾品はまったく身につけていません。このブッダは裸丸出しなのです。それは私たちが京都や鎌倉の仏教寺院を参拝するときに見かける、仏像や仏画の姿かたちとずいぶん異なっていることに気づくでしょう。

こうしたクンツ・サンポの特徴を、ただ単にボン教の伝統だとかチベットの様式美だと片付けないでください。そこにはクンツ・サンポとゾクチェンの真実の秘密が隠されているのです。クンツ・サンポは、あなたが両手を合わせてお辞儀をして礼拝すればどんな願い事も叶えてくれる、御利益満載の青色をしたチベット式ブッダではないのです。クンツ・サンポはあなたの本来の心の姿なのです。

クンツ・サンポの姿が青色で描かれるのは、あなたの本当の心は青空のような姿をしていることをあなたに伝えたいからなのです。青空は姿かたちもなくどこまでも限界を超えて広がり、同時に青空には暗闇を追い払い宇宙の隅々まで照らす太陽光が遍く輝いています。

あなたの本当の心もちょうど同じ。どんな苦しみや悲しみにもとらわれることなく広々とゆったりしていて、そこには無明を消し去るブッダの智慧が遍く輝いているのです。

『シャンシュン・ニェンギュ』の系譜

大河の流れが一滴の湧き水から始まるように、『シャンシュン・ニェンギュ』の流れはクンツ・サンポから始まりました。教えの伝授の流れのことを系譜と呼びます。

『シャンシュン・ニェンギュ』ははじめに、クンツ・サンポを含む九尊のブッダの間で伝授されました。いつの時代でもどの場所でもゾクチェンの教えの伝授は通常、言葉や文字を媒介しておこなわれます。

たとえば、あなたがもしもネパールやインドにあるボン教僧院や日本で開催される法話会の中でゾクチェンの教えを授かる場合には、あなたの目の前でラマが音声を通じてゾクチェン経典の内容を読み聞かせてくれたり、それに関する解説をしてくれたりします。

できることなら、そのときにラマが説いてくれているものと同じチベット語の経典やその日本語の翻訳を目で追いながら、ラマの声に耳を傾けると、よりいっそう教えがあなたの心に染み渡るでしょう。このように私たち人間は、言葉や文字を媒介にした流儀でゾクチェンの教えを授かります。

それとは異なり、九尊のブッダの間でおこなわれた伝授はとても風変わりなものでした。経典も言葉も文字も媒介せずに想像を超えた流儀で、一人のブッダからまた次のブッダへと悟りの心がそのまま直接的に伝授されたのです。

次にこのゾクチェンの教えは、私たちの住む存在世界へともたらされました。天部族、龍神族、人間族を含む24人の成就者たちの間で伝授されたのです。

この24人の成就者たちの誰もがゾクチェンの瞑想修行に残りの人生をそっくりそのまま捧げました。人生最後の瞬間には虹の身体を成就することに成功し、彼らの身体は光に還元し跡形もなく消え去ったのです。

24人の成就者たちのうち人間族の成就者たちはすべて、シャンシュン王国で生まれ、修行し、虹の身体のブッダになりました。彼らのうち最後にあたる24番目の成就者の名前はダワ・ギャルツェンといい、彼はこの『シャンシュン・ニェンギュ』の教えをタピリツァに伝授しました。その時代『シャンシュン・ニェンギュ』はたった一人のラマがたった一人の弟子にしか伝授することが許されない「唯一相承《ゆいいつそうしょう》」の教えでした。

世界中からたった一人選ばれた者にしか伝授が許されない「唯一相承」の教え。その教えを授かることができた成就者たちのことを、あなたは羨ましいと思いますか？　あなたも「唯一相承」の教えを授かりたいと願いますか？

「唯一相承」の教えを授かることは限りない栄誉ですから、あなたのプライドを十分に満たしてくれるでしょう。しかし、「唯一相承」の教えを伝授された者には、命を懸けて守り抜かなければならないルールがありました。

それは仕事を捨て、愛する両親やパートナーや子供たちとも別れ、世俗の生活をすべて放棄し、人里離れた孤独な荒野や洞窟に移り住み、虹の身体という究極的な悟りを成就するまで中断することなく瞑想修行を続けなければならなかったのです。そうした人生をあなたも送りたいと思うことができるでしょうか？　もしもあなたがそう願うのでしたら、それは本当に素晴らしいことです。ぜひ、その気持ちを大切にして失わないでください。

タピリツァはこのルールを厳しく守り、9年間誰とも会わずにゾクチェン瞑想に没頭しました。そして、心の本性と森羅万象の本性を悟り、心と身体を光に融解させ、虹の身体を成就し、髪の毛の一本も残さずにこの世界から永遠の彼方《かなた》に消えていったのです。

その後、物質性と穢れから完全に解放された虹の身体でこの世界に再出現し、大成就者ナンシェル・ルーポに『シャンシュン・ニェンギュ』の教えを伝授しました。それからこの教えはシャンシュン王国からチベットに伝来し、数えきれないほどのチベット人の修行者たちに伝授されました。

1950年代に中国がチベットに侵攻し、チベットを支配するようになると、中国政府はチベット人を虐殺し、ボン教も仏教も弾圧する政策を実施しました。難を逃れるために、チベット人のラマたちは故国チベットを飛び出し、インドや欧米をはじめとする世界各地に亡命しました。そして亡命し、難民として生活を始めたその新たな土地で、外国人たちに『シャンシュン・ニェンギュ』の教えを説き始めたのです。

こうして『シャンシュン・ニェンギュ』はチベット世界を飛び出し世界中に広まり、そして今日本にも伝来しました。今あなたが本書を通じて出会った『シャンシュン・ニェンギュ』の教えには、こうした伝授の系譜と歴史があるのです。

Q：虹の身体とは何ですか？

A：一般的に虹の身体とは次の二種類の現象を指し示します。一つ目は、生身のゾクチェン修行者の身体に起こる不思議な現象のことです。この場合の虹の身体にはさまざまなレベルの現象があります。最も一般的なケースでは、死を迎えたときに、身体を構成する物質が光に溶け去るのにつれ、身体が小さな子供くらいの大きさまで縮小します。まれに、完全に身体が光に還元し消滅してしまうケースもあります。他には死を迎える前に、忽然と光に溶けて心と身体がこの世界から消え去るものもあります。このケースの虹の身体は「大いなる転移」とも呼ばれ、その人は死を体験することなくブッダになります。タピリツァはこの「大いなる転移」を成就しました。

二つ目は、死後に光の身体でこの世界に再出現する現象のことです。ゾクチェン修行者が虹の身体を成就しこの世界から身体ごと姿を消した後、物質性から完全に離れたピュアな光の身体でこの世界に再び現れるのです。

その光の身体は虹の身体とも呼ばれます。虹の身体でこの世界に再出現したその者は、生きとし生けるものに出会い、ブッダの教えを説いて導くのです。

正しいラマを探し出す

あなたが『シャンシュン・ニェンギュ』の教えを授かり、実際にゾクチェンの瞑想修行に着手するためには、生きている人間のラマによる手助けが不可欠です。近年、日本語でも書籍や動画などを通じてゾクチェンに関する情報が簡単に手に入るようになりました。

あなたはこうした書籍のいくつかを読んだり動画のいくつかを視聴したりすることだけで、伝授を授かった気になるかもしれません。しかし、それだけで瞑想を始めたとしても望むような結果は得られないでしょう。なぜならば、「あなたへのお願い」（P．69）で説明したように、ラマによる加持が欠けているからです。ゾクチェンの瞑想修行にはラマによる加持が不可欠なのです。

ですからチベット式瞑想修行の第一歩はラマ探しから始まります。チベット本土では中国政府による厳しい宗教政策と監視により、あなたがラマに出会うこともゾクチェンの教えを授かることもほとんど不可能です。

チベット人難民が住んでいるインドやネパールには、多数のチベット人の僧侶や尼僧が住んでいます。欧米には多数のチベット式瞑想センターが設立されていますから、そこに足を運ぶことによっても、チベット人の僧侶や尼僧に出会うことは十分可能です。しかし、チベット人の僧侶や尼僧なら誰でもゾクチェンの導き手になれるかといえば、そういうわけでもありません。

ゾクチェンのよい導き手になるためにはいくつかの条件があります。ゾクチェンの理論や見解を理解し、実際にゾクチェンの境地を体験し、それを外国人に伝える語学上のコミュニケーション能力が必要とされます。それらすべてを身につけているラマはそれほど多くいらっしゃいません。そうしたラマにあなたが出会えることは、まるで広大な砂浜でたった一粒の砂金を見つけるほどまれなことなのです。

ラマ探しが簡単ではないこと、それは大昔のチベットでも同じことでした。運命やカルマで結ばれているゾクチェンのラマを探しに、大昔のチベット人の修行者たちはいくつもの野山を越え、砂漠や草原を横断し、川や湖を渡りチベット中を隈なく探し歩きました。ゾクチェンの優れた成就を得たラマがいるという噂だけを頼りに、車も飛行機もまだ作られていないその当時は、何日もかけて遠路はるばる歩き続けたのです。

苦労の末ようやくお目当てのラマのお住まいにたどり着き訪ねてみると、そのラマはつい昨日遠方に旅立たれたばかりで不在だったという残念な話がよくありました。ほんの一足違いでお会いできずに、何日もかけて苦労した旅路が無駄足になってしまったのです。

他にもタイミングが悪く、ラマがお籠《こも》り修行に入られていて面会できなかったこともありました。昔も今もチベット人のラマや修行者たちは頻繁にお籠り修行に入られます。

お籠り修行中は、あらゆる仕事やプライベートといった日常生活の営みを一斉に断ち切って、朝から晩まで一日中瞑想修行に専心します。その間、あなたはラマにご挨拶することさえもできませんし、ましてや教えを授かることもできません。ラマのお籠り修行が開けるまで、あなたは何か月も、場合によっては何年も待ち続けなければなりません。このようにラマ探しの大変さは、大昔のチベットでも今日の欧米や日本でもまったく同じことなのです。

だからといって尻込みする必要はありません。なぜならば、あなたが心の底から本当にゾクチェンの教えを望むならば、必ずあなたの目の前に相応しいラマが現れるからです。これも古今東西変わらない真実です。

Q：どんな人がラマに適格なのでしょうか？

A：ゾクチェンの教えの中でも特に『シャンシュン・ニェンギュ』を伝授してくれるラマを探すとき

には、そのラマが四つの心得を守っているかどうかを見極めるといいでしょう。その四つの心得について、『虹の身体の成就者たち』（P．24）の中で、ヨンジン・リンポチェが次のように説かれています。第一に、不断の系譜に連なるラマから純粋なまま教えを伝授されていなければならない。第二に、顕教や密教や他のゾクチェンの教えと混同することなく、その教えの意味を理解していなければならない。教えの純粋さを守っていること。第三に、経典の内容を繰り返し弟子に読み聞かせるだけでなく、実際に自分で修行して体験を得ていなければならない。第四に、他の系譜や経典から影響を受けることなく、この教えの系譜を純粋に守っていなければならない。

いずれにしても、『シャンシュン・ニェンギュ』の教えをあなたに伝授してくれるラマは、正統的な教えを正統的なラマから正統的な流儀で伝授されている人でなければなりません。そして、そのラマ自身が『シャンシュン・ニェンギュ』に従いゾクチェン瞑想を続け、何らかの瞑想上の成就に到達していなければなりません。

夢の中に現れたブッダや神々から伝授を授かったと主張していて伝授の系譜があやふやな人や、実際の瞑想修行を通じて自分自身で心の本性を明確に体験していないような人は、ラマとして不適格ということです。残念ながら、世の中にはこうした心得を守っていない人もいるようです。

人々や弟子を集めて『シャンシュン・ニェンギュ』を説き、金銭や名声を得て得意になっている人がいるのです。もしもこうした不適格なラマからあなたが教えを伝授された場合には、それが障碍となり、あなたと心の本性の間に垣根が生まれたり、あなたが望むような瞑想修行の結果が得られにくくなったりするかもしれません。

生徒や弟子の心得

あなたが自分に相応しいラマを探すときには、ラマに対してさまざまな理想や条件を突きつけるでしょう。たとえば、世界中で誰もが知っているような有名なラマがいいとか、高僧の生まれ変わりの活仏ラマがいいとか、たくさんの著作を出版されているラマがいいとか、年齢が若くてよいルックスのイケメンや美人のラマがいいなどなど。まるで恋活や婚活でパートナーを探すように、あなたはいくらでも条件を挙げることができるでしょう。

しかし、生徒や弟子が一方的にラマや先生を選ぶだけでないことをお忘れなく。ラマや先生の方からも、生徒や弟子を選ぶ権利があるのです。『シャンシュン・ニェンギュ』の伝授をこれから授かろうとする生徒や弟子には、以下の四つの心得が求められます。

第一に、信心です。信心にはいろいろなものがありますが、ここでいう信心とは、自分が選んだラマと教えを疑うことなく信じることです。

ゾクチェンでは、あなたがこれまで生きてきた中で身につけてきた根拠の薄い常識や狭い見識をはるかに凌駕する内容の教えが説かれています。そして、教えを学び始めたり瞑想を実際に始めてみたりしても、そこで語られているような彩り豊かな不思議な体験があなたの中に生まれるまで時間がかかりますから、教えに対する疑問や疑念に悩まされることがあるでしょう。

その疑念はゾクチェンの教えを説いてくれるあなたのラマに対しても向けられるにちがいありません。ラマや教えに対する信心が十分にあなたの中に養われていなければ、「ゾクチェンなんて偽物の教えだ」とか「その教えを説くラマもインチキだ」という誤解で頭の中がいっぱいに満たされてしまい、それ以上あなたがゾクチェンの教えを授かることも瞑想を続けることもできなくなってしまいます。

第二に、精進です。精進とは怠け心を捨てて努力することです。瞑想を怠るための理由を見つけるのは簡単なこと。

今日は暑すぎる、今日は寒すぎる。ご飯を食べすぎて、動けない。友人から借りた本を早く返さなければならないから、先にこの本を読んでしまおうなどなど。明日から瞑想しようは、来週から瞑想しようになり、来月になったら瞑想しようになり、いつしか瞑想の「め」の字も忘れてしまう。怠け心を克服するためには、強い決心を持つことです。

最初のうちはどうしても瞑想を始めるのがつらく、クローゼットから座具を取り出すだけでも山を動かすほどのひと苦労をすることでしょう。強い決心を持って瞑想を続けていくと、いつしか瞑想することが毎日の習慣になり、瞑想しないと何となくもの足りなく感じたり、どこかそわそわして落ち着かない気持ちになったりするでしょう。

第三に、智慧です。ここでは瞑想を続けていくための知恵と、ゾクチェンの見解を身につける智慧の二種類に分かれます。はじめに、知恵を身につけるとは。瞑想を継続するためには何かと工夫が必要になります。

たとえば、仕事で残業する日が増えたり、家族の誰かが病気やケガで寝込んだりすると、それまで毎日瞑想を続けてきたのに、突然瞑想する時間が取れなくなることがあります。そうした場合には、夜いつもより早く寝て、翌朝少し早めに起きてみましょう。朝食の前に30分瞑想してみるなど、工夫をしてみるといいでしょう。こうした瞑想を継続するための工夫が知恵です。

次に、智慧を身につけるとは。ゾクチェン瞑想に取り組むためにはゾクチェンの見解を知ることが重要です。見解とは理論や考え方のことです。主に心の本性の姿かたちについて理解を深めることです。

瞑想実践と見解の理解は、いわば車の両輪。どちらも欠くことができません。ゾクチェンでは、通常の意識を超越した心の本性で瞑想します。ですから、通常の意識と心の本性の違いを正しく理解しておくことがとても重要なのです。しかし、これがなかなか難しいので、正統的なラマのもとでゾクチェン経典に沿いながら見解を伝授してもらう必要があります。これがゾクチェンの見解を身につけ智慧を養う方法です。

第四に、慈悲です。慈悲と愛情は一見よく似ていますが、二つの間にはかなり大きな違いがあります。

愛情は思いやりの心で、家族や親友のようにあなたが好意を抱いている相手だけに向けられます。一方の慈悲は憐れみの心で、苦手な人や敵対する相手を含む誰とも隔てなく捧げられます。

愛情と慈悲の大きな違いは、その捧げられる対象の範囲なのです。愛情は生物の本能にもとづく感情なので、誰でも理解しやすいことでしょう。一方の慈悲は生物の本能を超えているので、必ずしも受け入れやすくありません。

どうして、誰とも隔てない慈悲を持たなければならないのでしょうか？　その理由は、あなたの心や命の遍歴に関係しています。

ブッダの教えによれば、あなたは始まりもない時から繰り返し輪廻の中に住むさまざまな生命体として生まれては死んできました。そのときどきで必ずあなたを産み、育ててくれた母親がいたはずです。数えきれないほど何度もあなたは生死を繰り返してきたのですから、すべての生きとし生けるものは、かつて一度はあなたの母親だったことがあるはずなのです。

今生で一時的にあなたと対立したり、険悪な関係になっていたりする人や動物も、遠い昔にはあなたの母親だったことがあるはずなのです。そのとき、母親だったその生き物はあなたが快適な生活を送れるように、身を粉にして尽くしてくれたはずなのに、あなたはその恩に十分報いることができませんでした。

それでいいのでしょうか？　もちろん、いいわけはありません。

ですから、あなたがゾクチェンの瞑想修行をするときも、自分の幸福ばかり考えるのではなく、かつてあなたが無数の母親から受け取った愛情を思い出し、他の生きとし生けるものに対する慈悲の気持ちを持ち続けることが大切なのです。

Q：21世紀の日本に生きる私たちは、どのようにしたら信心と精進と智慧と慈悲を養うことができるでしょうか？

A：それはとても素直で素晴らしい質問です。なぜならば、それらは口で語るほど手に入れるのはたやすくないからです。

精進は努力する気持ちのことで、これは日本の学校でも職場でも重要視されていますから、精進の気持ちを養うことにあなたは慣れているはずです。しかし、信心や智慧や慈悲の気持ちは日本の現代社会の中ではどれも軽んじられているか、邪魔者扱いされています。なぜならば、信心や智慧や慈悲があったとしても、人に尊敬されるわけでもありませんし、会社で出世できるわけでもないからです。あなたが日本で当たり前の生活をしている限り、これらの気持ちを養おうとしても大きな壁に阻まれるでしょう。一般的に現在、私たち日本人に比較してチベット人たちは信心や智慧や慈悲の大切さについて子供の頃から教えられる機会が多くあります。とても素晴らしいことです。

しかしそれでも、普通のチベット人が持っている信心や智慧や慈悲の気持ちは、専門的な宗教教育を受けている僧侶や尼僧ほどには至らないものです。

だからといって、心配する必要はありません。信心と智慧と慈悲を短期間で大きく育てるためのシステマティックな方法が、大昔からボン教に伝承されているからです。それが加行です。

加行とは本格的な瞑想修行に入る前にこなしておくべき初歩的な瞑想の教えです。チベットで修行するゾクチェンパたちは、はじめにラマから加行の教えを伝授してもらい、加行の瞑想に精を出して励んでいます。そうして信心と精進と智慧と慈悲の気持ちを大きく育ててから、ゾクチェンの伝授や瞑想に入っていきます。もしくは、加行の瞑想に取り組みながら、ゾクチェンの教えを伝授してもらったり、同時にゾクチェン瞑想に取り組んだりする方法でもかまいません。

とにかく真剣にゾクチェンの教えや瞑想に向き合うためには、加行をすべて終わらせておくことが肝心だということを、あなたにも忘れないでほしいのです。加行を終わらせることにより、あなたの信心と智慧と慈悲は大きく成長できるのです。

ラマは尊い加行やゾクチェンの教えを惜しみなくあなたに伝授してくれるのですから、ラマには特に丁寧に接したいものです。あなたはきっとボン教の教えにまだ出会ったばかりかもしれません。

ボン教について調べたり学んだりすればするほど、日本では見たこともない不思議な姿の仏像や、吸い込まれそうになるほど緻密に描かれた仏画といったオリエンタリズムたっぷりのチベット独特の宗教文化に、我を忘れるほど見とれたり心を奪われたりすることでしょう。

とりわけチベット式のお寺の本堂にはチベット独特のヤブユムと呼ばれる男女の二尊が向き合いながら抱き合っている仏像が安置されていたり、その仏画が壁に描かれていたりして、周囲に妖しい雰囲気を醸し出しています。あなたは驚いて、あんぐり口を開けたままその場に立ち尽くしたり、食い入るように熟視したりすることでしょう。

あなたがボン教僧院やボン教の聖地を訪ねることがあったら、きっとチベット人の高齢者が巡礼するようすをまねて、彼らの後について僧院や聖地の周りを左回りに練り歩くことでしょう。仏教では右回りに巡礼するのが流儀ですが、ボン教では左回りに巡礼するのが流儀です。

あなたは澄ました顔をして、年季が入って黒光りしている仏像の足元や仏画を額装した布の端にあなたの頭頂をちょこんと接触させてチベット式に畏敬の念を表してみたり、何か加持をいただいた気持ちになったりして、立派なゾクチェン修行者になれた気持ちになるかもしれません。たしかに、ボン教の仏像や仏画はどれも貴重なものばかりですし、あなたがそれらに敬意や信心を持つことはとても素晴らしいことです。

しかし、一度立ち止まって考えてみてください。あなたが心から学びたいと考えているゾクチェンの教えを伝授してくれるのは誰なのかと？　高価な金銀や宝石で装飾された仏像があなたにゾクチェンの教えを説いてくれるのでしょうか？　大昔に描かれた年代物の仏画があなたに瞑想のやり方を伝授してくれるのでしょうか？

しばらく、目をつぶって、考えを巡らしてみてください。ゾクチェンの教えを説いてくれるのも、瞑想のやり方を伝授してくれるのも、あなたの目の前にいる人間のラマだということがわかるはずです。ブッダや本尊の姿を象《かたど》った仏像や仏画を尊んだり拝んだりすることは素晴らしいことです。でも、あなたがゾクチェンの教えによって心を完成させようとしているのならば、本当に尊んだり拝んだりすべきなのは人間のラマなのです。

仏像を尊びラマをないがしろにした男の話

人間であるラマの尊さと重要性については、いくら語ったとしても語り尽くせません。もっとあなたにラマの存在の尊さを知ってもらうために、ここからある思い出話をしてみたいと思います。

何年も前のことですが、私が運営する瞑想教室にある一人の日本人の中年男性が数回参加されたことがありました。彼のことを仮にA氏としましょう。A氏は私よりも10歳ほど年上で、いかにも羽振りがよさそうな態度で、横柄な物腰の男性でした。

A氏は「チベットのゾクチェン瞑想に興味がある。箱寺さんの活動やネパールにあるボン教僧院の援助も視野に入れている。旅費等は全額負担するから、一度ネパールのボン教僧院に連れて行ってほしい」と私に言いました。ちょうどその頃たまたま時間があったので、A氏の要望に応えて、私はA氏をネパールのボン教僧院に連れていくことにしました。

ボン教僧院に到着後すぐに、まず私はA氏を連れて、当時80歳を超えていた御高齢のヨンジン・リンポチェに面会を申し出ました。ヨンジン・リンポチェはとても有名なボン教の高僧で、ラマの中のラマとも呼ばれ、ゾクチェン瞑想の達人でもあります。

私はヨンジン・リンポチェの指導の下で長年に渡りゾクチェン瞑想の修行をしてきましたので、彼は私にとって最も重要な根本のラマです。根本のラマとは、指導を受けてきた多数のラマたちの中でもあなたの瞑想体験上、または心の本性を悟る上で最も重要なラマのことです。A氏は、ラマとして貫禄たっぷりのヨンジン・リンポチェに面会できたことに大変満足のようすでした。

それから数日後にボン教僧院の僧院長が、数年ぶりにネパールに来た私をもてなすために親切にも私を昼食に招いてくれました。この僧院長はヨンジン・リンポチェの後継者を務める高僧で、ヨンジン・リンポチェよりも40歳ほど若く、偶然にも私と同じ年齢です。彼もヨンジン・リンポチェと同様に世界中に多くの弟子や生徒を持つ著名なボン教のラマで、年中休む暇もなく世界中を飛び回り、行く先々の国々でゾクチェンの教えを説かれています。

僧院長ほどの高僧からプライベートで昼食のお招きにあずかることはそうそうあることではなく、私のような一外国人修行者としては大変に名誉なことでした。私は一人でお招きを受けることもできましたが、A氏にもっとボン教僧院のことを知ってほしいという気持ちから、A氏を昼食に連れていくことにしました。

僧院長から指定された時間になったので、私はだいぶ緊張しながらA氏を連れて、僧院長や高僧たち専用のダイニングルームに足を運びました。私たちは10人ほどがゆったりと着座できるほど長いダイニングテーブルに案内され、指示されたイスに座り、僧院長を待ちました。

しばらくすると、慌てるような足取りで僧院長がダイニングルームに入ってきました。私たち二人は僧院長に敬意を表すために一度席を立ち、僧院長が席に着かれるのを確認してから、もう一度着席しなおしました。するとすぐに、奥のキッチンから次々とおいしそうな食べ物が盛られた昼食の皿が運ばれてきました。

昼食を楽しみながらの歓談中に、ふとA氏は指で指し示すつもりだったのか、手にしていた食事用のナイフの先を僧院長の方に向けました。それはもちろんあり得ないほど大変失礼な行為です。僧院長は一瞬表情を硬くされ、私はA氏を昼食に同席させたことを後悔しました。

さすが長年学問と修行を積んでこられた僧院長は人格者で、大変に寛容な心をお持ちだったので、すぐに表情を和らげてくれました。私は救われた気がしました。私は僧院長に対してとても申し訳ない気持ちと、横柄なA氏を同行させたことを恥じる気持ちでいっぱいになりました。

それからさらに数日後、私はA氏とともにボン教僧院の中を散歩しながら、一つ一つの施設について彼に説明していました。すると、たまたま私たちの前方から僧院長が足早に歩いてくるのが目に入りました。

彼は手に経典をお持ちになっていたので、若い僧侶たちに講義をされた後、自室にお戻りになる途上だったのでしょう。するとA氏は隣にいた私に対して手で追い払う仕草をしながら、「僧院長に話があるから、箱寺さんは先に帰ってくれ」と言い残すと、小走りしながら僧院長の後を追っていきました。

あとで聞いた話ですが、このときA氏は「個人的にゾクチェン瞑想を伝授してくれ」と僧院長に持ち掛けたそうです。しかし、「ゾクチェンのことなら孝彦から伝授してもらいなさい」と僧院長から丁重に断られたそうです。

僧院長は僧院の運営から若い僧侶たちへの講義まで多数の仕事を抱え、休む暇のないほど大変お忙しい毎日を送っていらっしゃいます。初めて会ったばかりの日本人（外国人）に対して個人的に教えを伝授する暇などなかったのです。

そもそもA氏は英語で説かれる法話を理解できるほどの語学能力を持ち合わせていなかったので、もし仮に僧院長が彼に英語で（A氏はもちろんチベット語を話せませんでした）ゾクチェンの教えを説いてくれることになったとしても、彼は十分に聞き取ることができなかったはずです。最初から彼の要望は土台無理な話だったのです。

その後、帰国日が近づいたある日、A氏はボン教僧院内に併設されている売店で、たまたまタピリツァのブロンズ像が販売されているのを見つけました。かなりの高額でしたが彼はためらうことなく購入しました。

仏教の仏像ならばたくさんの人からの需要がありますからネパールの首都カトマンズの街角にある仏具店でいつでも簡単に入手可能ですが、タピリツァなどのボン教のブロンズ像はオーダーメードでなければまず手に入りません。たまたまボン教僧院内の売店でタピリツァのブロンズ像を見つけることができたA氏は、とても幸運でした。

彼が購入したタピリツァのブロンズ像はなかなか素晴らしい仕上がりのものだったので、彼は満面の笑顔を浮かべ大満足で得意なようすでした。「日本に帰ったら、自宅に特別な場所を設け、その場所にタピリツァのブロンズ像を大切に祭るつもりだ」と彼は私に自慢げに語りました。

予定の日程をすべて終え、私たちはカトマンズの空港から日本へ向けて出発し、翌朝には日本の空港に到着しました。彼は別れ間際に私に向かって、「アメリカに有名なゾクチェンの瞑想センターがある。そこに行き、ゾクチェンの教えを伝授してもらうつもりだ」という言葉を残して私の目の前から立ち去りました。

日本でボン教に関わる限り何かと私を頼りにしなければならないことも気に食わないし、チベット人でもなく高僧でもない私からゾクチェンの教えを伝授されることも嫌だという結論に彼が至ったのだろうと、私は思いました。私は心の中のどこかで、彼との苦い縁と関わり合いが切れたことにホッと安堵したのと同時に、彼の新たな旅立ちを心から祝福しました。

A氏がボン教のゾクチェンとの得難い出会いを生かせなかった原因は、以下の三点にまとめることができます。

第一に、彼は何かにつけ自尊心が高く、自惚れの気持ちが深かった点です。御高齢の高僧であるヨンジン・リンポチェには慇懃《いんぎん》な態度でも、自分よりも年下の僧院長や私に対しては終始見下した態度と言動でした。

特に僧院長はヨンジン・リンポチェの後継者で、現役で活躍しているボン教のラマたちの中で抜群の人柄と知識の持ち主です。その僧院長に対して最低限の敬意さえ表すこともできなかったA氏は、高度なゾクチェンの教えを伝授してもらうだけの素養が欠けていたどころか、人として当たり前のマナーを守れなかったため、遠路はるばる日本からネパールまでやってきたというのに僧院長と面識を得ることも、ボン教僧院とよい縁を築くこともできませんでした。

第二に、彼はタピリツァの仏像を丁重に扱う一方で、生きたラマをないがしろにしていた点です。仏像を拝んだり、仏像にお供えしたりすることにより、帰依や信心の気持ちを養うことができます。そのこと自体は素晴らしいことです。しかし、実際に尊い教えを伝授してくれるのは仏像ではなく生きた人間のラマです。仏像を丁重に扱う一方、目の前にいるラマをないがしろにするのは本末転倒です。

第三に、彼はラマとはこういう人物だという固定観念に縛られていたことです。ラマというとあなたは御高齢で威厳にあふれた出家僧や、高僧の生まれ変わりの活仏または転生僧《てんせいそう》をイメージするかもしれません。実際には、あなたよりも若いラマもいますし、出家僧ではなく俗人のラマもいらっしゃいます。男性のラマだけでなく、女性のラマもいらっしゃいます。

昨今はチベット人以外の欧米人や日本人のラマも少なくありません。考えてみてください。御高齢の高僧から継続的に長期間に渡ってゾクチェンの教えを伝授していただくことが可能かどうか。御高齢の高僧は多忙の上に、健康上の問題を抱えていらっしゃることが少なくありません。実際には御高齢の高僧の代理として、若手のラマから教えを伝授してもらうケースの方が多いのです。本来ならばこれからA氏が一番お世話になるはずの若手の僧院長に対して、彼は丁寧に接することができませんでした。

せっかくゾクチェンの教えを学び、心を完成させるという類まれで素晴らしい動機を持ちながら、ラマや先生に対して見下した気持ちや無作法なマナーで接するならば、ゾクチェンの教えを伝授してもらう機会や縁は遠のくばかりです。大昔のチベットの成就者たちの伝記を読んでみると、彼らはゾクチェンの教えを伝授してくれるラマの足の裏を自分の頭頂につけて、心からの敬意を表したといいます（P．206の最終行の「ナンシェル・ルーポは少年の足を自分の頭頂につけて敬意を表した」を参照）。これは、大昔のゾクチェン修行者たちが、いかにラマを大切にしていたかがよくわかるエピソードです。

21世紀に生きる日本人の目には、それは根拠なきパワハラや醜いグルイズムに映るかもしれません。現代のラマたちは決してあなたに同じことを強いたりしませんから、どうぞご安心ください。しかし、ゾクチェンの教えやラマとの絆を引き寄せ、良縁を結ぶためのマナーや精神を、現代社会の中で生きる私たちもこのエピソードから学べるのではないかと私は思っています。

Q：ラマからゾクチェンの教えを伝授してもらうときには、どのようなことに気をつけたらいいのでしょうか？

A：ゾクチェンを伝授してもらう場にあなたが臨むときには、まず身だしなみや清潔感に気を配ることから始めましょう。ラマがあなたに加持や祝福を授けるために、不意にあなたの方に身を近づけられることもあります。そのとき気になるのが臭い。自分の身体から発する臭いは、なかなか自分では気がつかないものです。体臭や加齢臭のために、ラマに顔を背けられたり、嫌われたりしたくないものです。

とりわけ口臭には気をつけたいものです。あなたの口から発する悪臭により、他の人は鼻が曲がる思いをしています。自分の息をビニール袋やコップに吹き込んで、お口の臭いをセルフチェックしてみましょう。歯磨き粉をつけて念入りに歯を磨き、マウスウォッシュなどの口臭対策用品を使用しましょう。ひどい口臭は病気のサイン。病気になって寝込んでしまう前に、病院で診察してもらうことをおすすめします。

ラマにお会いする前夜か当日の朝には入浴するかシャワーを浴びて、全身の汗と体臭を念入りに洗い流しましょう。シャンプーや石鹸をよく泡立てて、頭髪から足の裏まで身体全体をくまなく洗いましょう。

首まわり、首の裏、耳うら、胸、脇の下、背中、陰部は体臭の発生源なので、特に丁寧に洗いましょう。爪の垢が見えない程度まで両手の指の爪を切り整え、エチケットカッターなどを使用して鼻孔から飛び出た鼻毛を切りそろえましょう。

ラマにお会いする当日の朝起床したら、石鹸をよく泡立てて洗顔し、目やにを落とします。男性ならば、髭剃《ひげそ》りをした方がさっぱりとした印象になります。

髪を櫛《くし》でとかしたり、ワックスやジェルを使ってセットしたりしましょう。脇の下や胸には、ドラッグストアで購入できるデオドラント剤を塗るか、デオドラントスプレーを吹きかけましょう。汗と体臭を抑えてくれます。女性ならば、香水の使いすぎにはご注意を。

教えやラマに接するときには、少しおしゃれしてみましょう。服装は清潔感が何よりも大事。だからといって、新しい服を買う必要はありません。手持ちの服の中で見栄えのよいものを選び、丁寧にアイロンをかけておくと気持ちもパリッとします。

男性ならば襟付きのシャツと長ズボンを着用しましょう。半ズボンは肌を露出しますし子供っぽく見えるので避けましょう。ブルージーンズやスニーカーを日常着にしている人でも、この日ばかりは黒のスラックスと革靴を履きましょう。大人らしい上品な身だしなみになります。

女性ならばノースリーブや胸元が広く開いている服装を着ていると、魅力的なあなたの肌が露出しすぎて、出家僧やラマは目のやり場に困惑してしまうでしょう。スカートやワンピースを着用するときには、ひざ丈よりも長いものを選びましょう。

伝授や灌頂がおこなわれる場所には少し早めに到着するようにして、遅刻しないようにしましょう。会場にあなたが入るときには、携帯電話やスマホはマナーモードにするか、電源を切っておくことを忘れずに。

ラマが入場または入室されたら、その場で席を立ち、胸の前で合掌し、軽く頭を下げてお迎えしましょう。ラマが着席されたら、その場で五体投地を三回して敬意を示すのがチベット流の基本的なマナー。どうしても心情的に五体投地をしたくない場合や、身体的な理由から五体投地ができない場合には、胸の前で合掌しながらラマに向かって三回軽く会釈して敬意を表すのも一つの手です。また、ラマがいらっしゃる場で帽子をかぶっているのは失礼にあたるので、帽子は脱ぎましょう。

伝授や灌頂が開始されたら、他の人とのおしゃべりやマントラを唱えることを止め、数珠を爪繰《くぐ》ったりもてあそんだりしないようにしましょう。仕事や日常生活の気になることを一時的に頭の外に置いて、耳を澄ませてラマの口から流れ出る言葉の一つ一つに意識を傾けましょう。

ゾクチェンのような高度な教えの中では、あなたが子供の頃から慣れ親しんできた常識を覆すような内容もあることでしょう。そうしたお話が出てきたときにも、驚きすぎたり頭ごなしに否定したりしないで、心を開いて、まずはラマの言葉に最後まで耳を傾けて理解してみましょう。

話の途中や終わりに、ラマに質問できる機会があります。疑問がある場合には、勇気を出して手を挙げてラマに直接質問してみるといいでしょう。日本人はたくさんの人前で質問することを恥ずかしがる傾向があるようですが、誰も手を挙げて質問しないと、ラマは参加者の皆さんに法話の内容が十分に伝わったのか気がかりになるはずです。ためらわず、勇気を出してラマに質問してみましょう。ラマは質問してくれたあなたのことを喜んでくれるはずです。

法話中に質問を受けつけているときには恥ずかしさから質問しないのに、終了後にラマに近寄り一対一で質問しようとあなたはするかもしれません。法話が終わるたびに、ラマも通訳者も体力と気力を使い果たし、ぐったりされることが少なくありません。そんなときにおかまいなしにあなたが質問すると、ラマも通訳者も疲れがどっと増すことでしょう。

ラマや通訳者の気持ちと体調を気づかいたいものです。他にも通訳者とスタッフの皆さんは撤収作業に追われますから、あなたのために通訳することもできませんし、あなたをラマに取り次ぐこともできないでしょう。

伝授会や法話会が終了したら、あなたの身の程にあった金額を封筒に入れラマに差し上げるといいでしょう。和菓子や果物をラマに贈呈したい方もいらっしゃるでしょう。

ラマを慕うあなたの気持ちは素晴らしいのですが、生ものは日持ちしませんし、かさばる品物だと荷物になることを考慮しましょう。通訳者にも同様に心づけするのをお忘れなく。

大変な時間と労力をかけて専門知識と語学力を身につけた通訳者の助力があってこそ、あなたは日本語でラマとラマが説く尊い教えに接することができるのです。通訳者に対して礼を尽くすことは、長年チベットの教えを学んでいる人たちでさえできる人は多くいませんが、本当に重要なことです。

かつてボン教をシャンシュン王国から、仏教をインドからチベットに導入するにあたり、通訳者や翻訳者は多大な貢献を果たし、重要な役割を担ってきました。言葉がわからなければ、教えの伝授は始まらないからです。ですから、チベットでは通訳者や翻訳者は大変尊敬されてきましたし、今でも大変尊敬されています。

一方、日本で伝授会や灌頂が開催されるとき、通訳者や翻訳者はないがしろにされがちです。彼らはボランティアかわずかな謝礼だけで協力してくれていることを、あなたはよくよく知っておく必要があるでしょう。

多くの場合、ボン教の催しの会場は時間で借りています。終了後は速やかにイスや机を撤去したり、掃除したりして、会場を明け渡さなければなりません。時間との戦いです。ぜひ、後片づけのお手伝いを申し出ましょう。

催しが無事に成功することができたら、また次回の開催も夢ではありません。再びあなたはゾクチェンをはじめとするボン教の教えにまみえ、心幸せな時間を過ごすことができます。ただし、帰りの新幹線や飛行機に搭乗するまで時間がない場合には、無理してお手伝いなさいませんように。

導師となるラマの到着が遅れたり、配布される資料が不足したり、会場が参加者の数にしては狭かったり、トイレの数が少なかったりと、伝授会や法話会の中であなたが不満に感じることもあるでしょう。そうしたトラブルのときに、運営者に怒りをぶつけたり、詰め寄ったりするのは止めましょう。また、あなたの希望が叶わないからといって、怒りに任せて通訳者や運営者の悪口をＳＮＳに書き込んだりすることはやめてください。

伝授会や法話会は営利目的で開催されているわけではありません。あなたが支払った参加費は、ラマの飛行機代や滞在費、会場代などで消えてしまいます。ボン教の催しは少ない予算と人手で運営されています。

教えが説かれた会場からあなたが退出するときには、主催者にお礼を述べましょう。次回の催しのときに、あなたのことを覚えてくれるでしょう。伝授会や法話会が成功すれば、ラマは大変喜ばれます。

ここで紹介したマナーの大部分は一般社会でも通じる基本的なものです。もしも今あなたが対人関係について悩みを抱えている場合には、セルフチェックしてこれらのマナーを身につけてみましょう。仕事やプライベートでの対人関係が向上するはずです。

同時に、これらはダルママナー（仏法に臨むときのマナー）の第一歩でもあります。海外からチベット人の高僧やラマを日本にお招きした特別法話会や灌頂などにあなたが参加する場合には、これらのダルマナーを身につけておくと恥をかかずにすみます。私が定期的に開催している瞑想教室にあなたが参加するときにも、ぜひ参考にしていただきたい。

女神からのメッセージ

かつて『シャンシュン・ニェンギュ』は、選りすぐりのたった一人の弟子にしか伝授が許可されなかった唯一相承の教えで、秘密の中の秘密にされてきました。

8世紀にシャンシュン王国出身の成就者タピリツァが弟子のナンシェル・ルーポに対し、多数の人々に『シャンシュン・ニェンギュ』の教えを伝授することを初めて許可しました。さらに時代が下り20世紀になると、『シャンシュン・ニェンギュ』はもっと広く一般的な人々にも公開されるようになりました。それには理由があります。

サンギェー・テンジン・リンポチェ（1977年没）はヨンジン・リンポチェのラマでした。中国がチベットに侵攻したことにより、サンギェー・テンジン・リンポチェは故国チベットを追われ、インドに亡命しました。そこで、サンギェー・テンジン・リンポチェの目の前に、ボン教の教えを護る女神である護法神スィピィ・ギャルモ（存在世界の女王）が忽然とビジョンとして現れたのです。

この女神がよりいっそう多くの人々に『シャンシュン・ニェンギュ』の教えを伝授するように、サンギェー・テンジン・リンポチェに命じたことにより、私たちのような俗人でも外国人でも『シャンシュン・ニェンギュ』を伝授してもらうことが可能になったのです。資格を備えたラマに出会い、あなたがこの教えに相応しい人物だった場合には、ラマはあなたに包み隠さずゾクチェンのすべてを伝授してくれるはずです。

加行

ゾクチェンの教えは、弟子や生徒の能力に合わせたやり方で伝授されます。伝説的な大昔の成就者たちのように、極めて恵まれた資質を生まれながらに持っている人ならば、ラマからゾクチェンで説かれている心の本性に導き入れるや否や、一気呵成《いっきかせい》。すぐさま心の本性を見極めることができますし、そのままゾクチェン瞑想を開始することができます。どうしてそれが可能なのかといえば、その人は何度も生死を繰り返した前世の中で数えきれないほどの功徳を積んできていたり、ゾクチェンの瞑想修行に打ち込んできたりしていたからなのです。そのような人は例外中の例外です。

私たちのようなごく普通の大部分の人たちは、大昔の成就者たちほどの能力には恵まれていません。彼らには及ばないにしても、短期間に未熟なあなたの心をゾクチェンの教えに適した高い能力に成熟させることができる瞑想の教えがボン教に伝承されています。それが加行です。

加行とは数種類の初歩的な瞑想から構成された教えです。加行をひと通り完成させることにより、あなたは短期間のうちに身体と言葉と意識を覆う大雑把な穢れを浄化し、膨大な功徳を積むことができます。

Q：加行にはどんな種類の瞑想が含まれますか？

A：加行の中に含まれる個別の瞑想についてはこれからこの先で解説していきます。ここでは加行には二系統あることを説明したいと思います。

ゾクチェンの瞑想方法は経典に沿って伝授されるように、加行もまた経典に沿って伝授されます。加行について書かれたチベット語の経典はいくつも存在しますが、現在主に二種類の経典が用いられ、その二系統の加行が修行されています。それらは、「ギャルワ・チャクティ（師ギャルワの指南）」の加行と、「アティ（根源に導く教え）」の加行です。

「ギャルワ・チャクティ」は13世紀に中央チベットに生まれたトゥ・ギャルワ・ユンドゥン（1242〜1290）が著した経典です。この経典は『シャンシュン・ニェンギュ』をベースとして、その内容をより実践しやすいように編集しなおした、いわばゾクチェン瞑想のマニュアル経典です。

この経典の中には主に、加行とゾクチェン瞑想の本行《ほんぎょう》（悟りを得るための中心となる修行）について詳細かつ具体的に書かれています。このうち加行の章についてヨンジン・リンポチェが解説または伝授をした内容をまとめたものが『光明の入口：カルマを浄化する古代チベットの9瞑想』（オンデマンド出版、2018）という書籍です。

「アティ」は11世紀の中央チベットに生まれたゴンズ・リトゥ・チェンポ（1038〜1096）を源流とする、一連のゾクチェン経典です。ゾクチェン経典「ガパグコル（隠された九つの教え）」をベースにしながら、さらにゴンズ自身の瞑想体験をそこに埋め込んだ、『シャンシュン・ニェンギュ』とは別系統のゾクチェン瞑想のマニュアル経典です。

ゴンズ以降この「アティ」の教えにさまざまな成就者たちが新たな命を吹き込み、新たな「アティ」の経典を著作し続けました。その中でも既出のトゥ・ギャルワ・ユンドゥンが著した「15章から成るゾクチェン・アティ」が現在最もポピュラーです。

二つの経典の中で記述されている加行の教えを比較してみると、どちらも9種類の初歩的な瞑想から構成されていて、その内容はだいたい同じものだと考えることができます。どの加行でもはじめに、ボン教のブッダや本尊やダーキニー（ブッダの智慧の化身）や護法神（仏法を保護する天部の神）といった数多くの神仏が一堂に集まっている、集会樹または資糧界を目の前に思い浮かべます（集会樹または資糧界については左ページの画像を参照してください）。その神仏の前で、あなたは声に出しながら繰り返しマントラを唱えたり、実際の身体を使って五体投地で礼拝をしたりします。

二つの加行の顕著な違いは、「ギャルワ・チャクティ」の加行にはチュウ瞑想が含まれていますが、「アティ」の加行にはチュウ瞑想が含まれていないことです。

チュウ瞑想のチュウはチベット語で切断を意味する言葉です。チュウ瞑想ではあなたの姿をイメージの力でダーキニーに変身させます。そして、あなたはダーキニーの姿であなたの肉体から飛び出し、眠るように横たわるあなた自身の肉体を目の前にしながら鋭利な剣で切り刻み、その血や肉や骨を大鍋に放り込み調理して、おいしそうな甘露のスープに仕上げます。その甘露のスープを、ブッダなどの三宝、ボン教の教えを保護する護法神、前世であなたが危害を加えてしまった怒れる霊たち、六道輪廻の生き物といった四種類の客人たちに召し上がってもらいます。

この瞑想により、あなたはとてつもない功徳を積むことができるとともに、前世から引き継ぎ負債となっている悪いカルマを帳消しにすることができます。「ギャルワ・チャクティ」の加行をすべきか、「アティ」の加行をすべきなのかは、あなた自身のラマに相談してみるといいでしょう。

あなたの修行場所

これから概要を説明していく加行の教えや、それに続くゾクチェン瞑想をラマから伝授してもらったら、さっそくあなたも瞑想を開始してみましょう。

大昔のチベット人の修行者たちならば瞑想修行に没頭するために山奥や洞窟や荒野といった人気のない場所を見つけ出し、その場所に移り住んで加行に邁進しました。街中や人里にいると物音や人の声などの喧騒が聞こえてきて、いくら瞑想修行をしようと思っても、集中力が散漫になったりしますし、ついついやりかけの仕事のことを考えてしまったり、家族のことを心配したりしてしまったからです。人気のない場所に足を運べば、日常生活の煩わしさから解放されて、今なすべき瞑想修行だけに意識を集中させることができました。

彼らは、瞑想修行中に生命活動や命を維持するのに必要最低限な次のような生活必需品だけを持ってお籠り修行に入りました。チベット人の主食である大麦の粉を炒ったツァムパや、脂肪分と滋養たっぷりでツァムパと混ぜて食べるバターやチーズなどの食料。吹雪が吹きすさび、湖が凍るほど極寒の気候でも体温を逃がさない厚手の服や上着。タオルや石鹸や歯ブラシなどの衛生用品。衣類を洗う洗剤や水汲み用の桶などの日用品。

瞑想をするときに使う座り心地のいいクッションや座布団。修行の合間に儀礼や供養をおこなうための太鼓や骨笛《ほねぶえ》などの法具。そしてなによりも、ラマから伝授していただいた教えが記されている経典。

お籠り修行するためにはそれほどたくさんの品物は必要ありませんでした。修行場や瞑想部屋が品物であふれかえってしまうと、落ち着かず気が散り、瞑想どころではなくなってしまったはずです。21世紀の日本のような現代社会に生きているあなたがお籠り修行に入り、大昔のチベット人の修行者たちと同じことをそのまま実行しようとしたら、飢え死にするか凍え死ぬかのどちらかになるでしょう。そんなことはほとんど不可能なことだし、する必要のないことです。なるべく騒音から離れた静かな場所や部屋を見つけて、毎日決まった時間に瞑想を続けるだけで大丈夫です。

加行やゾクチェン瞑想をするために生活の糧を得る仕事を辞めたり、大切なパートナーや家族と別々に生活したり、何年も築いてきた人間関係を切る必要もありません。瞑想するためだけに少なからぬ時間と交通費をかけてわざわざ遠くの聖地に出かけたり、生活用具一式をトラックに積載して見知らぬ土地でまったく新しい生活を一から始めたりする必要もありません。あえて食糧や生活用水の確保が難しい不便な場所に身を置くことにどんな意味があるのでしょうか。

長年住んでいる自宅や自室をあなたの修行場所だと決めて瞑想を開始しましょう。夜いつもより早く就寝して、そのぶん翌朝は少し早起きをして、三十分から一時間ほど瞑想することを毎日の習慣にしてみましょう。

朝早い時間ならまだ街は深い海の底のように静まり返り、人々は夢の中にいます。窓の外を行きかう人通りもなく、バスや自動車も走り出していませんから、物音に邪魔されることがありません。夜ぐっすり寝た後で目覚めたばかりのあなたの意識は早朝の空気のように澄んでいて、心地よい睡眠があなたの身体の疲労を十分に癒してくれているはずですから、フレッシュな気持ちで瞑想に集中できるはずです。

瞑想から始まる一日は、目覚めた意識のまま仕事に着手できますから、よりいっそう仕事が捗《はかど》ります。もしもあなたがどうしても朝早く起きるのが苦手な場合には、夜仕事が終わった後に瞑想するのも一つの手です。

瞑想の座法

あなたが修行場所だと決めた場所にお気に入りのクッションや快適な座り心地の座布団を置いて、その上に座ってみましょう。瞑想の座法にはいろいろなものがありますが、ボン教の伝統によれば結跏趺坐が最適だと説かれています。

結跏趺坐とは、両方の足の甲を反対の足のももの上にのせる座り方です。お尻と左右の膝の三点で身体の全体重を支えることができるので、長時間身体を安定させることができる優れた座法です。

Q：身体が硬くて結跏趺坐で座ることができないのですが、どうしたらいいでしょうか？
A：結跏趺坐で座ることが一番いいのですが、できなくても心配しないでください。片足の甲だけを反対側のももの上にのせる半跏趺坐でもかまいませんし、胡坐《あぐら》で座ってもかまいません。正座が座りやすければ、正座でもかまいません。
現代の日本のライフスタイルではイスに座ることが多いですから、そもそも床の上に座ること自体が苦手な人もいることでしょう。イスの方がよい人は、イスに座って瞑想してもかまいません。

イスに座って瞑想するときには、背中を背もたれにもたせかけないように注意してください。背中を背もたれにもたせかけるようにすると、意識が背中と背もたれの接触面に向いて、瞑想に集中できなくなるからです。とにかくどんな座り方でもかまいませんが、身体がぐらぐら動かないようにすることが一番重要なのです。

ゾクチェンに出会えた幸運

クッションの上で身体を落ち着けることができたら、一度力いっぱい深呼吸をして、心が誰も知らない山奥の湖の水面のように静まり返るのを感じてみましょう。そして、あなたが加行やゾクチェンの教えにたどり着くまでのこれまでの道のりを振り返ってみましょう。

これまであなたは自分の職業や日常生活に何も不満がなかったのに、つい最近、思いかけず人生の岐路に立たされたことでしょう。風邪一つひいたことがなかったのに重病や難病を患ったのかもしれませんし、旅行先で交通事故に遭遇したり、信じていた人に裏切られたりして、あなたの心は立ち直れないほど傷ついたことでしょう。

その心の傷から回復した今、人生を顧みて、これまでと同じ毎日を続けていくことに疑問を感じるようになったはずです。もうこれまでと同じ元のあなたに戻ることができなくなったのです。あなたの人生を支えてくれる何か新しい価値観を探したり、かけがえのない人生を生きる意味について深く考え始めたりしたのです。

それ以来さまざまな既存の宗教やスピリチュアルの門を叩いたり、自己啓発セミナーや講演会に参加したりしてきましたが、どれもあなたの心にしっくりきませんでした。偶然にもチベットのボン教とそのゾクチェンに出会い、そこにはあなたが渇望していた新しい価値観や自分を変えてくれる瞑想技術が伝承されていることを知りました。

ボン教のゾクチェンは誰にでも隔たりなく門が開かれていることを知り、あなたの心は歓喜に震え、何年振りかにもう一度瞳に希望の光が灯りました。自由な人生を享受できる人間として生まれ、ゾクチェンの教えを説く本物のラマに出会い、尊い加行や『シャンシュン・ニェンギュ』の教えを伝授してもらう願いがかなったのです。

こうして振り返ってみると、あなたがどれほど幸福と幸運に恵まれているのか疑いの余地がないはずです。その幸福と幸運な気持ちを、しばらくの間心ゆくまで味わってみましょう。

今あなたが浸っている幸福と幸運とまったく同じ気持ちを、千年以上昔のシャンシュン王国やチベットのゾクチェン修行者たちも孤独な山奥や洞窟の中で感じていたのです。その気持ちは十八有暇具足《うかぐそく》の教えとして今日までボン教の経典の中に記されたり、ボン教のラマが口伝で伝承してくれたりして残されています。

十八有暇具足とは、人間に生まれ自由に恵まれた八つの境遇と、ブッダの教えを修行できる十の好条件に恵まれた境遇のことを意味します。それら一つ一つを具体的に列挙すると以下の通りになります。

人間に生まれ自由に恵まれた八つの境遇

1．灼熱と寒冷に苦しめられ続ける地獄界に生まれなかったこと。2．飢えと渇きが途絶えることのない餓鬼界に生まれなかったこと。3．食物連鎖から逃れられない動物界に生まれなかったこと。4．不完全な幸福にうつつを抜かす天界の神々に生まれなかったこと。5．真理を説くブッダが出現したこと。6．輪廻から解脱するための教えが説かれたこと。7．健やかな心と身体に恵まれたこと。8．誤った考え方に染まらなかったこと。

ブッダの教えを修行できる十の好条件に恵まれた境遇

1．人間の身体に生まれたこと。2．ブッダの教えが伝承されている場所に生まれたこと。3．十分な働きを果たす五感と意識に恵まれたこと。4．ブッダの教えを理解する能力に恵まれたこと。5．ブッダの教えに対する帰依や信心の気持ちを抱いていること。6．ブッダが地上に出現した時代に生まれることができたこと。7．ブッダが教えを説いたこと。8．ブッダの教えが滅亡することなく存続していること。9．その教えを伝授してくれるラマが生きていること。10．ラマが慈悲深くあなたを受け入れてくれていること。

幸福と幸運はいつまでも続かない

もしもあなたがこうした十八有暇具足の一つ一つについてうなずき、深く共感できたとしたら、それは幸先《さいさき》の良い印だといえます。残念ながらもしそうでないとしても、心配する必要はありません。これから加行やゾクチェン瞑想を続けていく中で、真夏の青空にどこからともなく真綿のような積乱雲がもくもくと立ち現れるように、あなたの心の中から十八有暇具足の気持ちが繰り返し現れてくるはずだからです。

そうした気持ちがあなたの心の中に現れてきたとしたら、本当に素晴らしいことです。しかし、その幸福と幸運にあぐらをかいて安心したり油断したりしないようにしましょう。なぜならば、あなたの運命や境遇は一時も留まることなく移り変わり続けているからです。十八有暇具足に恵まれた境遇はいつどんなかたちであなたの手のひらからこぼれ落ちて失われてしまうのか、誰にもわかりません。

たとえば、病気や事故によりあなたの健やかな身体や目や耳が突然に損なわれてしまうかもしれません。身体の自由が利かなくなるとラマのもとを訪ねることが困難になりますし、目が見えなくなると経典の翻訳や本を読むことができなくなりますし、耳が聞こえにくくなるとラマが教えを説く声を聞き取ることができなくなります。また、『シャンシュン・ニェンギュ』の教えを伝授してくれるラマが、事故や病気で突然この世からいなくなってしまうことだってあります。ラマが亡くなると、あなたはもう二度とラマにお会いすることも、教えを伝授してもらうことも叶わなくなるのです。

ラマを失ったあなたは深い喪失感と無気力感に襲われ、この先加行やゾクチェン瞑想をどうやって続けていったらいいのか、途方に暮れることになるでしょう。教えや瞑想に関する疑問が生まれても、ラマがいなければその疑問に誰も答えてくれません。

他にラマをもう一度最初から見つけ出すことは思いのほか骨の折れることです。また、戦争や災害に見舞われ、ゾクチェンの教えの伝授や瞑想どころではなくなる可能性もゼロではありません。

毎日健康に暮らしている今の時点ではなかなか思いが及ばないことですが、あなたがいつ病の床に臥《ふ》せてしまうのか誰にもわかりませんし、あなたにいつ死が訪れるのかも定かではありません。

こうした境遇の変化のことを無常といいます。私たちに残されている時間やチャンスは、あなたが想像するよりずっと少ないのです。この無常の気持ちを常に忘れないようにしましょう。

Q：無常についてもう少し詳しく教えてください。無常には他にどんな例がありますか？

A：無常とは、同じ状態に留まり続けることなく、常に変化し続ける事実のことです。無常は私たちの心や身体の他に、この世界のすべての事象や物事に当てはまります。

今あなたは健康で通勤やショッピングに出かけるときに駅の階段を楽々と昇降することができるかもしれませんが、知らず知らずの間に老いは忍び寄ります。若い頃のように激しい運動をしたり、長時間根を詰めて働いたりすることができなくなります。こうした肉体の変化も無常です。

他にも、あなたはさっきまでご機嫌に友人たちとイタリアンレストランでランチを楽しんでいたとします。友人たちと別れ、帰宅するために乗車しようとしていた電車の扉が目の前で閉じてしまったとたんに、憂鬱な気分に悩まされるようになるかもしれません。こうした精神状態の変化も無常です。

真夏の雲一つない晴れ渡った青空に、突然どこからともなく雲が現れ、雨雲が空を覆い、あっという間に激しい雨が降りだすことがあります。こうした天気や天候の変化も無常です。

どんな小さな種も肥沃な大地に蒔《ま》けば、その種が芽吹きます。さらに太陽光と降雨によりすくすくと成長した後、美しい花を咲かせ、最後には無残にも萎れたり枯れたりしていきます。こうした植物の変化も無常です。

このように私たちの日常生活のすべてに無常は遍く染み渡り、無常の例を挙げたらきりがないほどです。ここで列挙した例から、無常というのは悪い話ばかりだとあなたは思うかもしれません。しかし、無常には良い側面もあります。

たとえば、寒い季節がやってくると草は枯れ木の葉は落ちてしまいます。でも、数か月が経過し暖かい春の日差しが訪れると、茶色一色だった大地は息吹を吹き返し、青々とした草が覆い、裸だった木々の枝の先には新緑が萌えます。こうした春の訪れも無常です。

あなたの家族の誰かが重病を患い、何日もの昼夜高熱や咳に苦しめられ、身体の節々が痛み、仕事を休まなければならなくなったとします。治療や投薬や看護によって病から全快し、元通りの健康を取り戻し、仕事に復帰することができます。こうした病からの回復も無常の一例です。

何よりも、世の中から置いてきぼりにされひとりぼっちで孤独を抱え、幸福など微塵も感じられない今のあなたが、『シャンシュン・ニェンギュ』の教えに出会い、あらゆる心の穢れから解放され、本来の心の姿を取り戻し、いつか虹の身体のブッダになれる。これは最もポジティブで優れた無常の可能性だといえるでしょう。

無常の瞑想

いよいよここから加行の修行方法の概要について説明していくことにしましょう。無常から逃れられる人は誰もいません。あなたがどこに行こうとも必ずあなたの身体には影がつきまとうように、生きている限り無常があなたの後ろをついてまわります。

ときには、毎日の生活の中で生きている幸せや充実感を感じることもあるでしょう。乳成分たっぷりのアイスクリームが舌の上でまろやかに溶けて、口いっぱいに広がっていくとき。大観衆の声援が響き渡るスタジアムで大好きなサッカーチームの試合を観戦しているとき。あなたが丹精を込めて作った料理を愛する人が食べて褒めてくれたときなど。

しかし、こうした幸福はあっという間に消え去ってしまいます。こうした一時的な幸せに執着しても、その幸せはすぐに消え去ってしまうので、いくら執着しても最終的には何の役にも立たないと深く心に刻みましょう。

今述べたような日常生活の中で体験している無常について、具体的な例を一つ一つ細かく頭の中で繰り返し再現して味わってみましょう。これが無常の瞑想のやり方です。無常の瞑想を何日も継続していくと、あなたの人生のかけがえなさと、残された時間のありがたみに気がつくでしょう。

今後はかけがえのない人生の時間を決して無駄にしないように生きていく決心が自然に生まれてくるはずですよ。

発菩提心の瞑想

無常の瞑想が終わったら、次に発菩提心《ほつぼだいしん》の瞑想に取り掛かりましょう。発菩提心の瞑想の目的は、あなたの心の中に宿る慈悲の気持ちを大きく養うことです。

生徒や弟子の心得（P．99）で説いたように、生きとし生けるものはすべてあなたのお母さんだったことがあります。あなたは始まりもない時から何度も生死を繰り返し、地獄界、餓鬼界、動物界、人間界、阿修羅界、天界といった六道の世界をさまよってきました。

そのときどきであなたにはお母さんがいたはずです。あなたは数えきれないほど何回も生死を繰り返してきたので、その結果、六道の世界に住んでいる生きとし生けるものはすべて、一度はあなたのお母さんだったことがあるはずなのです。

そのときどき、あなたのお母さんは自分のことを差し置いて、あなたに食べ物や着るものなど何でも何不自由ないように与えてくれたり、たっぷりと愛情を注いでくれたりしたはずです。あなたはそのお母さんの愛情に対して十分に恩返しができたでしょうか？

母親の愛情は海のように深く広大です。その愛情に十分恩返しすることは、とてもできることではありません。これからあなたは加行やゾクチェンの瞑想に取り組んでいくことになりますが、そのときも自分だけの幸福を追求することはやめましょう。

かつてお母さんだったことがある生きとし生けるものに恩返しをするという気持ちを抱きながら瞑想を続け、ゾクチェンの虹の身体の悟りを目指しましょう。一番の恩返しは、かつてお母さんだった生きとし生けるものがいつか悟りを得てブッダになれるように、あなたが生きとし生けるものを導いてあげられるように成長することです。こうした分け隔てのない愛情の恩返しのことを、慈悲といいます。

Q：慈悲を養うためには、どうしたらいいのでしょうか？

A：私たちの生活の中では愛情に比べ、慈悲という考え方に触れる機会はそう多くありません。慈悲を養うといっても、具体的に何をすればいいのか困ってしまうことでしょう。慈悲をより実践的に理解するためには、慈悲を次の四つの要素に分解してみるといいでしょう。

第一は慈愛で、相手に愛情を注ぐこと。相手の長所や美点を褒めてあげたり、落ち込んでいるときに励ましてあげたりすることです。第二は抜苦《ばっく》で、相手の苦しみを取り去ってあげること。道を横断している高齢者の重い荷物を運んであげたり、咳《せ》き込んでいる人の背中をさすってあげたりすることです。

第三は随喜《ずいき》で、相手の幸せを一緒になって喜ぶことです。友人が立ち上げた新規事業の成功を一緒になって喜んであげたり、修行仲間が加行を終えたことを心の底から喜んでお祝いしてあげたりすることです。第四は平等心で、どんな相手にも分け隔てなく接すること。愛する家族や友人に対する態度と、嫌いな隣人や苦手な同僚に対する態度を変えないこと。

以上の四つの要素を気にかけながら生活していくことにより、慈悲を少しずつ育てていけるでしょう。

布施

ゾクチェン瞑想の土台を作るためには、布施も欠かすことができない大事な修行です。布施というのは、必ずしも高僧や寺院に金品を差し上げることだけではありません。

さまざまな事情により貧しい生活を強いられている人や、食べ物が手に入らずお腹を空かせている動物たちにあなたが持っているものを分け与えることを意味します。布施をするときには、もの惜しみしない気持ちから、あなたの身の程にあった金額や物を提供すればいいでしょう。

しかし、貧しい人に食べ物を提供するときに、あなたの食べ残しや古くて傷んだものを差し出すのは悪い布施の例です。なぜならば、そのときあなたの心の中には物惜しみの気持ちが染みついているからです。

マントラの念誦《ねんじゅ》

あなたがどんな些細な行為をしたときにも、行為自体はその場で終了したとしても、行為の痕跡はあなたの意識の一番深いところにあるアラヤ識《しき》の中に蓄積されていきます。この行為の痕跡のことをカルマ（業）やカルマの痕跡といいます。

日常生活の中で、知らず知らずのうちにあなたは煩悩に駆られて罪深い行為を重ねてしまいます。煩悩とは怒り、貪《むさぼ》り、愚かさ、自尊心、嫉妬心のことを意味し、この五つをまとめて煩悩五毒とも呼びます。

軒下に蜘蛛の巣がかかっているのを見て、気持ち悪いという感情に襲われ、蜘蛛の巣を払い除けたくなるのは、怒りにあなたの心がむしばまれている証拠です。新発売されるスマートフォンが欲しくて、仕事そっちのけでそのことばかり考えてしまうのは、貪りにあなたの心がむしばまれている証拠です。

身体に悪いし翌朝起きるのが辛くなることを知りながら、ついつい今夜も深酒をしてしまうのは、愚かさにあなたの心がむしばまれている証拠です。前回のプロジェクトが上手くいったので、今回のプロジェクトでは何かと手抜きをしてしまうのは、自尊心にあなたの心がむしばまれている証拠です。同級生があなたのパートナーよりイケメン（美人）で高年収の異性と交際していることを知り地団駄《じたんだ》を踏むのは、嫉妬心があなたの心をむしばんでいる証拠です。

昨日今日といったつい最近の煩悩や罪深い行為から発生した真新しいカルマの痕跡だけでなく、あなたが生まれてくる前の前世で生じ、時空を超えて今生まで引き継いだ古いカルマの痕跡もあなたのアラヤ識の奥深くに蓄積されています。何らかの方法で浄化しない限り、カルマの痕跡はいつまでたってもあなたのアラヤ識の中に残存し続けます。

そして時や場所などの条件が合致したとき、カルマの痕跡は成熟してその内容につりあった悪い運命や不幸な出来事としてあなたに襲いかかります。そうしてあなたは耐えがたい苦しみや悲しみに直面しなければならなくなるのです。

幸先よく着手し始めたあなたのゾクチェン瞑想生活が悪いカルマの痕跡によって阻まれないように、

三種の真髄マントラや百音節真言《おんせつ》を唱えて、少しでも浄化しておくのがいいでしょう。

三種の真髄マントラも百音節真言もブッダが伝えた秘密のマントラで、そこには深い意味と加持が込められています。ですから、ここではその一つ一つについて具体的に説明することも解説することもやめておきましょう。あなたに縁のあるラマから一つ一つ口頭で伝授してもらうのを楽しみにしてください。

五体投地

本来は清浄でピュアなあなたの心の表面をカルマの痕跡が覆っているので、カルマの痕跡は心の穢れとも呼ぶことができます。心の穢れは身体、言葉、意識という三つの門を通過してあなたのアラヤ識の中に蓄積されていきます。

たとえば、万引きという悪い行為は身体という門を通過してアラヤ識に蓄積していく心の穢れ。乱暴な言葉を吐くという悪い行為は言葉という門を通過してアラヤ識に蓄積していく心の穢れ。怒りに我を忘れるという悪い行為は意識を通過してアラヤ識に蓄積していく心の穢れです。こうした三種類の穢れを同時に浄化できる画期的で効率的な方法が五体投地なのです。

五体投地をするときにはまず、目の前にボン教の神仏が集まった集会樹の姿をなるべくありありと観想します。そして、あなたの物質的な身体を実際に動かしながら全身で目の前の集会樹に向かって繰り返し拝礼していきます。

あなたが全身を床に投げ出すようにして拝礼するとき、同時にあらゆる心の穢れやカルマの痕跡を浄化できるように祈ります。口ではラマ、ブッダ、仏法、僧伽といった四宝を称えるマントラを唱えます。

日常的に運動不足だったり身体を動かす機会がない人ならば、はじめのうちはなかなか思うように身体が動かなかったり、すぐに息切れしたりすることでしょう。しかし、5分も五体投地を続けていくうちに、まるで何十kgもの重りが外れたように身体が軽く感じられ、快活な気持ちが湧いてきて、いつまでも五体投地を続けたいと思うようになるはずです。

これまでに読んだ本や人から聞いた話から、五体投地は身体に負担を強いる苦行というイメージをあなたは持っているかもしれませんが、実際には五体投地は心身をスッキリさせてくれて楽しい、一服の清涼剤に似た一種の瞑想なのです。

マンダラ供養

五体投地が終わったら、マンダラ供養に取り組むといいでしょう。マンダラ供養の瞑想をするときには、金属製の特殊な法具と真新しく清らかなお米を用意することが必要になります。金属製の法具はマンダラ供養台と呼ばれ、小さな洗い桶をひっくり返したような土台と、その上にのせる大小さまざまな三種類の円形の枠と、宝珠を象った飾りから構成されています。

薄い土台の縁《ふち》をしっかりと片手で握り、つるつるに磨き上げられ光を放つその表面を天井の方に向け、その上に一番大きな円形の枠を置きます。中小の円形の枠と、宝珠を象った飾りは使用しません。

土台の上に置かれた一番大きな円形の枠の中に用意したお米を決められた順番に落としていき、17のお米の塊を作り上げていきます。

土台の中央に落としたお米の塊は世界の中心にそびえる須弥山を象徴しています。須弥山を囲む東西南北の位置にそれぞれ落としたお米の塊は、私たちの住む大陸を含む四大大陸を象徴します。それぞれの四大大陸の左右にさらに一つずつお米の塊を落としていき、8つのお米の塊を作ります。これらは四大大陸に寄り添う、八亜大陸を象徴しています。そして、須弥山にお供えする供物を象徴する4つのお米の塊を須弥山のまわりに落としていきます。こうして土台の上にマンダラ宇宙を出現させます。

それから、目の前に観想した集会樹に集う神仏すべてにそのマンダラ宇宙をそっくり捧げるのです。深く祈る気持ちでマンダラ宇宙を捧げたら、土台を傾けて、上にのっていたすべてのお米の塊を崩すことにより一度マンダラ宇宙を壊して無に帰します。続いて間を置かずに再び土台の上に17のお米の塊を落としていくことによりマンダラ宇宙を作り上げ、神仏に捧げることを繰り返します。

マンダラ供養の瞑想をすることにより、あなたは短期間の間に膨大な功徳を積み上げることができます。ここで功徳を積み上げることにより、この先伝授されるゾクチェン瞑想がより速やかにあなたに優れた結果をもたらすようになるだけでなく、瞑想を離れた日常生活のさまざまな場面でも幸運をあなたに引き寄せてくれるはずです。

グル・ヨーガ

加行の締めくくりとしてグル・ヨーガの瞑想に励みましょう。グル・ヨーガはインドの言葉です。チベット語ではラメ・ナルジョルといいます。どちらの言葉も師範（グル、ラマ）とあなたの心を融合すること（ヨーガ、ナルジョル）を意味します。

この瞑想では目の前に虹の身体になったラマの姿をありありと観想し、そのラマの姿からあなたに向けて放射されるまばゆいばかりの慈悲深い光線によって、あなたの心の穢れを浄化するとともに、加持や祝福を授かります。もともとの経典の中では、グル・ヨーガの瞑想をするとき目の前にクンツ・サンポの姿を観想するように記述されていますが、現在ではタピリツァの姿を観想するのが一般的なやり方です（タピリツァがどんな姿をしているか知りたい方は拙訳『虹の身体の成就者たち』ナチュラルスピリット社を参照してください）。

グル・ヨーガの瞑想を通じてラマから授かるこの加持には、密教で授かる灌頂に匹敵するパワーが宿っています。タピリツァから光の加持や灌頂を授かることにより、まだ不完全なレベルのあなたの能力は引き上げられ、高度なゾクチェン瞑想の道を歩めるようになるのです。

Q：ゾクチェンでも灌頂は必要ですか？

A：ボン教の教えには、顕教、密教、ゾクチェンと三種類あります。その中でも灌頂は密教と密接に関係しています。密教の伝授や瞑想を開始する前には、必ず資格を備えたラマから灌頂を授けてもらう必要があります。

一般的に灌頂とはある種の儀式のことで、その儀式の中でラマから密教の経典を読み聞かせてもらったり、頭にちょっと水をかけてもらったりします。灌頂の規模や期間はそれぞれの教えによってまちまちです。

少人数だけを対象とした灌頂もあれば、何百人もの人々が集まり僧院の広い広場が人で埋め尽くされるような灌頂もあります。一時間だけで完結する灌頂もある一方で、一週間以上もかけて授けてもらう灌頂もあります。灌頂を授かる前に密教の本を開いたり密教の瞑想をしてしまうと、思うような結果に結びつかないだけでなく、重病を患ったり、日常生活上で重大で深刻な問題に直面することがあるといわれています。

ボン教のゾクチェンにも灌頂があるといえばありますが、密教のように必要不可欠だというわけではありません。儀式めいた灌頂よりも、グル・ヨーガの瞑想が大変重要な役割を果たします。あなたもゾクチェン瞑想をする前には毎回必ずグル・ヨーガの瞑想をして、直接タピリツァから加持やパワーを授かりましょう。

あなたの人生を取り戻せ

時間と労力をかけた加行という準備を経ずに、いきなりゾクチェン瞑想を体験するだけでも素晴らしいことです。しかし、あなたがあなたの本当の心に出会いたいと心から願う場合には、加行を少なくとも一度すべて終えておくことをおすすめします。

通常それぞれの加行の瞑想を十万回ずつ終えておきます。加行の瞑想をすべて満了することができた暁には、あなたの心に今までの人生の中で体験したことがないような変化が訪れるはずです。

具体的にどのような心の変化が生まれるのかは人によってまちまちです。誰にでも共通しているのは、一旦常識や思い込みから完全に離れて、何十年も慣れ親しんできたあなたの日常生活や人生に対して、客観的で曇りない視線で見つめ直すことができるようになることです。加行の効果により、あなたの心はまるで生まれたばかりの赤ちゃんに戻ったかのようにリセットされるのです。

たとえるなら、あなたは地球人という狭い枠に閉じ込められた視点から解放され、250万光年先にあるアンドロメダ星雲に住む宇宙人の視点を手に入れるのです。それはまったく異質でかけ離れた視点や価値観であるはずです。

アンドロメダ星雲に住む宇宙人の目には、あなたの人生や価値観はどのように映るでしょうか。幸せな人生に映るでしょうか。生きがいのある人生に映るでしょうか。アンドロメダ星雲に住む宇宙人には日本の社会どころか地球の常識さえ通用しません。

加行を終えたあなたは、あなたの人生について今までとはまったく異なる視点から深く考察できるようになるでしょう。そして、残された貴重な人生の時間をどのように過ごすべきか、まったく新しい洞察や心情がまるで炭酸水の泡のように、あなたの心の中から自発的にふつふつと湧いてくるはずです。

今まであなたが何も疑うことなく信じてきた人生や価値観が、着古した服のようにことごとく色あせたり窮屈に感じたりするようになるのです。そして、ブッダの教えやゾクチェン瞑想に生きる意味を見出すようになります。あなたはこれまで押しつけられてきた常識を脱ぎ捨て、自分の力で新しい人生観を手に入れるのです。こうしてあなたは自分の人生を取り戻すのです。

こうした価値観の転換は誰かに押しつけられたり、インターネットで検索した情報で刷り込まれたり、頭の中で思い込んだりしたものではなく、加行を通じてあなたが直接体験したものです。あなたの心の中から自然に湧いてきた純粋なものです。

こうした体験が生まれてきたら、あなたの加行が見事に実を結んだ証拠なのです。大昔の24人の成就者たちも、あなたとまったく同じ気持ちや心の変化を体験していたのです。また一歩あなたは彼らの心に近づけたのです。

心を捉える瞑想

加行を終えたら、いよいよゾクチェン瞑想の本体に入っていきましょう。ゾクチェン瞑想の真髄は、あなたの心の姿そのものを探求することにあります。

あなたの心は手のひらの中のスマホの画面を見ていたと思えば、公園の中を走り回る子供の姿を追いかけ、大空を横切る雲を見上げています。つまり、一所に安らぐことなく、常に対象を求めて揺れ動いているのです。

心がふらふらとさまよっていては、心の姿を観察することも探求することもできはしません。そこでこれから特殊なエクササイズをして、あなたの心を捕捉し、一か所に固定してみましょう。

まず、白色のア字や卍を描いたカードを用意してください。カードは絵葉書やL版サイズくらいの大きさにするといいでしょう。そのカードを目の前に立てた棒に固定するか、壁に貼りつけたりしてみましょう。そのカードから2メートルほど離れた床の上に、次のような五要点座法で座ってください。

五要点座法

(1) 床の上に結跏趺坐で座ります。半跏趺坐や胡坐でもかまいません。イスに座るのもいいでしょう。

(2) 両手を膝の上でバランスよく組みます。左右それぞれの親指で薬指の根元を軽く押さえて、女性は右手の指を上にして両手の指を重ね、男性は左手の指を上にして両手の指を重ねます。

(3) 背筋を伸ばします。背骨を前後左右に傾けないようにします。

(4) 少しお腹を引きます。胸を張って広げます。

(5) あごを軽く引き、両目は正面に向けます。白いア字に両目を釘づけにします。

Q：五要点座法で座るときに、呼吸はどのようにすべきでしょうか？

A：通常、瞑想は呼吸法と一体になっていることがよくあります。そして多くの場合、瞑想によって呼吸法が異なります。この経典では鼻呼吸をするように説かれています。鼻呼吸とは、左右の鼻孔から均等かつ穏やかに息を吐き出した後、左右の鼻孔からゆっくり深く息を吸い込む方法です。しかし、他のゾクチェン経典の中では、口呼吸するように記述されていることがよくあります。

一般的に、今日のチベット人のラマたちは弟子たちが瞑想するときには口呼吸をするようにアドバイスされます。口呼吸とは、軽く開いた口からゆっくり穏やかに息を吐き出した後、口からゆっくり穏やかに息を吸い込む方法です。口の方が鼻よりも開口部が広いために、口呼吸の方が鼻呼吸よりも呼吸の流れが穏やかになるはずです。鼻呼吸と口呼吸のどちらの呼吸法にするかは、あなたの好みでかまいません。あなたのラマに相談してみるのもいいでしょう。

呼吸法以外で他に気をつけるべき細かな点として、舌を上あごにも下あごにも着けないこと。舌を口蓋の中で浮かせるのです。

この瞑想中は両目を閉じたり半眼にしたりする必要はなく、普通に開いたままにして、なるべく瞬《まばた》きしないようにします。瞑想中に外側から音楽が流れてきても、空腹でお腹が鳴っても、その音に意識を集中させたりその音のあとを追ったりしないことも重要な点です。

目の前に置かれたカードに描かれた白いア字に、ただただあなたの意識を集中させてください。ぼんやりとカードを見ているだけでは不十分です。あなたの心と身体のすべてを白いア字に注ぎ込むような気持ちで、そこに全身全霊意識を集中させるのです。

はじめのうちは、過去の出来事やこれから起こる未来のことが次々に頭の中をよぎり、うまく意識を集中させることができないでしょう。でも心配しないでください。私も今から20年以上も前に瞑想を始めたばかりの頃は、十分に意識を集中させることができませんでした。それでも倦むことなく白いア字にあらゆる意識を集中させ続ければ、少しずつ集中力が持続して、湧いてくる雑念に邪魔されなくなりました。

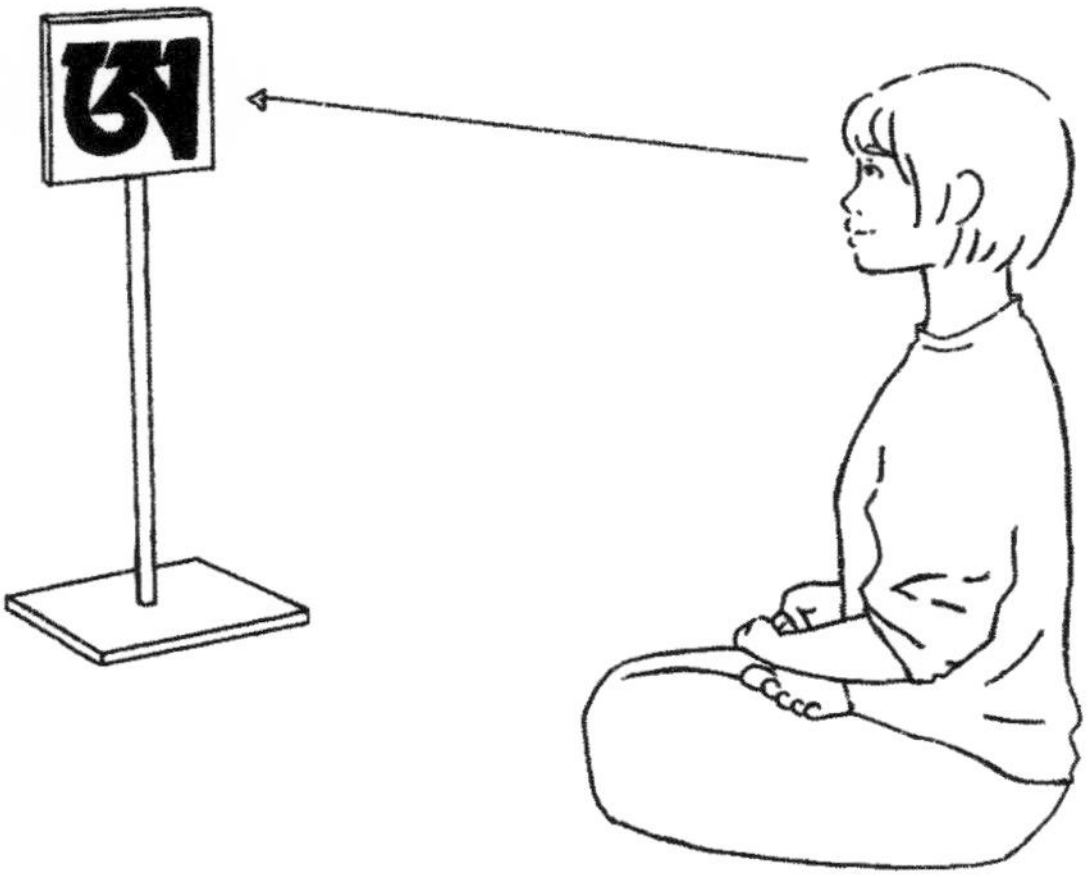

あなたが決めたある一定の時間内に一回瞑想することを一座と呼びます。チベット語では一座のことをトゥンと表現します。

はじめのうち一座の時間は、10分から15分くらいの短時間から始めるのがいいでしょう。いきなり長時間瞑想しても集中力が持続しませんし、何よりも飽きて瞑想が嫌になってしまうからです。瞑想に親しんできたら、一座の時間を20分から30分へと延長していき、一座で一時間ほど瞑想を継続できるようになると素晴らしい。

これから一日にこの瞑想を三座から四座こなしていけば、一週間から二週間ほど経過するうちにあなたに成就の印が現れるでしょう。成就の印とは、瞑想により現れる心と身体の明確な変化のことを意味します。

たとえば、目の前の白いア字が光り輝き出したり、大きく膨張したりすることもあるでしょう。たとえば、涙や鼻水が出て止まらなくなったり、何十分でもまぶたが開いたままになったりすることもあるでしょう。

そして最終的には、あなたの両目がピタリと目の前の白いア字に釘付けになり動かなくなるという、成就の印が得られるはずです。あなたの両目が白いア字に釘付けになったとき、同時にあなたの意識も白いア字に釘付けになっているはずです。

あなたの意識が白いア字に釘付けになる成就の印が得られたら、あなたのラマに面会してさらに深遠な内容の教えを授けてもらいましょう。あなたのラマは経典の記述やラマ自身の体験に依拠しながら、あなたに心の姿に関する深遠な教えを伝授してくれるでしょう。

Q：このときにラマはどのような教えを授けてくれるのですか？
A：揺れ動くことなくカードに描かれた白いア字にあなたの意識を集中できるようになったら、それはあなたが生まれて初めて自分の意識を捉えることができたことを意味します。このとき、ラマはあなたに心の姿について次のような問いかけをしてくるでしょう。
「あなたの心はどんな姿や形をしていますか？　丸形ですか、四角形ですか？　心は大きいものですか、小さいものですか、どのような大きさをしていますか？　心はどんな色をしていますか？　青色ですか、白色ですか？」

ラマからこの課題をいただいたら、あなたは自分の修行場に戻り、さらに心を捉える瞑想を継続しながら、心がどんな姿や形をしているのか探求を始めましょう。白いア字を使用してあなたの意識の姿を捉えて、その捉えられたあなたの意識の姿を探求してみるのです。あなたの意識がどんな形をして、どんな色をして、どんな大きさをしているのか探ってみるのです。「意識や心とはこういう姿をしたものだ！」という自分なりの答えを見つけることができたら、再びラマのもとに戻って報告してみましょう。

ラマとあなたの間でおこなわれる心の姿にまつわるこの問答は、初心のゾクチェン修行者に課される一種の精神的なイニシエーションであり、ゾクチェン瞑想を続ける中で迎える一つのクライマックスです。ですから、ここではあえて私はその答えを明らかにしません。あなた自身と運命で結ばれたラマを見つけ出し、教えを授かり、瞑想を続け、ラマの心とあなたの心の間で繰り広げられるエキサイティングな心のぶつかり合いを心ゆくまで味わいましょう。

本然の境地に留まる瞑想

あなたの心の本当の姿を見つけ出すことができたら、いよいよ本格的にゾクチェン瞑想を開始する機が満ちたことを意味します。心を捉える瞑想の中で、あなたはカードに描かれた白いア字や卍に意識を集中させることに没頭してきました。

これからはカードなどの対象を使用せずに、心をむき出しにした状態、つまり心の本性に留まる瞑想を開始します。具体的な瞑想方法の概略は、以下の三段階のステップに分けて説明することができます。

（1）すでに述べた五要点座法で座り、思考のあとを追わない。（2）それでも、思考や雑念が湧いてくる。（3）その思考や雑念を知覚している意識がどこに存在するのか探してみる。

思考や雑念が湧いてきたとき、その思考や雑念を知覚しているあなたの意識がどこに存在するのか探してみても、それはあなたの身体の外側にも身体の内側にもどこにも存在しないことがわかるでしょう。その瞬間、思考も雑念も消え去り、同時にあなたの意識のありかを探していたあなたの意識も消え去るはずです。

この体験を言い換えると、対象も消滅し主体も消滅するのです。そしてこの瞬間、あなたの心が思考を離れ、むき出しになったのです。

対象が消え去り主体も消え去っても、あなたの心そのものが消滅したわけではありません。目の前の光景は見えますし、外から声や音も聞こえ続けています。それどころか、あなたの心がいつもより鮮明に働いているのが感じられるはずです。

対象を知覚していたいつもの意識活動が停止した後、今までとはまったく異なる心の働きが動き出したのです。そのとき、あなたは日常的な意識を離れ、心の本性を体験しているのです。

Q：日常的な意識と心の本性はどのように異なりますか？

A：日常的な意識は常に光や音や匂いといった対象を求め、対象を追い、対象の間をさまよいます。それは一時も休まず善悪を判断する分別に支配され、思考や雑念に覆われ汚された心です。

あなたが朝起きてから夜寝るまで、そして夢の中でも体験している意識で、その意識状態の中では主体と対象が二つに分離しています。高価なものや見た目が美しいものに魅了されたり、それらにより接近しようとしたり手に入れようとします。危険なものや見た目が醜いものを嫌悪し、それから一刻も早く離れようとします。

一方、心の本性は光や音や匂いといった対象を求めたり、その後を追ったり、対象の間をさまようことがありません。まったく善悪を判断する分別から解放されていて、むき出しになった清浄な心で、そこでは思考や雑念は晴れ渡っています。

心の本性はブッダの心そのもので、小さな虫から私たちのような人間や巨大なクジラまで、生きとし生けるものに最初から等しく宿っている心です。心の本性は最初から完成されているので、勉強したり努力したりしても向上することはありませんし、どんな苦しみや悲しみを受けても劣化することがありません。

心の本性は生まれる前からあなたの中に備わり、影のようにいつでもあなたとともにありますが、あなたは今まで心の本性に気づきませんでした。優れたラマに出会い、ゾクチェンの教えを授かり、実際にその瞑想を体験することによって初めて、あなたは心の本性に気づくのです。

心の本性の働きは、主体と対象という二元性の垣根を超えています。五感や思考の助けを得ずに、心そのものが光や音や匂いを認識しているのです。

思考を離れむき出しになった心のまま、あなたはなるべく長くこの状態に留まりましょう。思考を離れたむき出しの心こそ、ゾクチェンで説かれている心の本性であり、それはまたあなたや森羅万象の本当の姿なので、本然の境地という名前でも呼ばれています。これが本然の境地に留まる瞑想方法です。

今あなたを構成している意識と身体はいつか死を迎えて滅びてしまいます。一方で心の本性は、あなたが生まれる前からそこにあり、あなたに死が訪れた後も消滅することはありません。あなたがゾクチェンの教えに出会う前からあなたとともにありました。たとえあなたが生きている間にゾクチェンの教えに出会うことができなかったとしても、あなたとともにあるのです。

心の本性こそがあなたの本来の心の姿なのです。今まであなたは心の本性にまったく気づくことなく人生を過ごしてきました。ラマからゾクチェンの教えを伝授してもらうことによって、初めて心の本性に気づき、それがブッダの心そのものだと知ったのです。

しばらくの間、心の本性に留まることができたとしても、すぐに気がゆるみ集中力が低下すると、あっという間に思考や雑念が再出現し、心の本性を覆い尽くし隠してしまうでしょう。でもがっかりしないでください。もう一度その思考や雑念を知覚している自分の意識のありかを探してみることです。すると、思考や雑念とそれらを知覚していた意識が同時に消え去り、もう一度心がむき出しになった状態に戻るはずです。そうしたら、その状態のままになるべく長く留まり続けましょう。

この瞑想を何度も繰り返し、しばらく継続していくと、むき出しになった心をより明確に体験できたり認識できたりするようになるでしょう。とはいえ、まだあなたのその体験は不安定だし、むき出しになった心に対する認識も曇っていますから、自分の体験が本当に心の本性なのかどうか疑念を拭えず自信を持てないかもしれません。

そうした問題に直面したとき頼りにすべきなのが、あなたのラマなのです。あなたはラマのもとを訪問して、自分が体験したことや疑問点について質問してみるといいでしょう。ラマはご自身の瞑想体験をもとに、あなたが心の本性に到達できているかどうか判断してくれるはずです。そしてあなたにとって必要なアドバイスを与えてくれるはずです。

もしくは、ラマは部屋の書棚に収納されている『シャンシュン・ニェンギュ』の経典を大切そうに取り出し、広げて、その経典の記述内容と比較しながら、あなたの疑問を明確に晴らしてくれるはずです。こうしてあなたはラマの口伝という燈明で足元を照らしながら本然の境地に留まる瞑想を続け、一歩一歩心の本性を探求していくのです。

あなたの瞑想体験、ラマの口伝、『シャンシュン・ニェンギュ』の記述の三つを頼りの綱にして、まるで暗闇に閉ざされ迷路のように入り組んだ洞窟の奥底から外に出る出口を探し出すように、あなたは心の本性の姿について探求を進めたり確信を深めていったりするのです。

Q：心の本性を体験し、その姿について確信を得たらゾクチェン瞑想は終わりになるのでしょうか？

A：心の本性に到達し、その姿に確信を得たら、あとはその状態にどこまでも長く留まるようにします。心の本性を安定させるのです。

『シャンシュン・ニェンギュ』の経典には、「ひと仕事終えた人のように行為と努力から離れてリクパに留まりなさい」と説かれています。リクパというのは、思考から解放された心の本性に宿る智慧の働きのことです。

たとえば、あなたがしばし庭の雑草を抜く作業を続けた後で、小休止を取ることにしたとします。イスの背もたれに背を任せ、身体の全重量をイスにのせて深く座ります。夏ならば冷たい麦茶を、冬ならば温かいコーヒーを一口飲み込めば、ホッと一息つき心から安らかな気持ちになるでしょう。

あなたは心地よい疲労感に包まれながら全身の筋肉から力を解放して、頭の中はあらゆる煩わしい思考や雑念から解放されているはずです。あらゆる身体の行為、あらゆる言葉の行為、あらゆる意識の行為から離れて、完全にリラックスしているのです。これがひと仕事終えた人の状態なのです。ゾクチェン瞑想をするときには、ひと仕事終えた人のように、心身をリラックスさせながらどこまでもリクパに留まるのです。

瞑想中に発生する三種類の過失

心と身体を極限までリラックスさせることにより、あらゆる思考が晴れ渡り、心がむき出しになります。この状態にできるだけ長く留まり続けましょう。

実際にやってみればわかることですが、それは口で言うほど簡単なことではありません。すぐさま次の三種類の過失が発生して、あなたが心の本性に留まり続けることを妨害するからです。三種類の過失とは不活性状態、眠気状態、興奮状態のことです。これからこの三種類の過失について、概略を説明してみましょう。

不活性状態とは、別名、懈怠《けたい》とも呼ばれます。意識は次々に湧き上がる思考や雑念から解放されていますが、まるで全力で運動した後に疲れ果てたときのようにぼんやりしている状態のことです。意識の活動レベルが全体的に低下していて、あたかも意識が濃霧に包み込まれているようになります。ある種、意識がマヒしている状態だとも表現できます。とりあえず意識から思考や雑念が消え去っているので、この瞑想状態をよしと肯定する瞑想家もいるようです。

眠気状態とは、別名、昏沈《こんじん》とも呼ばれます。瞑想中に睡魔に襲われうつらうつら舟を漕ぎ始め、ついには居眠りを始めてしまう状態のことです。直前に述べた不活性状態におちいった後、しばらくして眠気状態に移行することも少なくありません。瞑想中の居眠りは思いのほか気持ちいいですが、寝てしまってはリクパが立ち現れることはありませんし、そもそも瞑想になりません。

興奮状態とは、別名、放逸《ほういつ》とも呼ばれます。思考や雑念が次々と湧き上がり手がつけられなくなる状態のことです。それは暴れ馬に手を焼くことにたとえることができます。

あなたは必死に湧いてくる思考や雑念を何とかして押さえつけようとしますが、躍起になればなるほど、あなたはますます思考や雑念に振り回されます。それは誤って絹の布の中に入り込んだカブトムシに似ています。カブトムシが絹の布の中から這い出そうとしてもがけばもがくほど、ますます絹の細い繊維にからまり、そこから抜け出せなくなります。

Q：どのようにしたら三種類の過失から回復することができますか？

A：三種類の過失から回復するために、いろいろな対処方法を試すことができます。一般的に多くの場合、不活性状態と眠気状態に対する対処方法は共通しています。

たとえば、濡れ雑巾から水を力いっぱい絞り出すようにして、精神力を奮い立たせ、もう一度瞑想に向き合うことです。あなたが二階建てや三階建ての家に住んでいるのならば、上の階や屋上で瞑想してみるのも効果的です。少し遠出して、丘や小山などの少し高い場所で瞑想するのも解決方法になります。冷たい水で顔を洗い、気持ちを引き締めるのも一つの方法です。

興奮状態におちいったときには、何より心を落ち着かせることが急務です。瞑想を一時的に中断して、外に出て新鮮な空気をあなたの肺一杯に吸い込んで深呼吸してみるといいでしょう。目の前にタピリツァの姿を観想してそこに意識を集中させることも、心を落ち着かせる効果があります。無常について思いを馳せることも効果的です。あなたの人生がいつか終わってしまう無常であることを思い出すことができれば、心を落ち着かせることができるはずです。

三種類の過失が発生する原因はさまざまで、それぞれに対する対処方法も異なるものがさまざまあります。あなた自身のラマはご自分の瞑想体験にもとづいたユニークな対処法を編み出していることでしょう。機会があったら、ラマに質問してみるといいでしょう。

どんな瞑想にも役立つ二つのテクニック

三種類の過失からの回復方法を身につけることにより、あなたはより安定して心の本性に留まることができるようになります。さらに瞑想を安定させるためのテクニックとして心を見守る方法があります。それは具体的には、正知《しょうち》と正念《しょうねん》の二つです。

正知はチベット語で「シェーシン」といい、常に心の状態を観察するテクニックです。正知は防犯カメラに似ているところがあります。あなたの家の入口に防犯カメラを設置したとします。その防犯カメラは雨の日も風の日も24時間いつでも入口の警戒に怠りません。誰か見知らぬ人があなたの家の入口にこっそり近づいて、敷地や屋内に侵入しようとしていたら、監視カメラは即座にその怪しい姿を捕捉して、大きな音で警戒音を鳴らしながらあなたに教えてくれます。

同様に、あなたは正知というテクニックを常に働かせながら、あなたの心の状態を一時も休むことなく監視を続けるのです。そうすれば不活性状態、眠気状態、興奮状態といった三種類の過失のどれかが発生したとしても、すぐさま正知が捕捉して、あなたに教えてくれるでしょう。そうしたら、それぞれの過失に応じた対処方法を適用して、あなたは速やかに心の本性を回復することができるでしょう。

正念はチベット語で「テンパ」といい、心をある一定の状態に置くことを思い出したり、その状態を保ち続けたりするためのテクニックです。たとえば瞑想中に次々に思考や雑念が湧いてきて抑えることができなくなったら、あなたの心が弛緩して心の本性から逸脱してしまった証拠です。

正知がそれを捕捉したら、すぐさまあなたは思考や雑念のあとを追うのをやめ、心の本性を思い出すことです。そうすれば、もう一度あなたの心は思考や雑念から離れてむき出しの状態を回復します。そのむき出しになった心こそが心の本性です。心の本性を思い出し、心の本性をいつまでも保持し続けるのが正念なのです。

あなたはこれから正知と正念という便利な二つのテクニックを常に駆使しながら、さらに深く安定して心の本性に留まり続けるのです。瞑想中に正知と正念を働かせ続けることができたら、いつなんどき不活性状態、眠気状態、興奮状態という三種類の過失が発生してあなたの瞑想を遮断しようとしても、あなたは速やかにそれに気づき、心の本性に戻っていけるようになります。

最終的にはそもそも三種類の過失があなたの心の中に顔をもたげることがなくなります。三種類の過失はゾクチェン瞑想のみならずどんな瞑想をしていても発生するし、正念と正知はあなたがどんな瞑想をしていても役に立つテクニックです。こうしてあなたのゾクチェン瞑想がますます安定してくると、さまざまな瞑想体験が現れてくるでしょう。

Q：ゾクチェン瞑想をしている中で、どのような瞑想体験が現れてくるのですか？
A：瞑想中に現れてくる体験のことをチベット語で「ニャム」と呼びます。一言で「ニャム」といっても、それにはさまざまなものがあります。
たとえば、身体が岩山のように固まり微塵も動かなくなる。目の前にさまざまな光の粒や紋様が姿を現す。背骨のあたりから熱が発生して、身体全体に拡散していく。どこからともなく意味不明な声や聞き惚れるほど妙《たえ》なる調べの音楽が聞こえてくる。
原因もなく突然に不可解な幸福感に包まれる。妙にイライラしたり焦燥感に駆られたりして、気持ちを抑えきれなくなる。長時間、五要点座法で床の上に座っていても手足が痛くならないなどなど。

こうした瞑想体験が現れてきたとしても、その体験自体にはこれといって特別な意味はありませんから、とらわれないようにしましょう。次は今から20年以上も昔に、私がネパールでゾクチェン瞑想の修行をしていた頃にある人から聞いた話です。

インドで何年も瞑想修行に没頭していた西洋人がいたそうです。ある日、この人は瞑想中に自分の前世が北京に住む中国人だったというインスピレーションを感得しました。この直観をその人は心底信じて、すぐさま瞑想修行を切り上げてそのままインドの首都デリーにある国際空港から飛行機に飛び乗って北京に旅立ったそうです。

北京に到着したものの、何かその人の人生を新しい世界に導いてくれるような奇跡的な出来事が起きたわけでもなければ、前世からの深い縁がある人との出会いがあったわけでもありませんでした。結局、時間と費用を無駄にしただけだったとのことです。これは瞑想中の直観を盲信し、瞑想体験に振り回されてしまった悪い例だといえます。

自発的完成性の悟り

ゾクチェン瞑想を続けているあなたがこの段階で体験すべきことは、あなたの心と外界を隔てている垣根が消滅してしまうことです。それは内界と外界が一つに融合する体験と言い換えることもできます。この状態のことを「界」といいます。

あなたが雲一つない広々とした青空に向かってゾクチェン瞑想していたとします。それは、あなたの心と目前の青空との間にあった垣根が消え去り、どちらが心で、どちらが青空か区別がつかなくなる体験です。青空を流れる雲も、青空に浮かぶ真昼の白い月も、あなたの心と区別がつかなくなるのです。足元の小さな虫も、風にそよぐ森も、目の前を横切るつばめも、彼方にそびえる富士山も、あなたの頭上どこまでも広がる宇宙も、あなた自身と区別がなくなるのです。

この体験からあなたは、あなたの心の本性と森羅万象（あらゆる存在）が本質的にまったく同じものだという洞察を獲得するはずです。これはゾクチェンが最終的に目指す自発的完成性（ルンドゥプ）という悟りの入口にあたる体験で、前に述べた「ニャム」のような瞑想体験とは別格のものです。

森羅万象の本性（存在の本性）は心の本性そのものですから、この段階にあなたが到達したら、心の本性や存在の本性という言葉よりも、本然の境地という言葉を使用する方がよりあなたの体験に合致していると感じられてくるでしょう。本然の境地という言葉は、心と森羅万象を含むありとあらゆるものの本来の姿を表現している言葉です。この言葉は一口に、ゾクチェン的な真理を意味している言葉だといっても過言ではありません。

行為あるいは日常生活

心と外界を分離していた垣根が消滅するのをあなたが体験したとしても、それでゾクチェン瞑想の終着駅に到着したわけではありません。これから先もあなたは瞑想を継続していく必要があります。あなたが瞑想をすればするほど、心が安定してむき出しのままであり続ける時間がますます延長していくはずです。

一座一座の瞑想を終えた後でも、心と外界を分離していた垣根は元通りに実体化することなくフワフワと曖昧になり続け、その不思議な感覚は次第に日常生活の中に染み渡っていきます。瞑想中の感覚と、瞑想していないときの感覚を分離していた垣根がだんだん曖昧になっていくのです。

瞑想していた時間から離れてごく普通に歩いているときにも自動的に正知が働き、あなたが今思考のあとを追っていることに気づけるようになるでしょう。同時に自動的に正念が働きだし、思考のあとを追うのを止めようとします。

そうしてあなたはむき出しの心を回復し、心をむき出しにしたまま歩き続けることができるようになるでしょう。大通りに面したおしゃれなカフェでシアトル系コーヒーと新作のスイーツを楽しみながら友人と気ままなおしゃべりをしているときにも、自動的に正知と正念が働きだして、あなたは心の本性に留まりながらおしゃべりし続けることができるようになっていくでしょう。

このように床の上に座って瞑想をしているわけでもない日常生活の一コマの中で、心の本性とあらゆる行為の垣根が消滅したり、悟りと日常生活が一つに融合していったりすることを少しずつ体験していくでしょう。もちろん、これは簡単なことではありませんが、あなたがもしも中級レベル以上のゾクチェン修行者に成長していたのならば少しずつ実現していけるはずです。

はじめのうちは、ほんの数秒間だけしか心の本性とさまざまな行為を融合することはできないでしょう。繰り返し正知と正念を適用し続けていけば、数秒が数十秒に、一分が十分にと、その時間は自動的に延長していきます。最終的には正知と正念が働き始める前に、心をむき出しにし続け、いつまでも心の本性と日常生活を融合し続けることができるようにしましょう。

得られる結果

これまであなたは朝に夕に時間が許す限りゾクチェン瞑想に時間を割いてきたことでしょう。これまであなたがたどってきたゾクチェン瞑想の道のりを、大海原に向かって小舟で漕ぎ出した航路にたとえてみましょう。

あなたが加行に取り組み始めたことは、波一つ立たない穏やかな内海の奥まった岸辺から小舟に乗り込み漕ぎ出したことにたとえることができます。このとき、あなたは加行の実践を通じて帰依や慈悲といった基礎的な知識と素養を養ってきました。

本格的なゾクチェン瞑想を開始したときのことは、穏やかな内海を抜けて外洋に出ていったことにたとえることができます。外洋の大海原では高くうねる大波や速い潮の流れに小舟がもてあそばれるように、あなたの瞑想は不活性状態と眠気状態と興奮状態といった三種類の過失に翻弄され続けたことでしょう。

そうしたときどきに、羅針盤が暗礁を避け小舟を目的地へと導いてくれるように、ラマによる口伝の教えと正知と正念があなたを心の本性へと導いてくれました。そうして今あなたがたどり着いた瞑想の境地は、見渡す限り広がる大海原のどこかに隠された伝説の黄金の島にたとえることができます。

美しい光を放つ黄金はこの世界中で、希少かつとても価値の高いもの。黄金は道端に転がっているわけではありませんし、黄金を手に入れるためには多大な労力や時間を犠牲にしなければなりません。しかし、長く険しい航海の先にあなたがたどり着いた黄金の島に上陸してみると、そこは何もかも黄金からできていたのです。土も岩も黄金ですし、草木やそこに生息する鳥や昆虫もすべて黄金でできています。

このたとえが示すように、あなたが長い瞑想修行の果てにたどり着いた心の本性の境地にいるとき、見慣れた世界はその様相を一変させます。森羅万象はあますことなく実体のない光の幻に変容するのです。その光の幻は、あなたの心の本性から立ち現れてきたブッダの智慧そのものなのです。

Q：森羅万象がブッダの智慧だということですが、具体的にはどんなものを指すのでしょうか？
A：森羅万象とはありとあらゆるものを指します。今まであなたの瞑想を邪魔してきた怒り、貪り、愚かさ、自尊心、嫉妬心という煩悩五毒。善い思考、悪い思考、雑念。あなたが長い間ひとりぼっちで背負ってきた苦しみや悲しみ。

お皿の上のパンケーキ、小学校の卒業アルバム、購入したばかりのヨガマット。道端に咲く花、青空を流れる雲。深い森、都会の摩天楼、夜空に輝く星々。時間と空間。そして、あなたの意識と身体。ブッダの智慧でないものなど何一つないのです。

あなたが心の本性に留まり続けている間、森羅万象は実体を失います。森羅万象はあなたの心の本性から放射された光の幻や光の戯《たわむ》れへと変容していくのです。あなたが執着していた財産や長寿や人間関係も実体のない光の幻に変容していきます。

ですから、もうあなたは何かに執着したり、何かを望んだりすることが必要なくなります。あなたを恐怖や不安に陥れていた貧困や孤独や病気も実体のない光の幻に変容していきます。ですから、もうあなたは何かを恐れたり心配したりすることが必要なくなるのです。そして、あなたがこれまで何度も生まれ変わりを繰り返してきた中で蓄積してきたあらゆるカルマの痕跡も実体のない光の幻に変容していきます。

つまり、あらゆるカルマの痕跡が根こそぎ浄化されていくのです。お守りやパワーストーンなどに頼ることもなく、浄化の儀式をすることもなく、マントラや陀羅尼《だらに》(ブッダの加持が込められた比較的長い秘密の言葉)を唱えることもなく、あらゆるカルマが自発的に浄化されていく。それがゾクチェンの浄化スタイルなのです。

悟りと死

死は誰一人逃れることができない決定済みの未来です。それがいつどのような原因によってもたらされるのかは誰にもわかりませんが、ゾクチェン瞑想に励んできたあなたにも必ずいつか死が訪れます。ゾクチェン修行者だからといって死を免れることはできないのです。

大部分の人々は、死を恐れ、死について考えることを避けて人生を送っています。何も死についての知識を持ち合わせず、気がついたときには死の瞬間を迎えることになるのです。それは素手でクマやライオンのような猛獣に挑むようなもの。何一つ手立てなく、死の暴力に屈服させられる他に方法がありません。

生前、あなたがゾクチェンの伝授を十分に受け、ゾクチェン瞑想に慣れ親しんでいた場合には、別の可能性の扉が開かれます。死は無残な敗北ではなくなり、死は大いなる自由を手に入れる祝福の瞬間に変わるのです。

死の瞬間を迎えるとき、あなたが生前どれくらいゾクチェン瞑想に励んできたのか、どれくらい安定して心の本性に留まる能力を手に入れているかによって、あなたが体験する死の姿は変わります。ゾクチェン修行者が体験する死のプロセスは、次の三種類に分けることができます。

第一レベル。あなたが抜群に優れたゾクチェン修行者で、心の本性に留まる能力を極限まで磨き上げることに成功していた場合、生きた姿のままあなたの心身は光に溶解していき、そのまま完全な自由を手に入れてブッダになります。つまり死を体験することがないのです。このレベルの成就は「大いなる転移」と呼ばれています。

その後、あなたの心の本性から光でできた虹の身体が自発的に立ち現れてくるでしょう。虹の身体は物質的なありきたりの身体とは異なり、あらゆる物質性やカルマの穢れから完全に解放されていますから、時間や空間や次元に制約されることがありません。

あなたは望むままの姿で生まれ変わる時代や世界を選ぶことができますし、いくらでも苦しみや悲しみにまみれた他の生きとし生けるものを救うために働くことができるのです。これはタピリツァたちが到達した境地で、本当にまれにしか起きない成就です。

第二レベル。あなたが中間レベルのゾクチェン修行者だった場合、死が訪れたときに、あなたの身体に目に見えて大きな変化が発生します。最後の息を引き取った後、一週間ほどかけてあなたの亡骸《なきがら》が子供くらいの大きさまで縮小していきます。亡骸がどのくらいの大きさまで縮小していくのかは、あなたが生前に打ち込んできた瞑想修行の成就の高低やさまざまな要因によって異なります。

なかには、亡骸が完全に消え去り、髪の毛と両手足の爪だけが残される場合もあるでしょう。この現象も虹の身体と呼ばれます。あなたのカルマは完全に浄化され、あなたはブッダになるのです。信じがたい現象ですが、死後ゾクチェン修行者の身体が縮小したり、場合によっては消滅したりする現象は、現在でもチベット人社会でたびたび報告されています。

第三レベル。あなたが生前ゾクチェン瞑想を続けていたとしても、仕事や家庭に追われ十分に瞑想することができず、望むような心の成就が得られないケースもあるでしょう。その場合、あなたは他の普通の人が体験するような一般的な死のプロセスをたどることになります。

きっとあなたは、事故か病気か老衰のために病院のベッドに横たわっていることでしょう。目の前の風景がだんだんと曖昧になり、人の声や物音がだんだん遠くに感じられます。あなたの意識から、地の元素、水の元素、火の元素、風の元素といった四大元素が次々に分離するプロセスが始まります。

あなたの意識から地の元素が分離すると、身体がとても重く感じるようになります。あなたの意識から水の元素が分離すると、口や鼻や目から体液が流出します。あなたの意識から火の元素が分離すると、身体の芯まで冷たく感じるでしょう。あなたの意識から風の元素が分離すると身体の中から不思議な音がするでしょう。

こうしたプロセスが完了した後、あなたは三回、力の抜けた長い息を吐き出します。こうしてあなたは肉体的な死を迎えるのです。

Q：死んだ後はどうなりますか？

A：第一レベルの境地にあなたが到達していた場合には、すでに述べたように、死を体験することなく虹の身体のブッダになることができます。第二レベルの境地にあなたが到達していた場合には、死を迎えたとき、身体が収縮するプロセスを経て虹の身体のブッダになることができます。

あなたの能力が第三レベルだった場合には、生前まったくゾクチェンの教えに関わることがなかった普通の人と同様に、バルドのプロセスに突入していきます。バルドとはチベット語の言葉で本来、中間を意味します。高度な密教やゾクチェンの教えの中では、バルドという言葉は死から生まれ変わりまでの中間の時間やプロセスを意味します。

あなたは「普通の人と同じように普通に死んでいくのならば、生前にわざわざ時間を割いてゾクチェンの教えを学んだり瞑想したりしても、それは無駄なことで意味がないのではないか」と思うかもしれません。しかし、心配する必要はありません。生前ゾクチェン瞑想を通じて養ってきた智慧や心の本性との親和力は、バルドの中でこそ遺憾なくあなたの役に立つからです。

Q：前世は本当にあるのですか？

A：あなたが住んでいる21世紀の日本では科学や技術が目覚ましく発達しているために、前世は迷信であり、死んだらそれですべてが終わりだと信じている人の方が多数を占めています。しかし、前世はやはりあると考えることができます。

前世があるかどうか、意外にも簡単に知ることができます。その秘密は、あなたが生まれたときの境遇の中に隠されています。

あなたが生まれてきたときの境遇について考えてみてください。誕生も人生も人それぞれ、誰一人として同じ誕生や人生をたどることはありません。人の数だけ、生まれてきたときの幸せな境遇と、恵まれなかった境遇があります。

あなたが生まれてきたときは、どんな境遇でしたか？　あなたが幸福に恵まれた家庭に生まれたのならば、それは偶然ではなく、その原因はどこかにあるはずです。あなたが幸福に恵まれていない家庭に生まれたのならば、それも偶然ではなく、その原因はどこかにあるはずです。

自分の努力では、どんな家庭に生まれるのか選択することはできません。ですから、原因は前世にあると考えた方が理にかなっているのです。同様に、あなたが健康的な身体に生まれてきた原因も、あなたが高身長に生まれてきた原因も、あなたが高い身体能力を持って生まれてきた原因も、偶然ではなく前世にあると考えられるのです。

あなたが信頼している科学や技術の理論では、合理性や一貫性が重要視されます。あなたが生まれてきたときの境遇について科学的または技術的に考察すれば、前世は必ず存在しますし、同様に来世も存在すると考えた方が客観的かつ合理的に正しいはずです。

バルドの教え

あなたが死を迎えたとしても、それですべてが終わりだというわけではありません。夕方太陽が西空に沈んで消えたとしても、翌朝太陽が再び東の空から昇って現れてくるように、あなたは死んでも次の世界に生まれ変わるのです。まるで使い古して擦り切れた古い洋服を脱ぎ捨て、下ろしたての真新しい服を身体に着用するように、あなたは死を迎えたときに今生で使い慣れていた身体から離れ、できたての新しい身体を手に入れるのです。

バルドとは、死んでから新しい生命体として生まれ変わるまでの期間やそのプロセスを意味します。日本語では中有《ちゅうう》や中陰《ちゅういん》と呼ばれていて、一般的にバルドは約49日間継続するといわれています。あなたもきっと49日という言葉をお葬式や法要などで耳にしたことがあることでしょう。バルドとは49日のことなのです。

ボン教の教えの中では一般的に、死から生まれ変わりまでのプロセスのことをバルドといいますが、このバルドはさらに数種類の小さなバルドから構成されていて、それぞれのバルドの中であなたは異なる体験を通過していきます。

ゾクチェンの教えによれば、バルドの中であなたを待ち受けている体験はどれも、音と光と光線の三種類の要素から構成されています。バルドが何種類あるのかは各経典の記述によって多少の差異がありますが、そこで説かれているプロセスや体験内容は概ね同じと考えることができます。

これからゾクチェン瞑想の実践的な観点から、「死のバルド」と「心の本性のバルド」と「生まれ変わりのバルド」の三つについて概説していくことにしましょう。

「死のバルド」

生きている人が身体的な死を完了するまでのプロセスを、「死のバルド」と呼びます。身体的な死が訪れると、あなたの意識から四大元素が次々と分離していき、あなたは死の床で最後に力の抜けた長い息を三回吐き出します。

すると、父親から譲り受けた精液の滴《しずく》が身体の中央を走る目に見えない中央脈管《みゃっかん》の上部から胸のところに降下して、母親から譲り受けた血の滴が中央脈管の底部から胸のところまで上昇します。二つの滴が中央脈管の中で一つに融合すると、あなたの意識は炭のような真っ暗闇に包まれ、あなたは意識不明におちいります。

「心の本性のバルド」

それからしばらく経過して目が覚めたとき、雨後に晴れて輝く青空のようなむき出しの心にあなたは出会うでしょう。その心こそゾクチェンの教えで説かれている心の本性であり、ブッダの心なのです。このときに生前に伝授してもらったゾクチェンの教えや、打ち込んだゾクチェン瞑想を思い出しなさい。そして、心の本性に留まり続けるのです。心の本性に留まり続けることができたら、あなたは完全な虹の身体の悟りを手に入れることができるでしょう。

一方、生前、ゾクチェンの教えを授かる機会に恵まれたかった人の場合には、むき出しになった心がブッダの心そのものだと認識することができません。心がむき出しになっても、単なる意識不明状態を体験するだけで、大いなる自由や解脱を手に入れるまたとない貴重なチャンスを逃すことになります。このように死後、心の本性が自発的に現れるプロセスのことを、「心の本性のバルド」と呼びます。

「心の本性のバルド」でむき出しになった心の正体を見極めることもできず、心の本性に留まり続けることもできなかった場合には、あなたの目の前に音と光と光線から構成されたさまざまな幻が顕現し始めるでしょう。真っ白なスクリーン上に赤緑青の三原色の光が絶妙な割合で投影されれば、どんな色でもそこに出現するように、あなたの目の前に前触れもなく音と光と光線が顕現して、そこから千差万別の体験が生み出されます。

今まで聞いたこともないほど恍惚《こうこつ》とする、まるで天上の音楽のような神秘的な響きが聞こえてくるでしょう。視界に収まらないほど大きなブッダの姿や、数えきれないほどの本尊（イダム）や菩薩の一群や、細密な構造と色彩を持つマンダラの幻が見えてくるでしょう。直線やジグザグした線、円形や半円、格子状などさまざまな形状の光線があなたの視界を横切るでしょう。

このとき、音と光と光線があなたの心の外側から顕現してきたものだと誤認すると、あなたは恐怖から怯えて逃げ出したり、執着してその顕現の後を追ったりしてしまいます。そうして最終的には苦しみと悲しみに満ちた輪廻の世界に舞い戻ってくることになります。

一方で、このときあなたがゾクチェンの教えと瞑想を思い出すことができたのならば、音と光と光線があなたの心の中から顕現してきた光の幻だと見極めることができます。そして心の本性に留まることにより、六道輪廻の世界におちいる扉が閉じられ、ブッダの解脱を遂げる可能性があなたに開かれます。

「生まれ変わりのバルド」

「心の本性のバルド」でも心の本性を悟るチャンスを逃し、解脱するための門が閉じられてしまった場合には、あなたは否応なく次の「生まれ変わりのバルド」のプロセスへと押し流されていきます。あなたが「生まれ変わりのバルド」のプロセスに突入すると、あなたが次に生まれ変わる世界の幻が鈍い光を放ちながら顕現してきます。

旅人が強風や熱風に煽られて思わぬ方向に進んでしまうように、あなたははるか昔の数えきれないほどの前世から蓄積してきたカルマの力に追い立てられたり、いずれかの幻から発せられる甘美な魅力に我を忘れ引き寄せられたりして輪廻の世界に舞い戻り、次の世界に生まれ変わらなければならなくなります。

もしもあなたが「生まれ変わりのバルド」の中でゾクチェンの教えや心の本性を思い出すことができれば、六道輪廻のどの世界に生まれ変わるのか、そして生まれ変わる世界や国やその境遇を選択することができます。再び人間の世界に生まれ変わり、資格を備えたラマに出会い、ゾクチェンの教えの習得や瞑想を再開することができる有暇具足に恵まれた人生を得ることが可能なのです。

Q：「生まれ変わりのバルド」を通過したあと、次にどのような世界に生まれ変わるのでしょうか？

A：不運にもあなたがバルドの中で心の本性を悟ることができなかった場合に生まれ変わる先は、天使がラッパを吹いて迎えてくれる天国でもなければ、ピュアで大楽に満たされたブッダの世界でも浄土でもありません。終わりなき苦しみと悲しみに満ちた地獄界か餓鬼界か動物界か人間界か阿修羅界か天界の六道輪廻の世界なのです。

あなたの心の中に蓄積された悪いカルマの力がより強く影響した場合には、地獄界か餓鬼界か動物界といった三悪趣《さんあくしゅ》の世界に生まれ変わらなければなりません。善いカルマの力がより強く影響した場合には、人間界や阿修羅界や天界といった三善趣の世界に生まれ変わることができます。

苦しみと悲しみにまみれた輪廻には六道という六種類の世界があり、その中でも三悪趣は耐えられないほど苦しく辛い境遇や運命が待ち受けている世界です。

一方、三善趣は比較的に幸せや平安に恵まれた境遇を享受することができる世界です。三悪趣と比較すると三善趣の方が圧倒的に快適で恵まれた世界なのですが、決して何もかも欠けることのない完全な幸福に満たされた世界というわけではありません。たとえば、あなたが六道の中で最も満ち足りた天界に生まれ変わることができたとしても、あなたはやはりカルマの影響力から逃れることはできません。あなたは天界で人間の一生とは比較にならないほどの長寿を楽しんだとしても、その寿命はやはりカルマによって限界づけられていて、いつか終わりを告げるからです。

天界にすら永遠に続く不動の幸福など存在しないのです。天界に生まれ変わったがためにかえって、あなたは膨大な善いカルマの在庫を食いつぶしてしまっていますから、あなたの心の中にはもう悪いカルマの在庫だけしか残されていません。天界での寿命が尽きたあと、三悪趣の世界に一直線に落ちてしまう運命なのです。

ポワの教え

あなたが熟練のゾクチェン修行者だとしたら、死が訪れた際に何をなすべきかという知識と技術をすでに身につけ、それを実行する能力も十分持ち合わせているはずです。死の瞬間が不意にあなたに訪れたとしても、不安を感じることなくゆったりとした気持ちで死と向き合うことができるでしょう。

しかし、そうしたケースはごくまれ。気がつくと仕事や家庭や趣味にばかり貴重な人生の時間を費やしてしまい、十分にゾクチェンの教えを伝授してもらう機会に恵まれず、満足するほどゾクチェン瞑想に没頭することができなかった人生になる場合もあるでしょう。そんな場合には、まるで夏休みの宿題にまったく手をつけずに、毎日プールでの水遊びやビデオゲーム三昧を楽しんだ後、夏休みの最後の日を迎えた小学生のように、みじめで悲しい気持ちに襲われることでしょう。でも、あきらめたり悲観したりする必要はありません。ポワの教えを頼りにしなさい。

生きている間にラマからポワの教えを伝授してもらいなさい。無残にも死の餌食になる運命に怯えながら残りの人生を送らずに済むだけでなく、ポワ瞑想には最も過酷な運命である死の訪れを幸運なチャンスに逆転させるほどの可能性とパワーが秘められているからです。

ポワは本来チベット語で「移動」や「転移」を意味する言葉です。ボン教に伝承されるポワの教えといったときには、臨終のときに死にゆく者が自分の意識の行き先をコントロールする特殊なメソッドのことを意味します。

日本語では通常ポワは「意識の転移」と翻訳されています。ゾクチェン瞑想のように、今あなたが体験している二元性の心をむき出しにして、二元性を超越した心の本性に揺るぎなく留まり続けることができるようになるためには長い期間に渡る訓練が必要となります。

ボン教に伝わる密教の瞑想のように、本尊の姿やマンダラをつぶさに思い浮かべながら、体内に埋まっている目に見えない脈管やチャクラなどに生命エネルギーを循環させる瞑想を完成させるためには、さらに膨大な時間がかかります。

一方で、ポワの教えはとてもシンプルで、誰にでも取り組める瞑想です。ポワ瞑想ならば、まったく瞑想をしたことがないような人でも、自力で自分の意識をより善い境遇に導くことができるのです。あなたにラマや三宝に対する深い信心があれば、ボン教のポワ瞑想だけでブッダの世界に生まれ変わることさえも夢ではないといわれます。かつてのチベットでは、僧侶や尼僧だけでなく一般の人々、それも文字も読めないような年配の方々でさえ、ラマの口頭からポワの教えを授かり、ポワ瞑想に励んでいました。

21世紀の現在でも、チベットのみならず世界中にいるたくさんのボン教仲間たちがラマからポワの教えを伝授してもらい、ポワ瞑想を心の拠り所にしています。一番いいのは加行を満了し、生きている間にゾクチェン瞑想を継続し続けることですが、それが難しい場合には、せめてポワ瞑想だけでも習得することです。あなたにもぜひポワ瞑想を習得してほしいと、私は思っています。

虹の天蓋のポワ

ボン教には数多くのポワ瞑想の教えが伝承されています。その中でも今日最もポピュラーなのが、「虹の天蓋《てんがい》のポワ」です。この教えは19世紀に第22代目のメンリ僧院長シェーラプ・ゴンギャルの目の前に、シェーラプ・ギャルツェンがビジョンとして出現したことから始まりました。

メンリ僧院というのはボン教の教えを伝承する重要な拠点の一つで、今でも中央チベットに存続していますが、中国共産党の人民解放軍のチベット侵攻に伴い、現在その主要な機能は北インドのヒマーチャルプラデッシュ州に移設されています。ヨンジン・リンポチェは、メンリ僧院の学頭ラマ（教育最高責任者）を長らく務められました。私は主にヨンジン・リンポチェからメンリ僧院に伝承されていたボン教の瞑想を伝授していただきましたから、私が日本であなたに伝授しているボン教の教えや瞑想も、メンリ僧院の系譜の中で伝承されてきたものばかりで、どれも長い歴史を持ち、由緒正しきものなのです。

シェーラプ・ギャルツェンは14世紀に活躍したボン教の卓越したラマで、かつてボン教の中心的な拠点だったイェルエンサカ僧院の僧院長でした。イェルエンサカ僧院が洪水で破壊された後、シェーラブ・ギャルツェンは再度洪水に襲われないようにより高い丘に新たにメンリ僧院を創建し、初代メンリ僧院長に就任しました。

シェーラプ・ギャルツェンは顕教と密教とゾクチェンを含むあらゆるボン教の教えに精通していたので、すべてのボン教仲間から敬意と親しみを込めて「ニャムメ」とも呼ばれています。「ニャムメ」とは「誰も比べることができない人物」や、「比類なき人物」といった意味です。

シェーラプ・ゴンギャルの目の前にビジョンとして現れたシェーラプ・ギャルツェンは、彼に向かって次のように語りかけました。

「私の最良の息子よ、良家の子よ。ラ氏族の高貴なシェーラプ・ゴンギャルという名のあなたよ。ポワ瞑想ならば、このように修行しなさい」

こうして、「虹の天蓋のポワ」の教えとその瞑想方法がシェーラプ・ゴンギャルに伝授され、地上にもたらされたと言い伝えられています。

あなたが「虹の天蓋のポワ」の教えと瞑想方法を習得するためには、まず正統的なボン教のラマと出会う必要があります。ラマからひと通りのポワ瞑想の教えを伝授してもらったら、それで満足せずに、何はともあれ実際にポワ瞑想を試してみることです。

もしもあなたが初めてポワ瞑想を修行する場合には、一人だけで瞑想せずに、なるべくたくさんの人々と一緒に瞑想した方がよりよい結果が得られるでしょう。できれば、あなたのポワ瞑想仲間の中に一人でもゾクチェン瞑想に熟達したラマや修行者がいるとさらによいでしょう。

「虹の天蓋のポワ」の瞑想をするときには、あなたの身体の中に目に見えない三本の脈管を観想してください。これはチューブや金属管のようなありふれた管ではなく、物質性から離れ光からできたピュアな管だと思い浮かべましょう。

あなたの頭上には、法身《ほっしん》クンツ・サンポ、報身《ほうじん》マウィ・センケ（文殊如来）、応身《おうじん》シェーラプ・ギャルツェンの三尊がまばゆいばかりの光を放ちながら垂直に並んで浮かんでいる姿を思い浮かべましょう。イメージの中で、あなたの意識のエッセンスを胸中に凝縮することができたら、「ペッ」という伝統的なチベットの掛け声とともにあなたの意識のエッセンスを頭頂から虚空に浮かんでいる法身、報身、応身に向けて力強く放出するのです。

この「虹の天蓋のポワ」を数日間修行し続けると、あなたの頭頂のあたりがムズムズかゆく感じたりするはずです。かゆくても、手でこすったりかいたりしないで我慢しましょう。そこからさらにこの修行を続けていき、一週間から二週間ほど経過すると、あなたの頭頂の皮膚が小さく盛り上がったり、小さな穴が開いていたりするのがはっきりと目に見えるようになります。

そうしたらなるべく頭頂のあたりは手で触らないようにして、「虹の天蓋のポワ」を伝授してくれたラマのところに出向きましょう。ラマの前で五体投地のご挨拶を三回した後に腰を低くして、胸の前で合掌しながら恭《うやうや》しく頭を下げてあなたの頭頂をラマの方に向けて、あなたのポワ瞑想が実を結んでいるのかどうかラマに確認してもらうのです。

そうしたらラマはあなたの頭髪をかきわけながら、頭頂の皮膚の状態を確認してくれるはずです。首尾よくポワ瞑想が成就して、あなたの頭頂の皮膚が変化しているのを目視できたら、ラマはクシャ草（吉祥草）という細長い草を取り出して、その茎をあなたの頭頂にやさしく差し込んでくれるでしょう。

頭頂にクシャ草の茎を差し込まれても、あなたは痛みを感じることはありません。微風《そよかぜ》がそよぎ、あなたの頭上でクシャ草が揺れると、少しくすぐったいような感覚になることはあるでしょう。あなたがポワ瞑想の初心者ならば、頭頂の皮膚の変化が見つかりにくいことや、なかなかクシャ草の茎が頭頂に刺さりにくいことや、刺さってもすぐに地上に落ちてしまうこともあります。

しかし、心配しないでください。毎年あなたがポワ瞑想の伝授会や修行会に参加し、ポワ瞑想に慣れて上達したら、いつかポワ瞑想の成就の印が現れ、クシャ草があなたの頭頂に刺さるはずです。もしもあなたがゾクチェン瞑想の達人になっていた場合には、成就の印がよりはっきりと表れます。あなたはクシャ草の茎を頭頂に刺したままで何度も五体投地をすることもできますし、グラウンドを走り回ったりすることもできます。激しい運動をしてもクシャ草はあなたの頭頂から落ちることなく、いつまでもあなたの頭頂から青空に向かって真っすぐに伸び続けているのです。

一週間から二週間ほど集中して修行すれば、誰でも「虹の天蓋のポワ」の瞑想をマスターすることができます。ポワ瞑想はいわば、生前にこなしておくべき心安らぐ死のレッスン。チベット式終活なのです。

このレッスンの本番は、あなたがいつか死を迎えるとき。あなたに死が訪れたとき、あなたは三回、力の抜けた長い息を吐き出します。それこそがあなたに死が訪れた真実の兆候なのです。身体中から力が抜け去り、意識が朦朧《もうろう》とする中でも、この瞬間を逃すことなく、力の限りを尽くして、あなたの意識のエッセンスをブッダの心に向けて放出しなさい！

Q：死が訪れた本番で「虹の天蓋のポワ」を首尾よく実践できたとき、どんな未来を期待することができるのでしょうか？

A：本番で「虹の天蓋のポワ」が上手くいった場合、そのときどきの条件や環境、あなたの信心や慈悲の深さ、生前にあなたがどれだけポワ瞑想に熟達していたかによって、得られる効果や結果は異なります。幸運にも首尾よくいった場合の結果は三身のポワの成就、つまり法身のポワの成就、報身のポワの成就、応身のポワの成就の三種類に分類して説明することができます。

一番目によい結果は、法身のポワの成就と呼ばれます。この場合にはあなたの意識は法身の仏国土《ぶっこくど》に到達します。あなたはブッダになり完全な解脱を遂げるのです。

二番目によい結果は、報身のポワの成就と呼ばれます。この場合にはあなたの意識は報身の浄土に到達します。報身の浄土とは、シェンラ・ウカル（ボン教のブッダの一人）やツェワン・リクジン（ボン教の成就者。テンパ・ナムカの息子）やテンパ・ナムカ（ボン教の成就者）や数多の本尊（イダム）が主宰するそれぞれの浄土を意味します。あなたはその中のいずれかの浄土に生まれ変わり、そこで心を完成させブッダになるための修行を続けるのです。

三番目によい結果は、応身のポワの成就と呼ばれます。この場合にはあなたの意識は応身の浄土に生まれ変わります。応身の浄土とは、浄土といってもブッダの住む浄土のことではありません。六道輪廻の中でも次のような恵まれた境遇を得て生まれ変わることなのです。

それは、快適で住みやすく幸福に恵まれた土地に生まれ変わること。功徳を積むことを習慣としている立派な一族の間に生まれ変わること。何不自由なく暮らしていけるほど経済的に豊かな両親のもとに生まれ変わること。極端な苦しみのない天界、阿修羅界、人間界という三善趣の境遇に生まれ変わること。『シャンシュン・ニェンギュ』をはじめとするブッダの教えを説くラマがいる場所に生まれ変わること。

ラマに施してもらうポワ

ポワの教えを説くラマに出会う前に、もしもあなたが病床に就いてしまったときには、ポワの教えをラマから伝授してもらうことも、ポワ瞑想の訓練をすることも極めて困難になります。また、生前にポワ瞑想を伝授してもらい、訓練をしていたとしても、安定した成就を得るほどポワ瞑想に熟達できなかった場合もあります。

そうすると、やるべきときにやるべきことをできるかどうか、不安を拭えなくなるし、心配が残ります。そうした場合には、生前に縁のあるラマや瞑想の達人に依頼しておいて、あなたのために外側からポワを施してもらうといいでしょう。それが他人に施すポワです。

あなた自身や愛する家族が息を引き取ったら、あなたと縁があるラマに連絡し、ポワを施してくれるようにお願いするのです。そうすると慈悲深いラマは外側から死者の意識に働きかけ、死者の意識に法身のポワの成就、報身のポワの成就、応身のポワの成就のいずれかをもたらしてくれるでしょう。

ラマが施すポワの力により、死者はより恵まれた生まれ変わりを得ることができます。たとえば、本来は悪しきカルマの力によりヤク（チベットに棲息する毛長の水牛）に生まれ変わるべき運命だったところを、ヤクより恵まれた境遇の人間に生まれ変わる運命に変えてくれるのです。

瞑想の達人、特にポワ瞑想に長けたラマや修行者が死者にポワを施してくれたら、その死者は間違いなく地獄界や餓鬼界や動物界といった三悪趣に生まれ落ちる運命から逃れ、人間界や阿修羅界や天界といった三善趣に生まれ変わることができます。そして、生まれ変わった先の新しい土地で必ずボン教や仏教の教えに出会い、ブッダの教えを授かる機会に恵まれるのです。

その中でも極めて幸運に恵まれていたら、『シャンシュン・ニェンギュ』の教えに再会することができるでしょう。死者がラマや本尊やボン教に対して深い信心を抱いていた場合には、報身の浄土に生まれ変わることも夢ではありません。たとえば、あなたが生前テンパ・ナムカに対して深い信心を抱いていたら、テンパ・ナムカの浄土に生まれ変わることができるのです。

サマヤ戒

一般的にサマヤ戒とは、密教の修行者が生涯に渡り守るべきルールや誓約を意味します。一方、この経典で説かれているサマヤ戒とは、『シャンシュン・ニェンギュ』の教えをこれから弟子に伝授しようとしているラマが守るべき誓約を意味しています。

かつて、『シャンシュン・ニェンギュ』は秘密中の秘密の教えでした。この教えの出発点であるクンツ・サンポを含む九仏から24人の成就者たちを経由してタピリツァにいたるまでの間、『シャンシュン・ニェンギュ』の教えはたった一人のラマが選りすぐりのたった一人の弟子にだけ伝授していました。しかし弾圧や戦乱や自然災害といった激動の時代を通過する中で、たびたびこの教えが途切れたり消滅したりするリスクに直面していました。
『シャンシュン・ニェンギュ』の教えをいつまでも後世に残し、生きとし生けるものがこの教えに出会い、いつでも修行することができるようにしなければならないと、タピリツァは考えました。そこでタピリツァはそれまでの流儀を大胆に改革し、『シャンシュン・ニェンギュ』の教えを複数の弟子に伝授することを弟子のナンシェル・ルーポに許可したのです。こうした経緯により、ナンシェル・ルーポ以降のラマは相応しい人ならば誰にでも『シャンシュン・ニェンギュ』の教えを伝授することが可能になったのです。

とりわけ、次のような人物がラマの前に現れ、『シャンシュン・ニェンギュ』の教えを乞うならば、器から器に一滴も漏らさずに水を移すように、包み隠さずこの秘訣の教えをすべて伝授するように説かれています。まず筆頭に挙げられているのは、死ぬ間際の人。原因が老衰にしろ、重篤な病にしろ、事故にしろ、死が間近に差し迫っている人で死の恐怖に絶望し、怯え、苦しまない人はいません。『シャンシュン・ニェンギュ』の教えとその瞑想は、死に際の人が直面している死の恐怖や苦しみを癒す甘露や効果的な治療薬になるのです。

次に、幸運にも『シャンシュン・ニェンギュ』の教えに相応しい修行者が挙げられています。諸々の精神的な教えや瞑想は星の数ほどあります。その中でも『シャンシュン・ニェンギュ』の教えに魅かれる人は、数えきれないほどの前世からこの教えに深い縁がある人にちがいありません。そうした幸運な人ならば品行方正で、努力を怠らないはずです。

さらに、秘密を守り深遠な教えを咀嚼できる修行の達人が挙げられます。『シャンシュン・ニェンギュ』は、あなたが身につけている常識や、他の教えや瞑想を覆し凌駕する教えです。『シャンシュン・ニェンギュ』に相応しくない人や常識的な考えにとらわれている人がこの教えを耳にしたら、顔を真っ赤にして怒り出したり、誹謗中傷を大声で吹聴して回ったりすることでしょう。そうすると、この教えが誤解されたり、抹殺されたりする事態が起こりかねません。しかし、深遠なこの教えの意味を十分に咀嚼し理解できる人ならば、教えの秘密を守り、ラマに敬意を持ち続けることができるはずです。

一方で、次のような人物が『シャンシュン・ニェンギュ』の伝授を願い出てきたときには注意する必要があります。まず、インチキで口先だけの人。こうした人はラマや教えに対して不遜にふるまいます。ラマから許可をいただくことなく、『シャンシュン・ニェンギュ』の教えを本にしたり動画やSNSで公開して不特定多数の衆目にさらしたり、他の人に伝授して金銭や名声を手に入れようとします。こうした人の悪意ある行為によって、『シャンシュン・ニェンギュ』は衰退したり、ラマの評判が地に落ちたりしかねません。

次に、教えの意味が腑に落ちず修行しない人です。『シャンシュン・ニェンギュ』で説かれているゾクチェンは直接体験の教えで、言語表現や思考を超越しています。ですから、いくらあなたが一流大学を卒業して頭脳明晰だとしても、ロジックや分析的な推論でゾクチェンをふるいにかけたり、頭で理解しようとしたりしている限りは、腑に落ちることはないし、瞑想に熱が入ることもありません。頭の回転が速いことを鼻にかけるような人よりも、かえって無学でも素朴で深い帰依や信心や慈悲の気持ちを持っている人の方が、心の本性への扉がより広く開かれているのです。

こうした適切ではない人たちが伝授を願い出ても、ラマは『シャンシュン・ニェンギュ』の「シャ」の字でさえも説くことは許されないのです。

Q：インチキで口先がうまい人だと見抜けずに、ラマが『シャンシュン・ニェンギュ』の教えを不適切な人に伝授してしまった場合どうなるのでしょうか？

A：これはとてもいい質問です。『シャンシュン・ニェンギュ』だけでなく、ボン教に伝承されているどのゾクチェンの教えも「公開された秘密」です。「公開された秘密」というのは一見矛盾した言葉のように思えますが、そこには深い意味が込められています。

そもそも縁のない人はラマやゾクチェンに興味を持ったり近づこうとしたりしません。偶発的にラマの声や教えの内容を耳に挟んだところで、理解することもできませんし、片耳から片耳に通過するだけでまったくピンとこないのです。

ゾクチェンに関する書籍を読んだとしても、動画を視聴したとしても、他の一般的な教えや瞑想よりも優れている点を飲み込めないのです。まんがいちラマによる伝授の場に臨席していたとしても、すぐにあくびが出て居眠りし始めます。知らず知らずのうちにラマやゾクチェンから自然と足が遠のいていくのです。そんな人がゾクチェン瞑想をしたとしても、一時的に心が安らかになったりストレス解消になったりビジネス上のアイデアがひらめくだけで、ゾクチェンが本当に目指している心の本性への扉は閉ざされたままです。

まとめると、インチキで口先が上手い人は他の人が誰も何もしなくても自然に、自分自身で自分自身に対してゾクチェンの教えを秘密にして隠してしまうのです。ですから、ゾクチェンを悟ることもできなければ、正確にゾクチェンを他の人に語ることもできないのです。

祈りと回向

ラマからどんな教えの伝授でも授かったときや、一座の瞑想を終えたときにはいつも、あなたは功徳を積んだことになります。いつかあなたが不思議な縁で結ばれたラマに出会い、そのラマから、ゾクチェン経典『シャンシュン・ニェンギュ』の中からこの「見解の概略による禅定瞑想の修行方法」という尊い教えを、口頭で伝授してもらう日が来るでしょう。あなたのラマはこの教えを最初から最後まで一語一語詳《つまび》らかにあなたに伝授してくれます。その伝授は数時間や一日では終わりません。きっと何日かに分けて伝授してくれるはずです。

毎回、伝授が終わるたびにあなたは失礼のないようにあなたの背中をラマに見せないように後ずさりしながらラマの前から退きます。このときには五体投地のご挨拶はしないようにしましょう。なぜならば伝統的にチベットでは、別れ際にラマに五体投地するということは、「もう二度とあなたにはお会いしません」という意味になるからです。そしてあなたはラマの住む僧院や伝授の場所から離れ、いつもと変わりない、あなたの日常生活に帰っていくことになります。

せっかく尊い『シャンシュン・ニェンギュ』の教えを伝授してもらったとしても、気がつかないうちにゾクチェンの見解を忘れたり、知り合いとついつい無駄話にうつつを抜かしたり、家族や恋人と

郵便はがき

料金受取人払郵便

神田局承認

1916

差出有効期間
2025年7月
31日まで
切手を貼らずに
お出しください。

101-8796

509

東京都千代田区神田神保町3-2
高橋ビル2階

株式会社 ナチュラルスピリット

愛読者カード係 行

フリガナ				性別
お名前				男・女
年齢	歳	ご職業		
ご住所	〒			
電話				
FAX				
E-mail				
ご購入先	□ 書店（書店名: ） □ ネット（サイト名: ） □ その他（ ）			

ご記入いただいたお名前、ご住所、メールアドレスなどの個人情報は、企画の参考、アンケート依頼、商品情報の案内に使用し、そのほかの目的では使用いたしません。

ご愛読者カード

ご購読ありがとうございました。このカードは今後の参考にさせていただきたいと思いますので、
ンケートにご記入のうえ、お送りくださいますようお願いいたします。

小社では、メールマガジン「ナチュラルスピリット通信」(無料)を発行しています。
登録は、小社ホームページよりお願いします。**https://www.naturalspirit.co.jp/**
新の情報を配信しておりますので、ぜひご利用下さい。

◆お買い上げいただいた本のタイトル

◆この本をどこでお知りになりましたか。

1. 書店で見て
2. 知人の紹介
3. 新聞・雑誌広告で見て
4. DM
5. その他（　　　　　　　　　　　　　　　　）

◆ご購読の動機

◆この本をお読みになってのご感想をお聞かせください。

◆今後どのような本の出版を希望されますか？

購入申込書

と郵便振替用紙をお送りしますので到着しだいお振込みください（送料をご負担いただきます）

書　籍　名	冊数
	冊
	冊

◆弊社からのDMを送らせていただく場合がありますがよろしいでしょうか？

□はい　　□いいえ

コミュニケーションが上手くいかなくてイライラしてしまうこともあるでしょう。人間として生きている限りそれは仕方がないことです。そうして再び心の中が煩悩五毒にむしばまれると、せっかく手に入れた功徳もあっという間に穢され台無しになってしまいます。

その対策として、功徳を積んだらすぐにそのままそっくり他の生きとし生けるものに捧げてしまうといいでしょう。このことを回向《えこう》と呼びます。回向をすれば、たとえあなたがどんな悪い行為を犯してしまったとしても、功徳はすでにあなたの手元から離れて生きとし生けるもののところに届けられているわけですから、その功徳が損なわれることはありません。

それはちょうど、貴重品をすべて外に持ち出して空っぽになっているあなたの家に空き巣が忍び込むことに似ています。そのとき、あなたの家の中をどれほど探してみても、空き巣は高価なものや金銭を見つけることができません。空き巣は何も手に入れることができず、空っぽの家の中で呆然と立ち尽くすだけです。あなたはまったく被害を受けません。ですから、手に入れた功徳はすぐに回向してしまうのが一番の保存方法なのです。

加えてあなたが回向した功徳は、地獄界の生き物、餓鬼界の生き物、動物界の生き物、人間界の生き物、阿修羅界の生き物、天界の生き物に届けられて、生きとし生けるものが抱えている苦しみや悲しみを癒したり、生きとし生けるものにより善い運命が切り開かれたりするきっかけになるでしょう。回向は功徳の保存方法としてだけでなく、慈悲や布施の実践としても優れていることを、あなたは理解できたことでしょう。

Q：具体的な回向のやり方を教えてください。

A：回向にはいろいろなやり方がありますが、ここでは誰でも今からすぐに始められる最も簡単な回向の方法をあなたに解説してみましょう。やり方はこうです。

まず喧騒を離れた場所でどんな座り方でもかまいませんから座り、胸の前で両手のひらを合わせ、心を静めましょう。そして心の中で、「今積んだ功徳が生きとし生けるもののところに届きますように」と気持ちを込めて思うのです。これだけです。とても簡単な方法ですが、りっぱな回向になります。

秘密の隠し場所

『シャンシュン・ニェンギュ』の中で説かれている通りに瞑想を続けていけば、あなたにもいつか心が革新的に変化する瞬間が訪れるでしょう。あらゆる思考や分別が溶け去ると同時に、心がむき出しになり、あなたは自分の本当の心の姿に出会うことができるのです。

そのとき、「私は何て幸運なのだろう！　生きている間にラマに出会い、教えを伝授してもらい、実際にその瞑想をすることができた」という静寂でありながら高揚した気持ちが、心の奥底からふつふつと湧いてきて、あなたの心と身体をまるごと優しくあたたかく包み込むでしょう。あるいは、全身鳥肌が立って止まらないかもしれません。あなたの両眼から涙が流れ続けることもあるでしょう。

あなたは人生で初めて心から「生まれてきてよかった」とひしひしと感じ入るはずです。まるで太陽光線によって霜や氷が融け去るように、これまでの打ちひしがれた人生やトラウマとなっている記憶が溶解していき、何もかも報われたと思うはずです。あなたを産んでくれた両親や、いつもあなたの隣で微笑んでくれるパートナーや友人、あなたを苦しめてきた相手など、今まで出会ってきたありとあらゆる人の顔が次々と心の中に去来して、彼らに対する深い感謝の気持ちを体験するでしょう。同時に、彼らが生きている間に『シャンシュン・ニェンギュ』との巡り会いを果たすことができなかった不運に気がつき、深い慈悲の気持ちが現れてくるはずです。『シャンシュン・ニェンギュ』に出会えた幸運と出会えなかった不運。幸運と不運を心の中で天秤にかけながら、あなたは自分の人生が十八有暇具足に恵まれていることを自発的に知るのです。その瞬間から、あなたがこれまで執着してきた人生観やこだわってきた価値観が、古新聞のように色あせてしまうことでしょう。

十八有暇具足に恵まれた幸福に浸りながら、あなたは伝説的な24人の成就者たちの生きざまに今までよりいっそう共感するようになり、よりいっそう身近に彼らの存在を感じるようになるでしょう。24人の成就者たちは伝説や物語の中の人物ではなく、本当にかつてこの地上で呼吸し生きていたことに疑いの余地がなくなります。彼らがいつでもあなたのすぐ隣に一緒にいてくれるような安心感に抱かれながら、自分の人生に対する無条件な自信があなたの中にみなぎっていきます。

細い小川の流れが川に注ぎ、その川がさらにいくつも交差して大河に注ぎ込み、ついに一つの海に融合するように、あなたの人生は24人の成就者たちの人生と同様になり、悠久に続く『シャンシュン・ニェンギュ』の系譜の中に招かれていくのです。そして、あなたがこの時代のこの場所に生まれてきた意味を、誰にも教わることなく自分自身の力で発見できるにちがいない。

どんなに厚い札束や山のような財宝を積まれたとしても、それらがあなたの両目や歯の替わりにならないように、あなたにとって『シャンシュン・ニェンギュ』は他の何ものにも替えがたい教えに変わります。あなたの人生が『シャンシュン・ニェンギュ』になり、『シャンシュン・ニェンギュ』があなたの人生になるのです。

これほどまでに大切な教えですから、失われたり損なわれたりしないように慎重に保護し厳重に保管しておく必要があります。ゾクチェンの教えは長い歴史上で何度も迫害を受け、戦乱に巻き込まれ、自然災害にさらされてきました。そのたびに他のゾクチェン経典は地中に深く掘った穴の底に埋められたり、仏像の内部のうつろな隙間に閉じ込められたり、僧院の壁に塗り込められたりして、埋蔵経典として人の目にさらされないように隠されてきました。

ここで立ち止まって考えてみてください。『シャンシュン・ニェンギュ』の教えは、いったいどこに隠しておくべきでしょうか？　どこに保存しておくのが相応しいのでしょうか？　それは獣も通わない山奥でしょうか、はたまた光も届かない暗黒の海底でしょうか？　世界中どこからでも自由にアクセスできる電脳空間でしょうか？　光が遍く満ちる天界や人知を超えた浄土でしょうか？

最も安全で最も確実な隠し場所、それはあなたの心の中です。あなたの心の中に『シャンシュン・ニェンギュ』を保存するということは、あなたがラマから『シャンシュン・ニェンギュ』の教えを授かり、その教えの通り瞑想して成就を得ることです。

そうしてあなたの心の中に埋蔵された教えは、世界一の大泥棒でさえも盗み出すこともできなければ、山をも砕く強力な最新兵器でさえもその教えを破壊することはできません。ですから、『シャンシュン・ニェンギュ』はあなたの心の中に隠しなさい。

最後に『シャンシュン・ニェンギュ』の教えがいつまでも途切れることなく、吉祥なカルマの絆で結ばれたラマと弟子の間で伝授し続けられますように。そして、この教えとこの教えを授かった人たちが、生きとし生けるものの幸福のために尽力し続けますように。

Q：生きとし生けるものを助けるにはどのような方法がありますか？

A：他の生き物を助けることを利他行《りたぎょう》といいます。利他行の対象は、あなたの家族や友人のような身近で親密な相手だけでなく、あなたの苦手な人や、今まで一度も会ったことがないような生きとし生けるものにまで拡大することが重要です。どうして自分とは一見あまり関係がないような他の生きとし生けるものまで助けたり、役に立つことをしたりしなければならないのかといえば、それはあらゆる生き物がかつて一度はあなたのお母さんだったことがあるからです。

利他行にはさまざまなレベルと方法があります。最も簡単なのは、目の前にいる人の役に立つことです。たとえば、電車の中で妊娠中の女性や体調の悪い人に席を譲るのもいいですし、休みの日に最寄りの献血ルームに出かけて献血するのもいいですし、子供食堂に寄付するのもいいでしょう。

他にも、生きとし生けるものが幸福になるようにマントラを唱えたりお祈りしたりするのもいいですし、月に一回だけでも肉食を断ち切り菜食の食事にするのも素晴らしいことです。あなたが日常的にゾクチェン瞑想を続けているゾクチェンパならば、一座終了するごとに瞑想で得た功徳を回向して生きとし生けるものに捧げるといいでしょう。

『シャンシュン・ニェンギュ』の翻訳事業や出版事業のために寄付や支援することは、さらに優れた利他行になります。チベット語で書かれた『シャンシュン・ニェンギュ』の経典が日本語に翻訳され、それが印刷され出版されれば、誰でも必要なときにすぐに手に入るようになるからです。そうして日本語の『シャンシュン・ニェンギュ』の経典を入手した人は、一行一行それを目で追いながら、ラマからその教えを口伝えで伝授してもらうことができます。

そうすればその人はゾクチェンの教えをグッとより身近に感じ取ることができて、全身全霊歓喜に満たされるでしょう。それは一年中深雪《しんせつ》を頂いたヒマラヤ山脈に囲まれ、あなたが今いる場所から数千㎞も離れたチベットの奥地にあるボン教僧院で、ゾクチェン瞑想の修行に励むゾクチェンパたちがラマから教えを伝授してもらう流儀や幸福とまったく同じ体験なのです。

日本でもたくさんの人々が同じ幸福感を味わうことができるようになるのは、あなたの貢献の賜物なのです。『シャンシュン・ニェンギュ』の翻訳事業や出版事業に貢献したあなたは計り知れないほどの善いカルマと功徳を積み、仏法僧の三宝は喜び、十方（東・西・南・北の四方と、東南・西南・西北・東北の四維《しゅい》、それに上・下の二方向をあわせた10の方向）に無限の光を放ちながら、あなたに加持とブレッシング（恩恵）の慈雨《じう》を降らせ続けるでしょう。

あなたが時間を忘れるほど真剣に瞑想に打ち込むことも優れた利他行になります。ゾクチェンに真剣に向き合うあなたの姿勢を示してあげれば、ゾクチェン瞑想をこれから始めようとしている他の人たちに勇気を与えることができますし、そうした人たちに自分の実体験から瞑想に関するアドバイスをすることもできるからです。

日々の瞑想によりあなたの人生が喜びと安心と自信に満たされ、世の中の移り変わりや人生の浮き沈みに影響を受けることなく高い生活の質（ＱＯＬ）を維持し続けていることを、他の人たちが目の当たりにすれば、それが『シャンシュン・ニェンギュ』の功徳や効果のエビデンスになります。百聞は一見に如かず。あなたの生きざまを見て、ゾクチェン瞑想を始めてみようと思う人や、『シャンシュン・ニェンギュ』の魅力を知る人が少しずつ増えていくことでしょう。

やがてその流れは大きな力に変容し、『シャンシュン・ニェンギュ』が日本に定着する助力になり、『シャンシュン・ニェンギュ』からたくさんの人々が人生を生き抜く希望を得ることになるでしょう。

さらに一日24時間、一年３６５日までとはいかなくても、あなたが揺るぎなく心の本性に深く留まることができるようになると、あなたの身体からあたたかく慈悲深い波動が周囲に向けて放射されるようになるかもしれません。それはチベット語で「チンラプ」と呼ばれるもので、「チン」は与えることを意味し、「ラプ」は波動や波を意味しています。

「チンラプ」は加持やブレッシングの一種で、それは物質性を超越しているので目にも見えませんし、精密な観測装置による測定もできません。しかし、深い信心やゾクチェンとの縁や絆がある人ならば、直接的に心や肌感覚を通じて、その何ともふわふわとしたタンポポの綿毛のような波動を確かに受け取ることができます。

南の島の寄せては返すさざ波が渚の白い砂粒をさらさらと洗うように、あなたの身体から放射される清らかな光の波動はあなたの目の前にいる人の頭の中から言葉と思考をキレイに洗い流し、その人の胸の中心には方向感覚を失うほど純白な空洞がポッカリと口を開くでしょう。その空洞はブッダや菩薩たちが通う本然の境地へと続く秘密の道なのです。

こうした神秘や奇跡は日本で生活している今のあなたには想像がつかないことでしょうが、チベット人社会の中ではそれほど珍しいことではありません。とりわけ人里離れた山奥や街中の誰もそれと気づかない行場で人知れず生涯のお籠り修行を続けるゾクチェン修行者に運よく出会えた人が遭遇する、よく知られた神秘や奇跡なのです。

その波動をきっかけとして、人生に傷つき絶望している人が理由もなく癒されたり、帰依や慈悲の気持ちに目覚めたりする不思議な出来事を、これからあなたも目の当たりにすることになるかもしれません。

དགོངས་བརྒྱུད་དགུའི་ཡིག་ཆུང་བཞུགས་སོ།

第2章　心から心へと直接的に次々と悟りの心を伝授した九仏に関する短い伝記

途絶えることなき慈悲を備えたクンツ・サンポに拝礼します。

法性が遍く広がる法界の中にある色究竟天《しききょうてん》[53]でのことだった。言説を超えた原初の祖師である法身が自発的に発生し、原初から清浄で、生まれることのない境地に留まりながら、慈悲の祖師の仏心の真ん中に向けてゾクチェンの教えを説いた。慈悲の祖師は言説を超えたこの教えの真理のままに瞑想した。

不動かつ遍く広がる法界の中にある色究竟天でのことだった。慈悲の祖師クンツ・サンポが、揺るぎない仏心の境地に留まりながら、応身の祖師の仏心の真ん中に向けてゾクチェンの教えを説いた。応

53　衆生が生死を繰り返しながら輪廻する欲界《よっかい》・色界《しきかい》・無色界の三つの世界のうち、色界における最高の場所のこと。

身の始祖は遍く広がる大空のような真理のままに瞑想した。

自発的完成性が遍く広がる法界の中にある色究竟天でのことだった。不動の境地から揺動《ようどう》する奇跡によって、法身の三十二相八十種好《さんじゅうにそうはちじっしゅごう》[54]をすべて備え、何もかも調伏する目的の仏身が現れた。

応身の祖師シェンラ・ウカルは、大慈悲という加持の境地に留まりながら、あらゆる姿で化生《けしょう》する応身の仏心の真ん中に向けてゾクチェンの教えを説いた。周辺も中心もなく光のエッセンスを備えた応身の仏は、大空に輝く太陽のようなゾクチェンの真理のままに瞑想した。

光明《こうみょう》天が住む天界の中間層がある色究竟天でのことだった。リクパの祖師ツェメ・ウデンが自発的に発する大いなる原初の智慧の境地に留まりながら、トゥルシェン・ナンデンの仏心の真ん中に向けてゾクチェンの教えを説いた。トゥルシェン・ナンデンは、太陽光と太陽光線のようなゾクチェンの真理のままに瞑想した。

世を救うチャという種類の神々の黄金からできた住処《すみか》の上方にある色究竟天でのことだった。大いなる方便の祖師トゥルシェン・ナンデンが自発的に輝く穢れなき自己認識の境地に留まりながら、虚空の祖師の仏心の真ん中に向かってゾクチェンの教えを説いた。虚空の始祖は水と水面に映る月影のようなゾクチェンが説く真理のままに瞑想した。

三十三天[55]の神々が住む色究竟天でのことだった。虚空のカッコウ鳥に化生した祖師が、方便と智慧が不二に結びついた戯れの境地に留まりながら、秘密の仏母《ぶつも》の仏心の真ん中に向かってゾクチェンの教えを説いた。秘密の仏母は顕現には実体がないという真理のままに瞑想した。

宝石とトルコ石から成る天上の森がある色究竟天でのことだった。般若母サンサ・リンツンが界と智慧が不二に結びついた空性の境地に留まりながら、チメ・ツプの仏心の真ん中に向けてゾクチェンの教えを説いた。チメ・ツプは輝きと空性が不二に結びついている真理のままに瞑想した。

トルコ石渓谷に秘密水晶窟《くつ》がある色究竟天でのことだった。虚空界に化生した祖師チメ・ツプが、仏心の最高のエッセンスを、ギュ（詳細な教え）、ルン（要点の教え）、メンガク（秘訣の教え）で使われている言葉と真理を結びつけながら、系譜の源である祖師の仏心の真ん中に説いた。その祖師は秘密にすべき秘訣の教え（メンガク）をまとめながらその真理のままに瞑想した。

天界の中間層が光り輝く色究竟天でのことだった。サンワ・ドゥーパが秘訣の教え（メンガク）で説かれている真理を凝縮した、最高の乗であると同時に、詳細な教え（ギュ）と要点の教え（ルン）の根本であるこの教えを、神々、ナーガ、人間などから成る24人の成就者たちに対して、要点の教え（ルン）の流儀で知性による方便を用いながらその仏心から伝授した。化身の人タピリツァは吉祥なカルマを持つ修行者ナンシェル・ルーポにこの教えを伝授した。

こうして、幸運に恵まれた人々に解脱の道が説かれることになった。世の終わりまでこのゾクチェンの教えが衰退することなく生き物の役に立ち続けますように。サマヤ。

54　ブッダの身体に備わる三十二種類の顕著な特徴、八十種類の微細な特徴のこと。
55　須弥山の頂にある天界の神々が住む世界のこと。

解説　心から心へと直接的に次々と悟りの心を伝授した九仏に関する短い伝記

あなたはこれから生きた人間であるラマに出会い、そのラマから『シャンシュン・ニェンギュ』の教えを伝授してもらうことになるでしょう。あなたのラマはどんな方でしょうか？　出家僧でしょうか、俗人でしょうか？　チベット人でしょうか、チベット人ではないでしょうか？　若い方でしょうか、年配の方でしょうか？　男性でしょうか、女性でしょうか？

あなたにラマがいるように、あなたのラマにもラマがいらっしゃいます。あなたのラマのラマはきっとチベット人でしょう。そしてさらに、そのラマにもラマがいました……。

こうしてラマの系譜をどこまでもさかのぼっていくと、最終的にはクンツ・サンポにたどり着きます。つまり、『シャンシュン・ニェンギュ』はシャンシュン人やインド人やチベット人といった誰か人間の創作物ではなく、最初にクンツ・サンポという最も原初的なブッダが説き始めたゾクチェンの教えなのです。

クンツ・サンポから端を発した『シャンシュン・ニェンギュ』は、まず九仏の間で伝授されました。ここで訳出した「心から心へと直接的に次々と悟りの心を伝授した九仏に関する短い伝記」は、『シャンシュン・ニェンギュ』の中に収録されている同名の一章です。本章の中では、悠久の時間の中で生き続ける『シャンシュン・ニェンギュ』の出発点または出所について説明されています。この本文中に以下のような九尊のブッダたちが登場します。

1. 原初の祖師
2. 慈悲の祖師
3. 応身の祖師
4. ツェメ・ウデン
5. トゥルシェン・ナンデン
6. パルナン・クチュク
7. サンサ・リンツン
8. チメ・ツプ
9. サンワ・ドゥーパ

私たちがラマからゾクチェンの教えを伝授してもらうときには、ラマの口から発せられる音声や経典に書かれた文字といった媒介物が必要です。しかし九尊のブッダたちの間では、とても不思議な流儀で『シャンシュン・ニェンギュ』が伝授されました。それは音声も文字も媒介せずに、直接的に心から心へと悟りの心そのものを伝授する流儀で、それはチベット語でゴンギュ（密意相続）と呼ばれています。

この伝授がおこなわれたのは色究竟天という私たちの常識や想像をはるかに超越した場所です。一般的にブッダの教えの中では私たちの住む存在世界を、地獄界、餓鬼界、動物界、人間界、阿修羅界、天界の六種類に分類し、それらをまとめて六道と呼んでいます。

これとは異なる存在世界の分類方法がもう一つあります。それが三界です。三界とはそれぞれ、欲界、色界、無色界といった三つの世界のことです。

三界について簡単に説明すると、欲界は物質的な欲望にとらわれた世界で、そこには私たちを含む大部分の六道の生き物たちが住んでいます。色界は物質的な欲望からは解放されていますが、姿かたちが残っている世界です。無色界は姿かたちからも解放された純粋な精神生命体が住む世界です。色界と無色界には六道のうち天界の神々が住んでいます。

九尊のブッダたちによる心から心への直接的な悟りの伝授がおこなわれた色究竟天は、三界のうち色界に属し、それは色界の中でも最も高い位置にあるとてもピュアな世界で、私たち人間が住んでいる地上から遠く離れています。

色究竟天と一口にいっても、「心から心へと直接的に次々と悟りの心を伝授した九仏に関する短い伝記」の本文の中にはさまざまな種類の色究竟天の名前が登場しています。たとえば、「法性が遍く広がる法界の中にある色究竟天」や「不動かつ遍く広がる法界の中にある色究竟天」などです。

それぞれの言葉とその序列にはゾクチェンの見解と結びついた深い意味がありますが、かなり内容が高度なので、いつかあなたが運命で結ばれたラマに出会うことができたとき、そのラマから順を追って詳しく伝授や説明をしてもらうといいでしょう。ここでは、心から心への直接的な伝授がおこなわれた大まかなプロセスにだけ注視することにしましょう。

最初に登場するのは原初の始祖です。この尊格は通常、クンツ・サンポと呼ばれています。その姿は青色で描かれ、身体の上には衣類や装飾品などをまったく身につけていません。これはむき出しの心、または心の本性そのものを象徴しています。クンツ・サンポは究極の真理である法身を表現しているブッダです。

二番目は慈悲の始祖です。この尊格は通常、シェンラ・ウカルと呼ばれています。その姿は白色で描かれ、美しい衣類や高価な装飾品を身につけています。これらは心の本性に宿る潜在能力やエネルギーを象徴しています。シェンラ・ウカルは報身を表現しているブッダです。

三番目は応身の祖師です。この尊格は通常、トンパ・シェンラプと呼ばれています。彼はボン教の始祖で、その姿は三十二相八十種好を備えた王子や出家僧として描かれます。彼は生きとし生けるものを救済するために実際に人間界に化生したブッダで、応身を象徴しています。

法身、報身、応身はどれも心の本性やブッダの三つの側面を表現したものです。一見すると、法身、報身、応身は別々に存在する三尊のブッダのように見えますが、実際には不二で、別々に分かれているわけではなく一つに融合しています。たとえばリンゴには形状、栄養、味がありますが、そのどれもが別々に分離して存在しているわけではなく、一つに融合しているのに似ています。

第四番目はツェメ・ウデンです。その名は無量光明を意味し、リクパの祖師だとも呼ばれています。

第五番目はトゥルシェン・ナンデンです。その名は神聖な奇跡や顕現を備えた者を意味して、大いなる方便の祖師だとも呼ばれています。

第六番目はパルナン・クチュクです。その名は虚空のカッコウを意味して、その姿はしばしば青色をした鳥のカッコウの姿で描かれます。なんと、ボン教のブッダは鳥の姿になることもあるのです！パルナン・クチュクは虚空の祖師とも呼ばれています。

第七番目はサンサ・リンツンです。慈愛の仏母シェーラプ・チャムマの化身です。仏母とは女性のブッダを意味し、通常、豊かな乳房とくびれた腰といったような女性的な姿で描かれます。また、シェーラプ・チャムマは般若の智慧を象徴するブッダでもあります。

第八番目はチメ・ツプです。その名は不死身の宝髻《ほうけい》を意味しています。宝髻とは、菩薩像に見られる頭上に結んだ髪の毛の房のこと。またチメ・ツプは虚空界に化生した祖師だとも呼ばれています。このブッダはトンパ・シェンラプが地上に生まれ変わる前の前世で天上にいた頃の姿だといわれています。

第九番目はサンワ・ドゥーパです。その名は秘密の凝縮を意味し、系譜の源である祖師だとも呼ばれています。このブッダは後にインドに生まれ変わり仏教を説いた釈尊の前世の姿だといわれています。

以上の九尊のブッダたちが、順番に『シャンシュン・ニェンギュ』を伝授していったのです。その後、サンワ・ドゥーパは『シャンシュン・ニェンギュ』の教えを天界に住む弟子ラボン・ヨンス・タクパに伝授し、この教えは私たちの住む存在世界にもたらされました。

ラボン・ヨンス・タクパはナーガ（龍神）族の弟子ルボン・パナムに伝授し、ルボン・パナムは人間族の弟子ミボン・ティデ・サムプに教えを伝授しました。ラボン・ヨンス・タクパからダワ・ギャルツェンまでの『シャンシュン・ニェンギュ』の伝承者をまとめて、24人の成就者たちと呼びます。24人の成就者たちの大部分がシャンシュン王国の人々です。

25番目にこの教えを授かったのがタピリツァです。タピリツァはこれまで口伝だけでたった一人の弟子にのみ伝授されてきた『シャンシュン・ニェンギュ』の教えを弟子のナンシェル・ルーポに伝授すると同時に、この教えをシャンシュン文字に書き写すことと複数の弟子に伝授することを初めて許可しました。

さらに32番目の成就者であるプンチェン・ツェンポは『シャンシュン・ニェンギュ』の経典をシャンシュン文字からチベット文字に翻訳しました。そして今、チベット語から日本語に翻訳された本書があなたの手元に届けられたのです。

『虹の身体の成就者たち』（ナチュラルスピリット社、2021）には九仏の美しい仏画と、24人の成就者たちの仏画と伝記が収録されていますから、そちらもぜひ手に取って参照してください。

ཡཱ་ཏ་པི་ཧྲི་ཙའི་ཞང་བཟུན་བཞུགས་སོ།

第3章　尊師タピリツァが教えを説き始めた物語

化身の姿で出現した尊師に拝礼します。ちょうどそのとき、大成就者ナンシェル・ルーポは、巧みに心の穢れを浄化する修行をしながら、一方で戒律を厳しく守り、あらゆる教えの思想を誤ることなく頭に入れていた。まだその時代には、チベットに数多くの成就者が生き残っていた。たとえば、パチトム・カルポが存命していた。

シャンシュン王国にも数多くの成就者が生き残っていた。たとえば、ツォメン・キェルチェンが存命していた。数多くの学者たちも生き残っていた。

たとえば、ツェプン・ダワ・ギャルツェンが存命していた。そして、永遠なるボン教の教えから得た法力を誇った、トンギュン・トゥチェンが存命していた。

またそれは、条件とタイミングが揃ったことで顔を合わせた四人の翻訳者たちがまだ存命していた時期でもあった。その四人の翻訳者とは、セシャリ・ウチェン、デキム・ツァマチュン、ラ・テンパ・ナムカ、メニャク・チェツァ・カルプチュンといった四人のことだ。

それはまた、シャンシュン王国ではリミギャ王が君臨していた時代、チベット王国ではティソン・デツェン王が君臨していた時代でもあった。ちょうどその時代には、永遠なるボン教の教えはすっかり衰退していた。その当時の零落ぶりは、『目録[56]』などの歴史書からうかがい知ることができる。まさにそうした時代に、ナンシェル・ルーポその人は、修行から数多くの一般的な成就の力を得たことで得意になっていた。

彼は尊大傲慢の気持ちにおぼれ、「私はあらゆる教えの思想を知り尽くしている。あらゆる乗の教えを習得済み。あらゆる奥義を心得ている。シャンシュン王から主席司祭に任命されている」と思い上がっていた。このように自己本位の自惚れの気持ちに溺れ、その自惚れの気持ちが障碍になり、最も優れた成就を得ることができないでいた。

その当時、シャンシュン王国の人々はヤクの毛で織られたテントに住んでいた。メル氏族の裕福なユンドゥン・ギャルツェンという者が、トンタチェ谷にそうしたテントを設置して住んでいたときのことだ。一人の化身[57]の少年がそこへ物乞いにやってきた。

メル氏族の裕福な男はその少年に向かって、「お前は何か働いてみる気はないのか?」と尋ねた。少年は答えて、「仕事をするのはいいけど、誰も雇ってくれないんだ」と言った。そこで裕福な男は

56　原語　kha byang。
57　化身の原語はトゥルクで、応身という意味もある。

「それなら私の所に住み込みで働くといい」と言った。

裕福な男の所に住み込んだその少年は、目を見張るほどの働きぶりだったので、「拾い物の小僧」という名前で呼ばれるようになった。

少年は室内・室外どちらの仕事もすべてそつなくこなした。ある日、少年は家畜の牛を山へ連れて行き放牧した後、一束の薪《たきぎ》を肩に担ぎながら麓に戻って来る途上で、タチェ・トゥン谷に穿《うが》たれたある洞窟の麓、そこに生い茂る木立と茂みの中に座っているナンシェル・ルーポに遭遇した。

そこで化身の少年は、ナンシェル・ルーポに対して長々と九回も丁寧にお辞儀した。

大成就者だったナンシェル・ルーポはこの少年のことを不審に思い、次のように問いかけた。

「お前は何らかの教えを習得していて、通常の人々とは異なる考え方を身につけているようだ。お前の師匠は誰だ？　お前はどんな修行をしているのか？　どんな瞑想をしているのか？　そこで肩に担いでいるものはどんな物なのか？　ここでいったい、何をしているんだ？」

こうした問いに対して、その少年は次のように返答した。

「ぼくの師匠はありふれた顕現さ。ぼくの修行は思考から離れることさ。ぼくは三界に現れるありとあらゆる顕現を瞑想しているのさ。ぼくが肩に担いでいるものはさまざまな思考さ。ここでぼくがしているのは生きとし生けるものの召使いさ」

こうした返答に対してナンシェル・ルーポはますますいぶかり、次のように言い放った。

「お前の師匠がありふれた顕現だというのならば、お前には誰も師匠などいないというのか？　お前の修行が思考から完全に離れることならば、お前には食べ物も着る物も何も必要ないというのか？

お前は三界に現れるありとあらゆる顕現を瞑想しているというのなら、お前は何も特別な瞑想もしないでブッダになろうというのか？　お前が肩に担いでいるのがさまざまな思考だというのなら、お前はもう欲望を消滅させているというのか？　お前が生きとし生けるものの召使いをしているのなら、お前にはどんな苦しみもないというのか？」

それに対して、化身の少年は次のように答えた。

「ありとあらゆる顕現はぼくの師匠なのさ。顕現が師匠になり得ないというのならば、クンツ・サンポにゾクチェンの教えを伝授したのは誰だというつもりなの？　修行といったら何も考えないことさ。土台には思考など存在しないのだから、思考を伴った顕現があれば修行にならないよ。

ぼくは三界に現れるありとあらゆる顕現を瞑想しているのさ。なぜならば、法性という真理には偏りなどないからさ。偏りがあるとしたら、それは瞑想でなくなるよ。

肩に担いでいるのはさまざまな思考さ。欲望が消え去ったら、あらゆる思考も消え去るよ。そして、森羅万象は幻にすぎないと理解できるはずさ。

生きとし生けるものの召使いができるのは、ぼくにとってどんな喜びも悲しみも一味《いちみ》[58]だから。だから、喜怒哀楽の区別なく仕事することができるのさ」

それに対して、ナンシェル・ルーポは次のように返答した。

58　多様であっても、本質的には同一であるということ。

「お前がそれほど賢いというのなら、明日、シャンシュン王の御前にてわしとお前の二人で問答をおこなうこととしよう。お前がわしを打ち負かしたら、わしはお前に弟子入りすることにしよう。わしがお前を打ち負かしたら、王様の命令によりお前を処罰してもらうことにしよう」

化身の少年は「ハハ」と声に出しながら鼻で笑った後で次のように説いた。

「因果律はどれも、頭を覆ったぼんくらさ。偉大な瞑想修行者など、雑念を見張る看守にすぎない。論理などは無知の網にすぎない。教えの思想はどれも、言葉をただ表現したもの。密教はどれも、心の工芸にすぎない。

大学者といって知識があっても、そんなものは無意味さ。見解や瞑想はどれも、見てくれのいい泡のようなものさ。どれもこれも真理の本然の境地とはまったく異なるしろものなのさ。

真理の本然の境地は調整されることがない。本性の道ならば浄化する必要などない。自己発生する原初の智慧を穢すことなど不可能なことさ。

悟りの境地にいるときには、何も判断しない。あなたが罪を何かになすりつけようとしても、天に唾することになるだけ」

タピリツァが述べたこうした言葉を理解した瞬間、ナンシェル・ルーポは、ひょっとすると目の前にいるこの少年はありきたりの少年ではなく、少年の姿をした化身ではないかと気づいた。ナンシェル・ルーポは全身鳥肌が立ち、意識不明におちいった。

そして、その少年が空中に浮かび上がっているような気配がしたので、目を開けて見てみると、本当に化身の少年は空中に浮かんでいた。その少年が一切智を成就した化身だと確信すると、ナンシェル・ルーポは少年の足を自分の頭頂につけて敬意を表した。
「化身よ、わしはあなたに対して失礼な言葉を吐き、心にいくつもの穢れを積み重ねてしまいました。今こそ心を入れ替えて、心の底から奥義の教えを拝受したいと思います」とナンシェル・ルーポは言った。

ちょうどそのとき、家畜の牛が気がかりになったメル氏族の裕福な男が姿を現したので、三人が顔を合わせることになった。裕福な男は少年に対して、「お前は何をここで油を売っているのだ。家畜の牛はいったいどこへどうしたのだ！」と強く問い詰めた。

ナンシェル・ルーポは自分の後援者に対し、「アツァム！[59] 私の後援者よ、この少年は化身でいらっしゃいますぞ。あなたはこの化身の少年に対し失礼な行為をし、心に穢れを積み重ねていますぞ。わし自身も失礼な言葉を吐き、心にいくつもの穢れを積み重ねてしまった」と言った。

メル氏族の裕福な男も「アツァム」と驚愕して、「私は償いきれないほどの穢れを積み重ねてしまった！」と言い、深く後悔し、意識不明におちいった。

そうすると、化身の少年は二人に次のような言葉をかけた。

「あなたたち二人を回心させる時が満ちたので、私は姿を現したのだ。気絶したままでいないで、目を覚まし、これから私が説く奥義の教えに耳を傾けなさい。顔を上げて、気持ちを奮い立たせながら、

59　チベット語の驚嘆詞。

意識を集中させ、これから説く奥義の教えに耳を傾けなさい」と説いた。

こうして、ナンシェル・ルーポとユンドゥン・ギャルツェンの二人は篤い信心と深い後悔の念を抱きながら、気持ちを引き締め、タピリツァの言葉に耳を傾けた。

そうすると、化身の少年は次のように奥義の教えを説き始めた。


「これから四善の奥義を授けよう。

執着しなければ、顕現は自己解脱する。

偏らないリクパは、あらゆる制限を超越して顕現を手放す。

その手放しは優れている。（第一の善）

対象のない瞑想ならば、智慧は自発的に輝き出す。

心をどこにも留めなければ、体験はのびのびと持続する。

その持続は優れている。（第二の善）

執着しなければ、その行為はくつろぐ。

どこに何が顕現しても、それはたちまち断ち切れる。

その断ち切れは優れている。（第三の善）

追い求めなければ、結果は自発的に得られる。
望みと恐れは本来の姿へと自己解脱する。
その自己解脱は優れている。（第四の善）

これらの言葉の意味を飲み込めたか否か、しっかり自問しなさい」

とタピリツァが説くと、しばらく彼らは無言のまま思考から離れた境地に留まった。
そして再び化身の少年は教えを説き始めた。

「何をしても、法性が損なわれることはない。
法性を損なうことができないのは、法性には物質性がないから。
物質性のない境地に心を結合させなさい。（第一の結合）

いくら理解しようとしても、意識で法身を理解することはできない。
理解することができないのは、法性には原因もなければ条件もないから。
原因と条件が滅した境地に心を結合させなさい。（第二の結合）

いくら探しても、心が見つかることはない。

見つからないのは、心には実体がないから。
実体のない境地に心を結合させなさい。（第三の結合）

いくら調整しても、本然の境地は調整できない。
調整できないのは、本然の境地は不変だから。
不変の境地に心を結合させなさい。（第四の結合）

こうした言葉の意味が腑に落ちたかどうか、しっかり自問しなさい」

とタピリッァが説くと、しばらく彼らは無言のまま思考から離れた境地に留まった。
そして再び化身の少年は教えを説き始めた。

「本然の境地は偏在することがない。
だから、偏りなく現れるのがその実相だ。
偏りや偏見から離れて修行しなさい。（第一の修行）

本然の境地は対象に執着しない。
だから、対象のないところへ自己解脱するのがその実相だ。

何かに束縛されることもなく、何かへと解脱することもなく修行しなさい。（第二の修行）

心は生まれることもなければ死ぬこともない。
だから、生まれることのない境地に自ずと留まるのがその実相だ。
増減から離れて修行しなさい。（第三の修行）

本然の境地は言葉では何とも表現できない。
だから、言い表すことができない広がりに留まるのがその実相だ。
拡大することもなく縮小することもなく修行しなさい。（第四の修行）

もともと顕現は本然の境地から分離することはない。
だから、本然の境地が顕現と結合することもない。
分離も融合もしない境地に留まるのがその実相だ。
融合することもなく分離することもなく修行しなさい。（第五の修行）

こうした言葉の意味が心に現れているかどうか、しっかり自問しなさい」

とタピリツァが説くと、しばらく彼らは無言のまま思考から離れた境地に留まった。

そして再び化身の少年は教えを説き始めた。

「無駄にする時間などないことを忘れないこと。
自由に恵まれた境遇[60]は無常だから。
あなたの心を本来の姿のままに委《ゆだ》ねなさい。（第一の本性の委ね）

気を散らすことなく修行しなさい。
大楽の界に留まれば気が散ることがなくなるから。
あなたの心を本来の姿のままに委《ゆだ》ねなさい。（第二の本性の委ね）

二元性におちいることなく修行しなさい。
二元性におちいらなければ本性が自発的に現れる。
真実の本然の境地は結合することもなければ分離することもないから。
あなたの心を本来の姿のままに委《ゆだ》ねなさい。（第三の本性の委ね）

生まれることのない境地に留まりなさい。
本然の境地の本体は生成することもなければ死滅することもないから。
あなたの心を本来の姿のままに委《ゆだ》ねなさい。（第四の本性の委ね）

こうした言葉の意味が心に揺るぎなく根を下ろしているかどうか、しっかり自問しなさい」とタピリツァが言うと、しばらく彼らは無言のまま思考から離れた境地に留まった。

そして再び化身の少年は教えを説き始めた。

「本然の境地には実体などないことを悟れば、一刀両断の確信。（第一の確信）
本然の境地は不二であることを悟れば、一味の確信。（第二の確信）
本然の境地には偏りなどないことを悟れば、極端を離れた確信。（第三の確信）
この三つの確信を手中に収めることができたら、それこそがヨガ行者[61]というものだ」

とタピリツァは説いた。

「ラマの口頭から十分に教えを拝受していない者は身の毛がよだち、教えに相応しい能力がない者は怯えるだろう。この奥義の教えはありきたりの知性の持ち主には受け入れがたいが、善いカルマに恵

60　有暇ともいう。
61　ここでいうヨガ行者とは、現在欧米や日本で広く受け入れられている一種のエクササイズをする人のことではなく、瞑想修行をする人のことを指している。

まれたヨガ行者たちならば体験と悟りが得られる。心の奥底に宝物として隠しておくこと」と説いた。
「私はタピリツァだ。私のことを忘れることなく記憶に留めるなら、いつでも私と再会できるだろう。私のことを覚えていなければ、再会することは叶わない」と説くと、タピリツァは大空にかかる虹のように姿を消した。

四つの善、四つの結合、五つの修行、四つの本性の委ね、三つの確信について説いた、ラマであるタピリツァによる奥義の教えはここに完成した。吉祥。

解説　尊師タピリツァが教えを説き始めた物語

前日譚《たん》

『シャンシュン・ニェンギュ』の系譜は、クンツ・サンポを含む九仏の間で直接的に心から心へと悟りの心が伝授された後、24人の成就者たちの間で次々と伝授がおこなわれました。24人目の成就者がダワ・ギャルツェンです。ダワ・ギャルツェンは人生の終わりに虹の身体を成就したほどの瞑想の達人でしたし、ゾクチェンのみならず顕教や密教を含むボン教の教え全般に関して深い学識を有していたラマでしたから、彼のもとには多数の弟子たちが集まったことでしょう。

当時、『シャンシュン・ニェンギュ』の教えと、『シャンシュン・ニェンギュ』の教えに従い修行した成就者たちが残した金言集「体験の伝授」[62]の教えは、誰でも伝授してもらえるものではありませんでした。たった一人のラマがたった一人の弟子にしか伝授することが許されなかったのです。ダワ・

62「体験の伝授」の教えは『虹の身体の成就者たち』（ナチュラルスピリット社、2021）というタイトルで翻訳され、出版されている。

ギャルツェンは自分のもとに集まった弟子たちを念入りに見渡しましたが、これらの教えを委ねるのに相応しい人物をまだ見つけ出すことができませんでした。

ある日、教えとラマに対してひときわ深い信心と帰依の気持ちを持ち、教えの習得と修行を怠らず日々精進し、微に入り細に入り戒律を厳しく守り、素直でピュアな心を持つ若者が現れました。ダワ・ギャルツェンは思うところがあり、一人自分の部屋に籠ると占いをおこない、夢見やさまざまな前兆を読み取り、本尊や護法神に祈り、お告げを待ちました。その結果、その新参者の弟子こそ『シャンシュン・ニェンギュ』を伝授するのに相応しい人物だという確証を得ました。その弟子こそタピリツァでした。

吉祥の日を選び、ダワ・ギャルツェンは他の弟子にはこっそり秘密にして、タピリツァだけを自分の部屋に呼び出しました。何も知らないタピリツァはダワ・ギャルツェンのところにやってくると、床より一段高いところに座っているラマに向かっていつもと変わりなく五体投地を三回繰り返し、心を込めて拝礼をした後、床の上に座りました。

目の前に座ったタピリツァを見下ろすようにしながら、ダワ・ギャルツェンは「これからお前に特別な教えを伝授することにしよう」と伝えました。その特別な教えというのが『シャンシュン・ニェンギュ』だとわかったとき、「まさか自分にこんな秘密の教えが伝授されることになるとは！」とタピリツァはさぞかし驚いたことでしょう。

驚きのあまり口を開いたまま呆気にとられているタピリツァをよそに、ダワ・ギャルツェンは一本の竹筒を取り出しました。その竹筒の中はきれいにくり抜かれ、まるで一本のチューブのように空洞になっていました。

ダワ・ギャルツェンは弟子のタピリツァを近くに呼び寄せると、竹筒の一方の端をタピリツァの耳元に当て、もう一方の端を自分の口に当てました。どうしてこんなことをしたのでしょう？　それは『シャンシュン・ニェンギュ』は厳密に秘密にすべき教えだったので、無関係の人間のみならず目に見えない精霊や小さな虫さえも盗み聞きできないように、大昔は竹筒を使って伝授されていたからなのです。

耳に当てられた竹筒の中から流れてくる教えは、今まで聞いたこともない不思議で常識はずれなものでした。タピリツァはこの秘密の教えにすっかり心を奪われてしまいました。こうして、瓶から瓶へと中身の水を一滴残らず移し替えるように、ダワ・ギャルツェンはタピリツァに『シャンシュン・ニェンギュ』の教えをあますことなく伝授し始めたのです。

その日の伝授が終わると、タピリツァはラマに失礼のないように自分の後ろ姿を向けることなく後ずさりしながら退いた後、誰にも見られないように遠くの場所まで歩いていき、見晴らしのよい小高い丘に到着しました。ひときわ目立つ巨石の上に座り込み、一度深呼吸をすると、たった一人で秘密の瞑想修行を開始しました。

ダワ・ギャルツェンから伝授された教えの通りに、雲一つない青空に開いた両目を向けて、いきなり前触れもなく心をむき出しにしたのです。すると目の前の青空と自分の心を分離していた垣根が消滅し、心の中から何ともいえない不思議な知性や知力が湧いてくるのを感じました。

これまで顕教や密教に伝承されるさまざまな瞑想をやすやすとこなしてきたタピリツァですが、このリクパの体験には圧倒されました。そしてまるで春が来て太陽熱によって冬の雪が融け去るように、心と身体が『シャンシュン・ニェンギュ』と出会えた幸福感に包まれ、限界のない大楽にとろけてしまうような体験をしたのです。

それからも伝授は何日もかけておこなわれました。教えの理解が進み、瞑想体験が深まるにつれ、タピリツァの心の中である決心が形成されていきました。『シャンシュン・ニェンギュ』のすべての伝授が終わったとき、タピリツァは目の前にいるダワ・ギャルツェンに「私はこの教えと瞑想を極限まで磨き上げ完成させるために、これから間を置かず終生の瞑想修行に入ろうと思います」と満面の笑顔を湛《たた》えながら話しました。

その言葉にダワ・ギャルツェンは今までにないほどに大喜びし、タピリツァに『シャンシュン・ニェンギュ』を伝授したことが間違いではなかったことを知りました。そして、タピリツァの瞑想修行が優れた実を結ぶように『シャンシュン・ニェンギュ』を守る護法神ウェルロ・ニパンセとメンモ・クマラツァに深い祈りを捧げ、タピリツァに惜しむことない加持を与えました。この世ははかなく常に移り変わる無常であることをタピリツァは知り抜いていたので、もう二度と高齢のダワ・ギャルツェンとお会いできないかもしれないと思いながら、人生最後の暇乞《いとまご》いをしました。

翌日タピリツァは希望に胸を躍らせながら旅立ちました。何日もの間、草木も生えぬ荒涼とした灰色の礫《れき》砂漠地帯を横断してどこまでも歩いていくと、はるか遠く横一直線の地平線から白く輝く三角錐がちょこんと顔を出しているのがはっきりと見えました。それはボン教の聖地カイラス山でした。当時のカイラス山の周辺にはシャンシュン王国の領土が広がっていました。現在ではその地域は西チベットと呼ばれ、カイラス山はボン教、仏教、ヒンドゥー教、ジャイナ教の聖地として大変有名です。チベット人たちはこの聖山のことをチベット語で「カン・リンポチェ」と呼んで信仰対象にしています。カンは「氷」や「氷河」を意味し、リンポチェは「貴《たっと》いもの」や「宝物」を意味します。

ボン教徒たちがカイラス山を巡礼するときには、常に聖山を左手に見ながら左回りに巡礼していきますから、タピリツァもそれにならいカイラス山の麓を左回りに巡礼していったはずです。そして、カイラス山の東北にあるタクタプ獅子岩と呼ばれる場所にたどり着きました。その場所は巡礼路から遠く離れている上に、遊牧民もめったに近寄らないために、まるで森羅万象が深い眠りについているかのような静寂に包まれていました。

そこは『シャンシュン・ニェンギュ』の系譜に連なる24人の成就者たちの多くがかけがえのない人生の時間をすべて瞑想修行に捧げ、人生最後の瞬間に虹の身体を成就した聖地でした。タピリツァも24人の成就者たちを見習い、タクタプ獅子岩に居を定めて終生の瞑想修行を開始しました。

人影を見ることなく、獣に遭遇することもなく、青空と岩と風だけの世界に一人身を沈め、朝から晩まで、そして夢の中でも途切れることなくゾクチェン瞑想の修行に没頭しました。そして九年の月日が経過したある日、それは前触れもなく起きました。突然タピリツァは虹の光に包み込まれ、彼の心と身体を構成していた地の元素、水の元素、火の元素、風の元素が光に変容し、彼はこの世界から跡形もなく消え去ったのです。タピリツァは誰にも知られることなく、ひっそりと虹の身体を成就したのです。

念願の虹の身体を成就し、自分自身の瞑想修行を完成させることができたタピリツァでしたが、一つの懸念が残されていました。それは『シャンシュン・ニェンギュ』と「体験の伝授」を委ねるべき後継者の弟子をまだ見出していなかったことです。

まるで地上から三万六千キロメートル上空の衛星軌道上を回る観測衛星が地上のようすを詳細にスキャンするように、タピリツァは『シャンシュン・ニェンギュ』を委ねるのに相応しい人物を見つけるべく、リクパに宿る仏眼の働きを頼りに世界の隅々まで探査しました。すると、カイラス山の北東に淡水を湛えたタロ湖があり、その湖畔に生い茂る木立に囲まれた洞窟に一人のボン教の成就者がくつろいで座っている姿が目に留まりました。その人物こそナンシェル・ルーポでした。

ナンシェル・ルーポはタピリツァと同じくシャンシュン王国出身の修行者でした。彼はこの洞窟でお籠り修行に入る前に、タピリツァのラマでもあるダワ・ギャルツェンのもとにしばらく滞在し、高度な密教とゾクチェンの教えを拝受していた経歴の持ち主でした。

ダワ・ギャルツェンのもとで、若き日のタピリツァとナンシェル・ルーポがすでに顔見知りだったのかどうかという点について、本章の本文中には明確に記述されていませんし、他のボン教経典にも明確には言及されていないそうです。しかし、「ラマと弟子の再会」の章（P．234）の記述から、二人がこのときにすでにお互いに面識があった可能性がうかがえます。

今ここで私が述べた前日譚は『シャンシュン・ニェンギュ』の経典の中にも記述されていませんし、ボン教の歴史書の中にも残されていません。長い間ボン教僧院で修行してきた私の想像の産物ですが、きっとこうしたことがあったはずです。こうした前日譚のあと、いよいよこの物語の幕が上がります。

運命の日

このときすでにナンシェル・ルーポはあらゆるボン教の思想や理論に精通していただけでなく、瞑想修行や実践に関しても達人の域に到達しながら、修行者としての規律や戒律を厳しく守り、まさに大成就者の名に相応しい人物でした。特に密教の修行から得られた法力により、彼は農作物に恵みを与える雨を降らせ、雹《ひょう》を降らせる雨雲を蹴散らし、岩山を砕くほどの大地震を起こし、自由自在に空高く飛び、沈むことなく水上を歩き、施主から依頼のあったどんな願いでも叶えてしまうことができました。

こうしたマジカルな法力の習得のことを一般的な成就と呼びます。一般的な成就の力により、彼の名声は広くシャンシュン王国中で知れ渡り、ついにはシャンシュン王直属の最高司祭に任命されました。光が強ければ強いほど、常に影が色濃く差すもの。知らず知らずのうちに、ナンシェル・ルーポの心に自惚れと傲慢な気持ちが忍び込み、深く広く根を張っていきました。

人里離れた荒野で9年間のお籠り修行を続け、その成果により最高の悟りである虹の身体をすでに成就していたタピリツァは、ブッダの智慧であるリクパを通じて、ナンシェル・ルーポの心にもの足りなさがあるのを見抜きました。自惚れの気持ちからナンシェル・ルーポはますますシャンシュン・メリやゲクといった高度な密教の修行にのめり込み、肝心のゾクチェン瞑想の修行には見向きもしていなかったからです。

シャンシュン・メリもゲクもボン教に伝承されている大変高度な密教の教えです。そこでは本尊の姿やマンダラを観想したり、強力なマントラの言葉を唱えたり、本尊を供養する修行がおこなわれますが、ブッダの心そのものである心の本性については深く立ち入りません。

密教の法力は強力で素晴らしい。しかし、いくら密教の法力を縦横無尽に駆使できる力を手に入れることができたとしても、ゾクチェンが説いている心の本性の瞑想修行をしなければ、絶対的な成就と呼ばれる完全な悟りを獲得することもできなければ、虹の身体のブッダになることもできないのです。自惚れの気持ちが障碍となり、ナンシェル・ルーポは自然にゾクチェンの教えから遠ざかっていたのです。しかし長きに渡る密教の修行により下地や機根が十分に熟し、ナンシェル・ルーポには『シャンシュン・ニェンギュ』と「体験の伝授」の教えを受け入れる準備ができていたのも事実でした。

ナンシェル・ルーポは一日の大半を密教の修行に費やしていたので、生活の糧を得るために、畑を耕したり家畜を放牧したりすることができませんでしたが、裕福な後援者が彼の生活を支えてくれたので、物質的な身体を維持するための労働に携わる必要はありませんでした。その後援者はメル氏族出身のユンドゥン・ギャルツェンという人物で、ナンシェル・ルーポが住んでいた洞窟からほど近いトンタチェ谷に、当時の遊牧民がよくしていたようにヤクの毛織物製のテントを設営して住んでいました。

トンタチェ谷は人も獣も近寄らない辺鄙《へんぴ》な土地なのに、ある日、テントの壁に人影が揺れました。不審に思ったユンドゥン・ギャルツェンが重い腰を上げて外に出てみると、見知らぬ一人の少年が物乞いをするために立っていました。

実はこの少年の正体は虹の身体になってこの存在世界に再出現したタピリツァでした。もちろんこのときまだユンドゥン・ギャルツェンは、少年の正体が虹の身体の化身であるとは想像すらしていませんでした。

ユンドゥン・ギャルツェンは少年を雇い、自分のところで働かせることに決めました。テントの外側での仕事、テントの内側での仕事、水汲み、薪集め、家畜の放牧など、少年はどんな仕事でも手抜かりなく並み以上の働きぶりでこなしていきました。思わぬ拾い物をしたと思ったユンドゥン・ギャルツェンは、少年に「拾い物の小僧」とあだ名をつけて呼ぶようになりました。

ある日、少年は家畜の牛をテントから少し離れた山に連れて行きました。牧草が生い茂るところに到着すると、牛を自由にして放牧した後、テントで煮炊きをするのに使用するための薪集めを始めました。

ある程度の薪が集まると、それを紐できつく縛り、肩に担ぎ、山の麓にあるテントまで運んでいくことにしました。その道の途中でふと人の気配を感じたのです。あたりを見回すと、洞窟の前でくつろいで座っているヨガ行者の姿が茂みの間から見え隠れしました。「ちょうどいい潮時だ」と少年は内心思ったことでしょう。そのヨガ行者とは、ナンシェル・ルーポでした。

少年が茂みをかき分けながら歩みを進めると、その物音にナンシェル・ルーポが気づき驚いた顔を見せました。そんなことはおかまいなしに少年は笑顔を浮かべながらナンシェル・ルーポのすぐ手前まで歩み寄り、彼に対して五体投地をしながら長々と九回も丁寧なお辞儀とご挨拶を始めました。このときタピリツァがした挨拶の内容は、「九回の丁寧なご挨拶」(P．230)という別の章で語られています。こうしてタピリツァとナンシェル・ルーポは出会い(または再会し)ました。

突然目の前に現れた奇妙な少年から必要以上に丁寧で長々とした不可解な挨拶をされたナンシェル・ルーポは、不審な気持ちに駆られ、いくつかの質問を矢継ぎ早に少年に浴びせていきます。それに対する少年の返事はさらに輪をかけて不可解な内容で、私たちに禅問答を思い起こさせます。たとえば、二人の間では以下のような言葉のやり取りが交わせられました。

ナンシェル・ルーポ「お前はどんな瞑想をしているのか？」

タピリツァ「ぼくは三界に現れるありとあらゆる顕現を瞑想しているのさ」

この返答に対してナンシェル・ルーポはますます深くいぶかり、再度厳しく詰問しました。

ナンシェル・ルーポ「お前は三界に現れるありとあらゆる顕現を瞑想しているというのなら、お前は何も特別な瞑想もしないでブッダになろうというのか？」

タピリツァ「ぼくは三界に現れるありとあらゆる顕現を瞑想しているのさ。なぜならば、法性という真理には偏りなどないからさ。偏りがあるとしたら、それは瞑想でなくなるよ」

この一連の問答の中で、ナンシェル・ルーポは密教の見解に立ち、タピリツァはゾクチェンの見解に立っています。二人のこの会話の中では密教とゾクチェンそれぞれの思想や成就の差異が比較され、その上でゾクチェンの優位性が巧みに表現されているのです。

密教では、思考の力で念入りに練り上げ作り上げた本尊やマンダラといった対象に対して、意識を集中させる瞑想をします。一方でゾクチェンでは、特別人工的な思考を練り上げることなく、意識をどこにも向けずに、意識の対象化の働きから離脱する瞑想がされます。

つまり、密教の瞑想は主体と対象の区別に縛られた二元的な意識にとらわれている一方で、ゾクチェンの瞑想は二元的な意識を超越しているといえるのです。このようにゾクチェンは密教を凌駕している教えですから、この問答でナンシェル・ルーポに勝ち目はありませんでした。

自分の敗北を悟ったナンシェル・ルーポの顔色は青ざめ、怒りと屈辱から彼の身体は小刻みに震えました。このときふと、ナンシェル・ルーポの心にラマであるダワ・ギャルツェンの優しい顔が思い浮かびました。

すると不思議なことに、ラマから伝授してもらったゾクチェンの教えが深く閉ざされた記憶の奥底から蘇ってきたのです。そしてこのとき初めて、ナンシェル・ルーポは目の前にいる少年が只者ではないことに気づいたのです。

ナンシェル・ルーポは後悔と自責の念に駆られ、全身鳥肌が立ち、意識不明におちいり、その場にひっくり返ってしまいました。これは大げさすぎる表現だとあなたは呆れるかもしれませんが、チベットの経典や伝記の中で、登場人物が驚愕のあまりに、全身鳥肌が立ち、意識不明におちいる姿がしばしば描かれることがあるのですよ。

すぐにナンシェル・ルーポは意識を回復させましたが、まだ閉じたままの瞼《まぶた》の先で奇妙な気配を感じました。両手で大地を押すようにしてゆっくりと身体を起こしながら、両目を開けて正面を見ると、少年が目の前の空中に浮遊している姿が目に入ってきました。その瞬間、この少年があらゆる智慧を成就したブッダの化身にちがいないという確信に包まれ、ナンシェル・ルーポは少年の足に自分の頭頂をつけて敬意と帰依の気持ちを表しました。

そうしているところに、家畜の牛を気がかりにしながらユンドゥン・ギャルツェンが姿を現し、家畜の番人もせずに何やら取り込んでいる少年に対して「お前は何をここで油を売っているのだ。家畜の牛はいったいどこへどうしたのだ！」と強く問い詰めました。

ナンシェル・ルーポは、化身の少年に対して叱りつけるユンドゥン・ギャルツェンに「アツァム！この少年は化身でいらっしゃいますぞ」と諌めると、今度はユンドゥン・ギャルツェンが深く後悔し、意識不明におちいってしまいました。

「アツァム」というのは驚いたときに発するチベット語の感嘆詞で、チベットの古い経典や伝記の中にしばしば登場する言葉ですが、現在の口語ではまず用いられません。とても味わい深い響きの言葉なので、私は大好きです。あなたにいつかチベット人の友人ができたら、「アツァム」と言ってみてください。そのチベット人の友人はどんな顔をするのか想像するだけで楽しくなりますね。

この少年の正体は虹の身体を成就したブッダの化身タピリツァでした。タピリツァはナンシェル・ルーポとユンドゥン・ギャルツェンの二人に対して「気絶したままでいないで、目を覚ましなさい。これからあなたたち二人に奥義の中の奥義の教えである貴い『シャンシュン・ニエンギュ』のゾクチェンの教えを伝授するから、一言も漏らさず私の言葉に耳を傾けなさい」と諭しました。ナンシェル・ルーポとユンドゥン・ギャルツェンは居住まいを正し、真剣な面持ちでタピリツァの口から教えの言葉が流れ出すのをただじっと待っていました。

三回に渡る伝授

こうしてタピリツァが説き始めた教えが『シャンシュン・ニェンギュ』なのです。『シャンシュン・ニェンギュ』は多数の章から構成され、どの章も実践的な見地からゾクチェンの教えが説かれています。またそこでは、顕教のように知性をフル回転させて難解な空性の理論を習得することもなければ、密教のように本尊を供養したり目に見えない脈管やチャクラをイメージしたりすることもありません。いくつかのゾクチェンの教えは、顕教や密教の要素を吸収していたり、それらと結びつけられていたりします。一方で、『シャンシュン・ニェンギュ』はピュアなゾクチェンです。『シャンシュン・ニェンギュ』には顕教や密教などのゾクチェンとは異質の思想や理論が一切差し込まれていないのです。ゾクチェンが顕教や密教と異なる教えだということが強調されているのです。

多数の章から構成されている『シャンシュン・ニェンギュ』。それらの章は大きく四部門に分類されています。

(1) 外の教え：見解の概略
(2) 内の教え：秘密の教え

（3）秘密の教え：リクパをむき出しに見る
（4）最密の教え：本然の境地を知り尽くす

タピリツァは合計三回に渡り虹の身体の姿でナンシェル・ルーポの目の前に現れ、そのときどきで別々の教えを伝授しました。その一つ一つの教えは文字に記述され一つの章になり、そうしたいくつもある章が一つの経典にまとめられたのが『シャンシュン・ニェンギュ』なのです。

第一回目には「尊師タピリツァが教えを説き始めた物語」の本文に続く、「四つの善」「四つの結合」「五つの修行」「四つの本性の委ね」「三つの確信」の教えが伝授されました。そのどれもがゾクチェンの思想と実践方法を極めてコンパクトに凝縮した教えです。教えは短くシンプルな表現ですが、その内容は難解です。経験と学識を積んだ優れたラマや修行者だけが、その深遠な意味を正確に読み解くことができます。

第二回目には「外の教え：見解の概略」の部門に含まれるすべての教えが伝授されました。この中には「12章の秘訣」「12幼子タントラ」、本書に収録されている「見解の概略による禅定瞑想の修行方法」（P．43）などの章が含まれています。

第三回目にはそれ以外のすべての教えが伝授されました。「内の教え：秘密の教え」の部門には「六灯明」が、「秘密の教え：リクパをむき出しに見る」には「八章の秘訣」が、「最密の教え：本然の境地を知り尽くす」には「21の釘」などの章が含まれ、それぞれ大変高度で重要なゾクチェンの教えです。

タピリツァとナンシェル・ルーポの最初の出会いに関しては本章の、「尊師タピリツァが教えを説き始めた物語」の中で生き生きと語られていて、まるで実際に私たちがその現場に立ち会っているかのような錯覚を起こすほどです。二回目の出会いについては、本書に収録されている「ラマと弟子の再会」（P．234）の中で語られています。第三回目の出会いについては、『シャンシュン・ニェンギュ』にも他の経典にも語られている形跡がありません。

本章「尊師タピリツァが教えを説き始めた物語」で語られている内容は、尊師タピリツァが『シャンシュン・ニェンギュ』の教えを初めて説き始めた瞬間の物語です。この後タピリツァとナンシェル・ルーポの師弟により『シャンシュン・ニェンギュ』の歴史に大変革がもたらされ、それまで口頭だけで伝授されてきたこの教えが文字に書き写され、複数の弟子に伝授されるようになりました。そしてそれから千年以上の時間が流れ、今あなたの手元に日本語版の『シャンシュン・ニェンギュ』の経典が届けられたのです。

ཞེ་ས་དུཕུས་བཞུགས

第4章　九回の丁寧なご挨拶

尊師タピリツァは大成就者ナンシェル・ルーポに対し、次のように長々と九回も丁寧なご挨拶をしました。

「穢れないお身体。清らかなお言葉。賢明なお心。王冠を飾る宝珠に値するほど尊いラマの御前に、私のようなものが参上し、朝に晩にささやかながらもご挨拶させていただきました。私は智慧と功徳の蓄積を完成し、心の穢れを浄化することができました。

私たちはお互い遠く離れた場所で暮らし、長い間ほとんどお会いすることが叶いませんでした。そのようにしてお会いできなかったときもありましたが、あなた様の宝珠のように大切なお身体が、凍える風に当たり病などを患うことなく再会できたことを喜びに思います。こうして今、太陽と月のように輝くお顔を拝見できたことに、心から喜びを感じます。お会いできなかった間も、悟りの輝きに陰りが差すことはなかったことでしょうね」

再度タピリツァはナンシェル・ルーポに対して五体投地を三回おこないました。

「シェンラプのラマよ、慈悲深き主よ。尊い教えを説かれ続けていらっしゃったのでしょうね。その教えは生きとし生けるものを救うために説かれたのでしょうね。宝珠のように尊い修行をされるときにも、その優れたお心をもってすれば難儀されることはなかったでしょうね。朝から晩まで順番に修行を進められていたことでしょう。このところの昨晩や今朝もご健勝だったことでしょうね」

再度タピリツァはナンシェル・ルーポに対して五体投地を三回おこないました。

「宝珠のように尊い修行にお励みになっても、お心は疲れ切ることもなく、お身体は健やかだったことでしょうね」

タピリツァはこうしてナンシェル・ルーポに長々と九回も丁寧なご挨拶をしました。

解説　九回の丁寧なご挨拶

タピリツァとナンシェル・ルーポが最初に出会ったときのようすは、「尊師タピリツァが教えを説き始めた物語」（P．202）に詳細に描かれています。本章はその中のワンシーンを切り抜いたものです。放牧地で薪を集めたタピリツァは、その薪を束ね背負うと、麓のテントに向けて山を下りました。その途上でナンシェル・ルーポに出会った彼は、長々と九回に渡る丁寧なご挨拶をしました。本章ではそのご挨拶のようすがいきいきと描かれています。

チベット人がラマに面会するときには、ラマの面前で三回五体投地をするのが習わしです。五体投地には膝をつく五体投地と、全身を投げ出す五体投地の二種類があります。

膝をつく五体投地では、直立し両手を頭上で合掌します。合掌した手のひらの形は、ちょうど蓮の花のつぼみに似ています。

あなたの身体と言葉と意識が浄化されますようにと祈りながら、合掌した手のひらを、額とのどと胸に順番に当てていきます。そして、額と両手のひらと両ひざの五点を床や地面につけて拝礼します。これが膝をつく五体投地のやり方。一方で、全身を投げ出す五体投地では、同じく直立し両手を頭上で合掌した後、床や地面の上でうつぶせになりながら両手を前方に伸ばします。

本章のタイトルには「九回」という数字が含まれています。これはタピリツァがナンシェル・ルーポに対して三回の五体投地を三度、つまり合計九回おこなったという意味だと考えられます。

ところが本文を読んでみると、一度目の五体投地については何も記述が見当たりません。しかし「再度タピリツァはナンシェル・ルーポに対して五体投地を三回おこないました」という文章が二度繰り返して登場しています。このことから、文章中には明確に記述されていませんが、一度目の五体投地もおこなわれていたと推察されます。

また加えて、チベット語の「九」には個別の数字「九」の他に、「多数」や「多量」という意味があることにも言及しておきましょう。つまり、「九回の丁寧なご挨拶」というタイトルには、「五体投地を合計九回おこなったほど丁寧なご挨拶」という意味の裏に、「冗長で過剰に丁寧なご挨拶」という二重の意味が込められているのです。

本文に見られるように、タピリツァはナンシェル・ルーポに対して必要以上に丁寧な挨拶をして表敬しています。ナンシェル・ルーポが密教の高い成就を得ているのに対して、タピリツァはもっと高度なゾクチェンの成就者です。タピリツァの過度なまでの丁寧な言葉使いの裏側には、ナンシェル・ルーポをからかったり揶揄したりしている気持ちが隠されていることが、本文の端々からうかがえるのです。

མཇལ་ཕྲེད་བར་མ་བཞུགས།

第5章　ラマと弟子の再会

それから偉大なる成就者ナンシェル・ルーポは、尊師タピリツァと別れてから三年間経過したあとでも、人気のない鹿面岩《しかめんいわ》でお籠り修行を継続していました。化身のタピリツァとともに過ごした時間があまりにも短かったことを、ナンシェル・ルーポは心の中で嘆いていました。

「尊師タピリツァから私はそれほど多くの深遠な教えを授かることができなかった。再会することが叶うのならば、生きとし生けるものを救うために同様の深遠な教えをもっと授かりたい」と考えてばかりいました。そうして、ぜひもう一度お会いしたいという、タピリツァに対する篤い信心がナンシェル・ルーポの心の中からふつふつと湧き続けていたのです。夕暮れ時にはラマであるタピリツァに祈りを捧げ、ナンシェル・ルーポは深い瞑想に入りました。

ある朝、朝日が昇り太陽光が放射したとき、目の前の虚空に、尊師タピリツァの姿が出現しました。その身体は穢れなく、まるで白く透明な水晶に見まちがえるほどでした。タピリツァのお身体が自発的に発生したリクパそのものであり、何も装飾品をまとわず、ありのままの裸の姿でいるのを、ナンシェル・ルーポは目の当たりにしました。

計り知れないほどの信心と帰依の気持ちが湧きあがり、ナンシェル・ルーポはタピリツァの周りを回ったり、五体投地の拝礼をしたりして敬意を捧げました。

尊師タピリツァはナンシェル・ルーポに次のように語りかけました。

「幸運な良家の子よ。あなたは前世より心の穢れを浄化し、今幸運なカルマに恵まれています。私がこれから説く真実の教えにわき目も振らず、一言も聞き逃さないようにしっかり耳を傾けなさい。あなたが幸運に恵まれた後世の人々を誤ることなく正しい道に導けるように、深遠な秘訣の教え（メンガク）にもとづく修行方法をあなたに伝授しよう。

これから説く教えは八万四千種類あるブッダの教えの中でも最も貴いエッセンス。ゾクチェンと呼ばれる究極かつ最高峰の教え。すべての詳細な教え（ギュ）の根本であり、要点の教え（ルン）のエッセンス。あらゆるブッダの仏心。あらゆる見解の中でも最深の見解。体験に根差したあらゆる教え（ダムガク）のエッセンス。あらゆるブッダの本体そのもの。

そのエッセンスは菩提心とも呼ばれる唯一の要訣[63]。外内密という三種類の教えから結論を導き出

63　ティクレ・ニャクチク（原語 thig le nyag cig）はたびたびゾクチェン経典に登場する言葉である。文字通りには、全体性を表す単一の球体、比類なき本性などを意味するが、それはゾクチェンの本然の境地という唯一の真理を指示している。日本語に翻訳するのが極めて困難なゾクチェン用語の一つ。

した最密の教え。心から心へと直接的に悟りの心を伝授した九尊の勝者の胸から零《こぼ》れ落ちた甘露。24人の成就者たちが残した口頭伝授の教え。これからゾクチェンという決定的な教えを伝授しましょう。あなたの心の一番深いところに秘密にしてしまっておきなさい」

解説　ラマと弟子の再会

本章では、タピリツァとナンシェル・ルーポの二回目の出会いについて語られています。最初の出会いの中で、ナンシェル・ルーポはタピリツァから「四つの善」「四つの結合」「五つの修行」「四つの本性の委ね」「三つの確信」（P．208〜213）の教えを授かりました。どれもわずか数行だけで構成されていましたが、ゾクチェンのエッセンスが凝縮された核心的な教えでした。

こうした教えの伝授の終了後、タピリツァは光に融解し、虚空の彼方に消え去り、ナンシェル・ルーポはこれらの教えに従いながらゾクチェン瞑想のお籠り修行を開始しました。彼のラマであるタピリツァがそうであったように、ナンシェル・ルーポはこのお籠り修行の間、他の人との接触を一切断ち切り、朝から晩まで瞑想に没頭して過ごしたはずです。そして三年の年月が経過する間には、これまで打ち込んできた密教の瞑想修行では得られなかった圧倒的に大きな心の変化が彼の心の中に生まれていました。

たとえば、本文に「それほど多くの深遠な教えを授かることができなかった」というナンシェル・ルーポの言葉が記されています。これは自惚れの気持ちからこれまで気づけなかった自分の精神の未熟さに初めて向き合えたことと、今まで修行してきた他のどんな教えや瞑想よりも『シャンシュン・ニェンギュ』が強力で深遠な教えだったことを彼がついに理解したことを意味しています。

続いて「生きとし生けるものを救うために同様の深遠な教えをもっと授かりたい」という言葉が記されています。これは自分自身の幸せよりも、他の生き物の幸せを願う慈悲の気持ちが彼の中で大きく膨らんだことを意味しています。

あらゆるブッダの教えの中では必ず、生きとし生けるものに対する慈悲の教えが説かれています。今日のボン教のラマたちも、ことあるごとに慈悲の心を育てるように弟子や一般の人たちに諭していま す。慈悲の素晴らしさや重要性は誰でも理解できますが、実際に慈悲の気持ちを養うのは口で言うほど簡単なことではありません。困り果てた他の人の苦しみよりも、自分の背中の痒みの方が気になるのが人間の性《さが》というものです。私たちは常に自己中心的な気持ちにとらわれているからです。

さらに「ぜひもう一度お会いしたい」という言葉が綴られています。これは、ラマと『シャンシュン・ニェンギュ』に対する帰依と信心の気持ちが抑えきれなくなったことを意味しています。

もちろん、タピリツァと出会うまでにナンシェル・ルーポが習得してきた顕教や密教の教えの中でも慈悲や帰依が説かれていたはずですし、実際彼は慈悲や帰依の修行もしていたはずです。しかし、『シャンシュン・ニェンギュ』のゾクチェン瞑想はそれらとは比較にならないほど圧倒的にクリアーな慈悲と帰依の体験を彼にもたらしていたのです。

これらはすべて誰か他の人から押しつけられた気持ちや考えではなく、まるで沸騰した鍋底から次々と泡が立つように、ナンシェル・ルーポの心の底から自発的に湧いてきた気持ちの変化なのです。これらの心情と、タピリツァと出会うまで彼を支配していた自尊心や自惚れた気持ちとを比較してみてください。彼の人格に革命的な変化が起き、もう元に戻れなくなってしまっていることにあなたも気づけるでしょう。

もしもあなたがゾクチェン瞑想に真剣に取り組んでいるならば、あなたにも思い当たるところがあるはずです。なぜならば、あなたもナンシェル・ルーポとまったく同じ気持ちが湧いてきたことを体験したことがあるはずだからです。ゾクチェン瞑想には歪んだ人格さえもしなやかに変えてしまう力が秘められているのです。

ナンシェル・ルーポが体験したものと同じ心の変化は、いつあなたに訪れるのでしょうか？　それは瞑想中に生まれてくるかもしれませんし、瞑想していないときに生まれてくるかもしれません。もしもまだあなたがそうした心の変化を体験したことがない場合には、これから真剣に瞑想を継続していく中で、必ずそうした心の変化を体験していくはずです。

「もっとゾクチェンの教えを学びたい」「生きとし生けるものを救いたい」「今すぐラマに会いたい」。まるで海面に突然現れたいくつもの渦潮が何もかも飲み込んでいくように、こうした感情が前触れもなくあなたの心に現れてあなたのすべてを飲み込んでいくのです。

本章で語られているナンシェル・ルーポの心情の変化は、単なるおとぎ話やどこか遠い国で起きた夢物語ではありません。ゾクチェン瞑想に励んでいる人が少なからず体験することなのです。20代の中頃から長らくゾクチェン瞑想を続けている私もこれまで何度も体験してきたことなので、確信をもって断言できるのです。ですから本章の中で描かれている内容は、真剣にゾクチェン瞑想に取り組む人なら誰もが体験する心の変化なのです。あなたがこれからゾクチェン瞑想の道を歩む上で道標《みちしるべ》となる体験について綴られている、一種の教えだとして読んでほしいのです。

ゾクチェン瞑想は心身をリラックスさせることや、ストレスからあなたの心を解放することをはるかに通り越して、あなたの考え方や人格や人生を変化させるほどの強力な力を持っているのです。

ཏ་པི་ཧྲི་ལ་གསོལ་འདེབས།

第6章　タピリツァに捧げる祈願文

エマーホー
クンサーン・トゥトゥール・クンドー・シェルカール・ウ
ティメー・ダンサール・ウセール・チョチュール・ト
ギェンメー・チェルプー・イェニー・ニンプー・トゥン
キェンニー・トゥジェー・ドウィー・トゥンラー・ゴン
デルシェー・トゥチュー・ゾクチェーン・クンキー・チョ
テピー・ヤンツェー・ギュルーン・メンガー・ニン
シイー・ネルー・コルデー・トルトゥール・タン
ダウー・セルスーム・キュンユーン・ランサール・シン
ドワー・ロイー・ムンパー・クンサール・ネー
シトーン・ツァタール・サラーム・チチュー・ト

ニャムトー・ンゥンキュール・コルデー・セムスー・トル
デウー・クスーム・インスー・グゼー・パ
ドウィー・グンポー・タピー・リツァー・ラ
ダロー・ツェチー・ムペー・ソルワー・デップ
ダソー・ドラー・ワンクール・チンキー・ロップ
チナーン・サンウィー・パルチェー・シワー・タン
マリー・トゥルピー・ダズィーン・トルネー・キャン
ランリー・ンゥンキュール・タチュー・タルチーン・ネー
イエトーン・ツアタール・ロデー・チェンプー・トゥン
タンター・ニトゥー・ダラー・ツァルトゥー・ソル
ジエ・ドウィー・グンポー・タピー・リツァー・ラ
ソルワー・デプソー・ドトゥー・トゥジェー・スンラー・ダギュートォール

何て素晴らしいのでしょうか！

クンツ・サンポの仏心から生まれた化身よ。そのお身体《からだ》は水晶のような透明な光からできていて、穢れなく光り輝き、十方に光線を放たれていらっしゃる。

まったく何も装飾品を身にまとわず、むき出しの裸の姿で、本来の姿のエッセンスを象徴している。

二種類の智慧と慈悲を心に抱きながら、生きとし生けるものを救うことばかりを考えていらっしゃる。
善逝の心から生まれた甘露のようなゾクチェンはあらゆる仏法の中で最も優れた教えである。
ボンの九乗の中でも最頂《さいちょう》の教えであり、詳細な教え（ギュ）や要点の教え（ルン）や秘訣の教え（メンガク）のエッセンスである。

一切の土台である本然の境地から、輪廻も涅槃も、解脱も錯誤も、
音も光も光線も、罪も功徳も自発的に現れて来る。
生き物が分別という暗闇を完全に払拭することができれば、
その土台は実体を失い、存在性の根源から離脱することができ、五道十地《ごどうじっち》の境地を速やかに成就することができる。

体験と悟りが実現化し、輪廻と涅槃が心の本性へと自己解脱していく。
その結果としてブッダの三身が法界の中に立ち現れてくる。
生きとし生けるものの守護者タピリツァよ、
私はあなたに心をひたむきにして恭しく祈願します。
私たち生きとし生けるものに灌頂と加持を授けて、
外・内・秘密の障碍を鎮めてください。
私たちが無明という錯誤が生み出した我執《がしゅう》から自己解脱を遂げ、
自己認識の智慧が実現し、ゾクチェンの教えで説かれている見解と行為を完成し、
原初から空性で、かつ無根底で、分別を超越した大いなる真理を悟れますように。

まさに今このとき、その智慧を私に授けてください。
生きとし生けるものの守護者である尊師タピリツァよ、
慈悲の力により六道の生きとし生けるものを受け入れ、私たちの心を解脱に導いてくれますように
祈願します。

このようにタピリツァに対してナンシェル・ルーポが祈願文を捧げました。

解説　タピリツァに捧げる祈願文

瞑想には流儀があります。あなたがラマからゾクチェン瞑想のやり方を伝授してもらっていたとしても、何の準備もしないでいきなりゾクチェン瞑想をしてみても、期待していたほどの瞑想体験は得られないでしょう。自分ではゾクチェン瞑想をしているつもりでも、それはゾクチェン瞑想ではなく、チベット語でシネー瞑想と呼ばれる心を穏やかにするだけの瞑想止まりなのです。

あなたはシネー瞑想という言葉を聞いたことがありますか？　シネー瞑想という言葉を今まで聞いたことがなかったとしても、サンスクリット語（古代インドの言語）でシャマタ瞑想と呼ばれているものだといえばあなたにもわかるかもしれません。日本ではシャマタ瞑想は止の瞑想とも呼ばれています。あなたの瞑想がゾクチェン瞑想ではなくシネー瞑想止まりなのは、まだあなたの心はむき出しになっていないからです。

特に初心者の場合には自分の力だけで心をむき出しにしたり、心の本性に飛び込んだりすることは、なかなか難しい話です。あなたが心をむき出しにして心の秘密の扉を開くためには、何かが足りなくて、何かが必要なのです。そこで登場するのがグル・ヨーガです。

グル・ヨーガの瞑想をしながらグル・ヨーガの祈りを捧げることにより、あなたはラマから加持と灌頂を授かることができます。グル・ヨーガは滑車に似ています。どんなに重い荷物でもらくらくと滑車が持ち上げてしまうように、グル・ヨーガから得られる加持と灌頂があなたの未熟な能力を引き上げて、心をむき出しにするための加勢を加えてくれるのです。ですから、ボン教のゾクチェン修行者たちは瞑想に入る前に、目の前にタピリッツァの姿を観想しながらグル・ヨーガの瞑想をし、グル・ヨーガの祈りを捧げます。

グル・ヨーガのやり方は何通りもありますが、ここではとても簡単なグル・ヨーガのやり方をあなたに伝授してみましょう。グル・ヨーガはそもそもゾクチェンそのものではないし、『シャンシュン・ニェンギュ』の本体とも一線を画していますから、紙面でもあなたに伝授することができると思います。

まず、目の前にグルまたはラマの姿を思い浮かべてみましょう。あなたがこれから実践しようとしている瞑想が依拠している経典により、どのグルやどのラマを思い浮かべるのかが異なることがあります。

グル・ヨーガのときに、どのグルやどのラマを思い浮かべるのかは、あなたのラマに相談するのがいいでしょう。一般的に『シャンシュン・ニェンギュ』の修行をするゾクチェンパならばタピリッツァの姿を思い浮かべることが多いので、ここではそれに従って、タピリッツァの姿を思い浮かべてみなさい。

ゾクチェンパというのは、ゾクチェン瞑想を修行する人のことです。あなたも『シャンシュン・ニェンギュ』のゾクチェン瞑想をしているのだから、ゾクチェンパと呼べるかもしれませんね。

それではもう一度、あなたの目の前の少し高いところに、タピリッツァの姿を思い浮かべてください。

タピリツァの姿を思い浮かべるときには、ごく普通の人間のように物質的な姿かたちをしているとは思わないでください。透明でピュアな光の身体の姿をしていると思ってください。

本書の中で繰り返し述べられているように、なんといってもタピリツァは虹の身体のブッダだからね。目の前にいるタピリツァの姿にあなたの意識を集中させてください。

タピリツァの姿をはっきりと心に浮かべることができるようになったら、その存在感をひしひしと感じられるようになるでしょう。すると、タピリツァの胸元から透明な光の水があふれだし、あなたの方に降り注ぎます。このピュアな光の水はあなたが日常生活の中でよく見慣れた物質的な水ではなく、ブッダの智慧そのものなのです。

この光の水によってあなたのあらゆる穢れが洗い流されていくようすを、しばらくの間思い浮かべ続けてみなさい。十分にあなたのすべての穢れを浄化することができたと感じられたら、今度は、同じ光の水によってあなたにブッダの加持と智慧が注ぎ込まれていると、しばらくの間心の中で強く思い浮かべてください。あらゆる穢れが浄化されるのと同時にブッダの加持と智慧が注ぎ込まれたので、あなたは目の前のタピリツァと寸分もたがわない同じ能力を手に入れた存在に生まれ変わったことになります。

続いて、グル・ヨーガの祈りを捧げましょう。このお祈りはチベット語の祈願文をそのままカタカナにしたものです。日本語ではないので自分が何を唱えているのか意味がわからないし、最初のうちはどこかよそよそしく感じて、唱える声もところどころで引っ掛かるかもしれません。

でも何度も節をつけながら唱えていくうちに、徐々にあなたはこのお祈りに親しみを感じるようになり、最後には何も見なくてもこのお祈りを唱えられるようになるはずです。そうしたら、はるか遠くのチベットからやってきたこのお祈りが、まるで前世からの友人のように思えてきて、あなたの心にしっくりと馴染むようになるからね。

グル・ヨーガの祈り

チツ・デワ・チェンプ・ポタン・トゥ
ティンチェン・ツァウィ・ラマラ・ソルワー・デップ
サンゲー・セムス・トゥンパ・リーンポ・チェ
ランゴ・ランキ・シェーパル・チンキー・ロップ

グル・ヨーガの祈りの意味

頭頂にある大楽の宮殿にいらっしゃる
慈悲深い根本のラマにお祈りします
ブッダの心について説かれている宝のような方よ
自分自身の本当の姿を悟れるように加持をください

このグル・ヨーガのお祈りは、見ての通り、わずか四行だけの短いものです。このお祈りの中で、あなたに注目してもらいたいのは、「自分の本当の姿を悟れるように加持をください」という一節です。この一説は、グル・ヨーガとゾクチェンの本質をズバリと言い表しています。

ブッダの教えというと、何か難しい理論を勉強したり、複雑な儀式を身につけたり、心身を極限まで追い詰める断食や苦行をしなければならないと、あなたは思っているかもしれません。ゾクチェンではそうは考えません。

ブッダの教えの本質は、自分自身の心の本当の姿を知り抜くことなのです。なぜならば、あなたの本当の心はさまざまな思考や煩悩の下に隠された心の本性であり、それはブッダの心だからです。あなたがゾクチェンの教えを学び、ゾクチェン瞑想に励んでいるのは、あなたの本当の心に出会い、あなたの心がブッダの心だと知るためなのです。

そんなあなたですが今は未熟なので、自分自身の力だけではゾクチェン瞑想の秘密の扉を開くことは困難です。その秘密の扉が少しでも開けるように、ラマから加持や祝福を授けてもらう必要があるのです。「自分の本当の姿を悟れるように加持をください」というグル・ヨーガの一節には、このようにとても深い意味が込められているのです。そしてそれは、ゾクチェン瞑想を続けている世界中のボン教仲間にとても愛され、口ずさみ続けられている一節なのです。

あなたがグル・ヨーガに慣れてきたら、別の流儀として、ここに訳出したタピリツァに捧げる祈願文（P．２４１~２４４）を唱えてみるのもいいでしょう。タピリツァに捧げる祈願文を唱えてから、ゾクチェン瞑想に入っていくのもボン教の伝統に従った素晴らしいやり方です。

このタピリツァに捧げる祈願文は、ボン教のゾクチェンパにとって格別なものです。なぜならば、『シャンシュン・ニェンギュ』は数あるゾクチェンの中でも最も古く優れている教えですし、この『シャンシュン・ニェンギュ』の誕生にはタピリツァが深く関わっているからです。この祈願文はラマであるタピリツァに向けて弟子のナンシェル・ルーポが尊敬の気持ちを込め称え唱えたものだと伝承されています。

あなたがタピリツァに捧げる祈願文を唱えるときにも、その前に、グル・ヨーガと同じ手順で、目の前に透明でピュアな光からできたタピリツァの姿をありありと思い浮かべてから、加持や祝福を授かるプロセスを思い浮かべましょう。具体的なやり方は、前に述べた通りだよ。だから、ここでは繰り返さずに先に進みましょう。

このタピリツァへ捧げる祈願文はグル・ヨーガの祈りよりはだいぶ長文ですが、何度も唱えているうちに自然と覚えることができて、いつかスラスラと唱えられるようになるから心配しないでください。タピリツァへ捧げる祈願文には、ゾクチェンの教えのエッセンスが凝縮されて埋め込まれています。この祈願文のどの一節にもとても深いゾクチェンの教えが込められていますが、その中でも特にあなたの心に留めてもらいたいのが次の一節です。

一切の土台である本然の境地から、輪廻も涅槃も、解脱も錯誤も、音も光も光線も、罪も功徳も自発的に現れて来るこれはゾクチェンの理論の中で最も重要な「自発的完成性（ルンドゥプ）」について説いている一節です。

チベット仏教に顕教、密教、ゾクチェンの教えが伝承されていることはよく知られています。一方で、あまり知られていないかもしれませんがボン教にも顕教、密教、ゾクチェンの教えが伝承されています。それぞれに伝承されている顕教、密教、ゾクチェンでは共通している点もありますが、その見解や修行方法や体系の中での位置づけなど多くの点で異なります。ですから、チベット仏教とボン教の教えを単純に比較することはできませんし、それぞれの視点から他方を解釈したり批判することは意味のないことです。私が顕教、密教、ゾクチェンについて本書で言及しているのは、またはこれまで他の文章や口頭で語ってきたのはボン教に伝承されているものであり、チベット仏教のものではありません。私の不注意と説明不足のために、誤解を招いたり、ご迷惑をおかけしたことがありましたらお詫び申し上げます。

ボン教で顕教といえばその中心は中観論です。これはボン教独自の中観論で、龍樹（ナーガルジュナ）ではなくボン教の始祖トンパ・シェンラプを由来としたものです。その中では因果律や縁起を中心とした空性の理論が説かれています。ボン教で顕教を修行する場合には、顕教に関する講義に耳を傾け、問答を通じて理解を深めたりします。絶え間ない努力を通じて中観論の理論に精通することによって、空性の悟りや智慧を実現しようとします。同時に、ボン教には独自の密教の教えが多数伝承されています。そこではイメージを駆使してボン教の本尊やマンダラなどを詳らかに観想して、より速やかにブッダの悟りや智慧を成就しようとします。顕教でも密教でも、長い時間をかけたり多大なる努力を通じて、新たに悟りや智慧を自分の内側に取り入れたり大きく養ったりしようとします。

ところが同じボン教の教えでも、ゾクチェンではまったく異なる認識と理解をしています。ゾクチェンでは、私たちの本来の心は最初から完成されたブッダの心だと考えているのです。ブッダの心はもちろんブッダの悟りも智慧も完全な姿で宿しているはずですから、私たちの心も最初からブッダの悟りや智慧を完全な姿で宿しているはずです。最初から私たちの心にブッダの悟りも智慧も備わっていること、これが「自発的完成性」です。そうすると、ブッダの悟りや智慧を手に入れるために、一生懸命に努力したり苦行したりすることが必ずしも必要ないことになります。ゾクチェンが努力の要らない教えとも無努力の教えとも呼ばれる所以です。

自発的完成性の教えから、ゾクチェンの独自性とその素晴らしさにあなたは気づいたかもしれません。だからといって、顕教や密教を軽んじたり不必要だとは考えないでください。それはどうしてなのでしょうか？　なぜならば、顕教も密教もブッダが説いた完成された教えだからです。顕教にも密教にも私たちの心を救う力が十分備わっているからです。実際、『シャンシュン・ニェンギュ』の系譜に連なる大昔のゾクチェン修行者の多くが、顕教と密教にも精通していましたし、21世紀に生きる数多くのボン教のラマたちも顕教と密教に精通しています。ここからはあなたに「自発的完成性」について、もう少し説明してみることにしましょう。

ボン教の教えの中には、輪廻と涅槃という言葉が頻繁に出てきます。輪廻とは悟りを得られずにいつまでも、地獄界、餓鬼界、動物界、人間界、阿修羅界、天界といった六種類の世界（六道）をさまようことを意味します。この六種類の世界のうち、今私たちが体験しているのが人間界です。また、獣や鳥や魚は私たちの身近にいますから、動物界の一部も私たちは知覚していることになります。つまり、人間界と動物界の一部は相互乗り入れしているといえるのです。

しかし基本的には、六種類の世界は次元が異なる場所に存在するために、それぞれの世界はまるで目に見えない厚い壁で隔たれているようなもので、他の世界に住む生き物に接触することはほとんど困難です。このように宇宙は一見、六種類の世界に分断されているように見えるのです……。

しかしゾクチェンの教えによれば、六種類の世界はあなたの心の外側に存在するわけではなく、最初からあなたの心の中に埋め込まれていると説かれます。あなたの心はまるで、六種類の世界観を収録した六本の動画を視聴できるタブレット端末のようなものです。

あなたはタブレット端末を持っていますか？　もしもタブレット端末を持っていたとしたら、今すぐ電源を入れてください。そしてブラウザを立ち上げて、インターネットにつながったら、動画配信サービスに接続してみてください。

動画配信サービスの中には数えきれないほどの動画が並んでいますね。その中からあなたの好きな動画を一つ選択してください。そうするとあなたのタブレット端末からその動画が流れ出しますね。

それと同じように、あなたの心の中には六種類の世界がコンテンツとして最初から埋め込まれているのです。あなたが今体験している人間界はそうしたコンテンツのうちの一つなのです。あなたの一生は、タブレット端末から流れる動画を視聴しているようなものなのです。そして動画配信サービスの中のどんな動画にも終わりがあるように、あなたの人生にも終わりが訪れます。それが死なのです。

あなたが動画に飽き飽きして、ブラウザのタブを閉じれば、その動画はタブレット端末の中に消えていきます。同じように、あなたが人生の苦しみや悲しみに飽き飽きし、森羅万象の後を思考で追うのを止めることができたら、あらゆる苦しみや悲しみはあなたの心の中に消えていきます。それが心の本性に留まり続ける瞑想なのです。

このとき気をつけたいことは、これは自死とは異なるということ。自死には自己執着心が強烈に残存していて、その後を思考が追い続けていますから、自死をしても苦しみや悲しみから解放されることはありません。自死をしても、またすぐに次の生（来世）という別の動画をはじめから視聴しなおさなければならないのです。このことからわかる通り、自死は何の解決にもならないのです。

あなたの心に宿っているコンテンツは六種類の世界だけではありません。涅槃の世界、つまりブッダの世界や浄土もあなたの心の中に埋め込まれています。死が訪れたとき、あなたを迎えにブッダが現れ、清らかで幸福に満ちた涅槃や浄土の世界に連れて行ってくれることもあるでしょう。このとき迎えに来てくれたブッダも、ブッダが連れて行ってくれる涅槃や浄土の世界も、あなたの心の中に最初から宿っているエネルギーが光の姿で現れてきたものなのです。

「そんな非常識な話を信じられるわけない」とあなたは思うかもしれません。しかし、もしもあなたも暗闇の修行を体験してみれば、私の話が正しいことをすぐに理解できるはずです。暗闇の修行とはゾクチェンの瞑想修行の一種で、扉や窓を塞いだり目張りしたりして、まったく外界から内側に光が差さない部屋の中に引き籠りながら、49日間ゾクチェン瞑想を続ける修行です。

49日間一歩も修行部屋から外に出ることなく、真っ暗闇の中で寝起きして、瞑想して、食事して、シャワーを浴び、トイレを済ませるのです。暗闇の中で生活しながら瞑想を続けて一週間ほど経過すると、何もない真っ暗闇な空間にさまざまな光の幻が多彩な色彩でリアルに出現してきます。

はじめに目の前の真っ暗闇の空間に、チベット語でティクレと呼ばれる水銀のような非常に小さな光の粒がぽつぽつと一つ二つ輝き出します。初期段階のティクレは暗闇の中に瞬く間に現れ、瞬く間に消えていきます。あなたの瞑想が安定して、あなたが心の本性に馴染むほど、次第に出現するティクレの数が増加していき、ティクレが出現してから消滅するまでの時間がますます長くなります。

しばらくして数多くのティクレが一斉に輝き出し、あなたの周りが光の粒で満ち溢れるようになると、あなたのいる修行部屋は人里離れた山奥で仰ぎ見るような夜空や、映写機により天井に無数の光が投影されるプラネタリウムのように変わります。さらに瞑想を続け、あなたの心がより安定していくと、幾千幾万もの数えきれないほどのティクレが現れ、今度はあなたの身体を中心にして渦を巻きながら回転し始めます。そうするとあなたは、まるで星の海に漂っているか、銀河の中心に立っているかのような錯覚を起こすことでしょう。

さらに一週間ほど暗闇の中で瞑想を続けていくと、今度はもっと具体的な光の幻が出現してくるでしょう。その光の幻はどんな姿をしているのかといえば、お弁当箱や仕事机のような日常生活の中で当たり前に目にする日用品から始まり、見慣れた建物の白壁、チベット僧院の天井を支える柱、一面に可憐な黄色い花が咲き誇る野原、青空の下に広がり地平線の彼方まで続く穏やかな海の風景、見たこともない奇妙な姿をした地獄界の生き物、光の中に浮かび上がる物質性から離れたブッダやマンダラの姿などです。それらが本当にそこに存在するかのように生々しく輝いて現れてきます。

ここではしゃいだり、我を忘れて興奮したりしないことです。あなたはこうした光の体験の意味を深く考察してみる必要があるのです。注目すべきは、こうした光の幻は実際にはあなたの目の前の空間に出現しているわけではないこと。そしてあなたは目や視覚を通じてそうした光を知覚しているわけではないことです。なぜならば、暗闇の修行部屋の扉や窓は塞がれたり目張りされたりしますから、そうした光は決して外界から室内に差し込んできたものではないからです。

加えて、あなたは修行部屋の室内に電灯やロウソクなどの光源を持ち込んでいません。こうした事実に照らし合わせてみると、暗闇の中に浮かび上がって見えるさまざまな光の幻は、あなたの外側からやってきたわけではなく、あなたの心の内側から放射されたとしか考えられないことは明らかなのです。

こうした光の幻を実際に体験することからあなたの心の中に、六道輪廻の世界も涅槃の世界もあますことなく光の幻として宿っていることを理解できるようになります。今あなたが体験している毎日の生活も、あなたの身体も、あなたの意識も、同じようにあなたの心の中から放射された光の幻なのです。

これは誰かによって押し付けられた思想でもありませんし、あなたの独りよがりの思い込みでもありません。ゾクチェン瞑想を通じて、あなた自身が体験した事実であり真理なのです。この真理のことを、「自発的完成性」といい、ゾクチェンの教えの最大重要テーマなのです。あなたにもいつかこの「自発的完成性」の悟りが湧きあがることを、私は秘かに心の中で願っています。

あなたがゾクチェン瞑想を一座終了したら、必ず回向の祈りを捧げましょう。回向とは、瞑想をしたり、教えの伝授を拝受したりすることによって積んだ功徳を生きとし生けるものに捧げることです。やり方はこうです。

あなたが瞑想していたときの座法のままで座り、胸の前で両手のひらを合わせて合掌します。あなたの身体の中からあふれるほど無数の光が輝きだし、やがてそれらは頭上に向けて空高く放射されます。その光はさらに細かく一つ一つの光に分離して、地獄界、餓鬼界、動物界、人間界、阿修羅界、天界の生きとし生けるもののところに届けられます。

あなたから放射された光によって、苦しみや悲しみにまみれたその生き物が癒されたり、心の穢れが浄化されたりする姿を、しばらくの間思い浮かべ続けましょう。あなたが自分の功徳を惜しみなく回向し、十分に満足できたら、次の回向の祈りを唱えましょう。

回向の祈り

ゴスム・タピー・ゲワ・カンギーパ
カムスム・セムチェン・ナムキー・トゥントゥ・ンゴ
トゥースム・サピー・レーディップ・クーンチャンネー
クスム・ゾピー・サンゲー・ニュルトプショ

回向の祈りの意味

身体と言葉と意識の三つの門を浄化する善行をどれも修めて
三界に住む生きとし生けるもののために回向しよう
三世に渡って蓄積してきた業と障碍をすべて浄めて
三身を完成させた仏性を速やかに獲得できますように

回向の祈りを唱え終えたら、一座の瞑想が終わりになります。このときに、瞑想を終えたばかりの心の状態と、日常生活の中でいつも体験している心の状態を比較してみるといいでしょう。あなたがまだ瞑想を始めたばかりの初心者だったとしても、そこに小さくて繊細なギャップを感じることができるはずです。

これからあなたが瞑想を続け、瞑想に慣れてきたら、そのギャップがどんどん大きく感じ取れるようになります。あなたが発見したそのギャップは瞑想がもたらしたわかりやすい心の変化であり、瞑想の効果の一つなのです。瞑想が終わってもすぐに立ち上がることはしないで、しばらくのあいだ座ったままで、そのギャップを味わっているといいでしょう。

そのギャップがだんだん薄くなり、まったく消え去り、あなたの心がいつもの状態に戻ったら、静かにその場から立ち上がるといいでしょう。次回また瞑想する時間を楽しみにしながら、あなたは仕事や家庭などの日常生活に戻っていくのです。

カルマを浄化し心を完成させる修行は瞑想中だけに限った話ではありません。日常生活に戻った後でもあなたは修行を続けるのです。瞑想から離れている間にすべき最も基本的な修行は、なるべく悪い行為から離れ、なるべく善い行為をして功徳を積むように心がけることだよ。

こうして日常生活の中でも心をコントロールしていくことを学んでいけば、その力は瞑想にも役立つはずです。瞑想中にも心をコントロールしやすくなるはずだから、瞑想の上達につながるのです。

བོན་མི་ནུབ་པའི་གཏན་ཚིགས་བཞུགས་སོ།

第7章　ボン教が滅亡しない理由

ボン教の教えが栄枯盛衰を経過してきた歴史を説くにあたり、はじめに永遠なるボン教の教えが受容され、広まり、繁栄したようすから語ることにしよう。学識深きかつ信心深い成就者たちによりこの教えは育まれ、修行者や代理人たちによりこの教えは伝承され、秘訣の教え（メンガク）を授かる強力なラマたちによりこの教えは守られた。こうして、チベットとシャンシュンの両国ではボン教以外の宗教はまったく存在しなかった。

当時シャンシュン王国には成就者ツォメン・キェルチェン[64]が、チベット王国にはパチトム・カルポ[65]とトンギュン・トゥチェン[66]が存命中だった。その他にも四人の学者たちと、晩年のテンパ・ナムカ[67]と、四人の転生者が存命中だった。

その四人の転生者というのはシャンシュン・タシ・ギャルツェン[68]、クルップ・タクウェル・シンラク[69]、マホル・タジク[70]、ツェプン・ダワ・ギャルツェン[71]のことだった。また当時は、タピリツァ[72]から伝授された通常の教えと並外れた教えを知り尽くした、大成就者ナンシェル・ルーポ[73]がまだ存命していた。

時の輪がめぐる力により、永遠なるボン教は衰退するようになった。

当時、シャンシュン王国をリミギャ王[74]が統治し、モン王国[75]をペンラリン王[76]が統治していた。チ

64 成就者の名前。

65 成就者の名前。

66 成就者の名前。

67 成就者の名前。永遠なるボン教と仏教を融合させた新しいボン教（ボンサルマ）の設立に関わった。

68 成就者の名前。『虹の身体の成就者たち』P．65「系譜の樹形図」参照。

69 クルップ（gu rub）はシャンシュン王国の氏族名。クリップ（gu rib）とも綴られることがある。『虹の身体を成就者たち』に登場するクリップ・シンラクチェンと同一人物。『虹の身体の成就者たち』P．65「系譜の樹形図」参照。

70 成就者の名前。『虹の身体の成就者たち』P．65「系譜の樹形図」参照。

71 成就者の名前。タピリツァとナンシェル・ルーポのラマ。『虹の身体の成就者たち』P．１４０参照。

72 成就者の名前。ナンシェル・ルーポのラマ。『虹の身体の成就者たち』P．１４６参照。

73 成就者の名前。歴史上初めて『シャンシュン・ニェンギュ』を文字に記した人物。『虹の身体の成就者たち』P．１５４参照。

74 シャンシュン王国最後の王。この物語の途中でティソン・デツェン王により暗殺される。

75 チベットの南からヒマラヤ地域にかけ領土を広げていたモン族の王国。チベット王国に滅ぼされる。

76 原語 pan ra ling。モン王国の王。

ベット王国ではティソン・デツェン王[77]が君臨していた。

ティソン・デツェン王が登場するまでは、シャンシュン王国やモン王国やチベット王国の王には外務大臣が一人、内務大臣が一人、諜報大臣[78]が一人といった合計三人の大臣が仕えているだけだった。しかしティソン・デツェン王の在位中には外務大臣が10人、内務大臣が10人、諜報大臣が10人、合計30人の大臣が任命されたほど、その当時の王の権力は強大になった。

その強権により、ティソン・デツェン王はタジク王国[79]の裕福な王を手懐《てなず》けていた。タジク王は、二国間の国境までの通商ルートが大河により分断されていたため、大木で橋を建設したり、ティソン・デツェン王の護衛をすることを約束したりした。

当時、シャンシュン王国ではリミギャ王が存命中だった。シャンシュン王国は九十九万連隊[80]もの正規兵[81]を擁していた。スムパ王国はせいぜい一連隊の非正規兵[82]を擁していただけだった。チベット王国は四十二連隊の正規兵の他に、一連隊の非正規兵を擁し、合計で四十三連隊の兵力を擁していただけだった。チベット王はシャンシュン王を制覇することが実現できないでいた。チベット王は野望を胸中に秘め、狡猾なやり口で征服しようと企んでいた。

当時、シャンシュン王には三人の妃がいた。なかでも最も年若い妃はクルップサ・ナンドゥン・レクモ[83]といった。齢《よわい》わずか十八歳。その妃の元へ、チベット王国の諜報大臣が近づいた。彼は陰険で、よこしまな性格で、口先が上手く、とても狡猾なナンナム・レクトゥプ[84]という者だった。彼はドン[85]の角《つの》いっぱいに詰めた砂金を用意し、ナンドゥン・レクマに賄賂《わいろ》として贈りながら、次のように話を切り出した。

「ナンドゥン・レクマ様、あなたのような方が、シャンシュン王妃の中でも最も地位が低く理不尽な境遇にいらっしゃる。チベット王もこのことを嘆いていらっしゃる。何かシャンシュン王に一泡吹かせる手立てがないものでしょうか？　あるとしたら、あなた様はチベット王の第一王妃に迎え入れられ、全チベット王国民の三分の二を賜ることになるでしょう」

それに対して、ナンドゥン・レクマは次のような返事をした。

「シャンシュン王には大地を覆うほどの軍勢があります。チベット王の軍勢が貧弱なのはお話にならないほど。シャンシュン王の軍勢を打破するなど不可能なことは明らか。そこで、謀略に陥れるのは

77　8世紀に実在したチベット王。仏教をチベットの国教に制定した。
78　原語　phrin blon。
79　中央アジアに存在していたとされる国。
80　原語　stong sde。千戸または千人の兵から構成される軍事ユニット。ここでは一連隊の正規兵と訳した。
81　原語　dmag stong sde。
82　原語　stong bu chung。
83　原語　gu rub za snang sgron legs mo。シャンシュン王国の王妃。
84　原語　snang nam legs grub。チベット王国の諜報大臣。
85　野生のヤク。

どうかしら。

シャンシュン王は来月に、シャンシュンの国土からスムパ王国[86]のランキ・キムシュ[87]へ従者を連れて会談に出席するため出発されますわ。そのときにどこかで待ち伏せし、殺してしまいましょう。その合図は私自身がいたしますわ」

ナンドゥン・レクマは気まぐれで軽率な性格だったため、そんな言葉を呟いたのだ。いつシャンシュン王がスムパ王国に向けて出発する予定なのか知らせる合図を、峠の上に置くことを二人は決めた。

その場所にチベット王が大臣や数多くの連隊を率いて現れた。ナンナム・レクトゥプとチベット王が先頭に立って峠のところに石を積んだケルン[88]に到着し、あたりを眺めると、水を湛えた平鍋《ひらなべ》の中に、金の小片が一つ、小さな巻貝が一つ、毒が塗られた矢じりが一つといった三つの物が置かれていた。

チベット王が言うには、

「水を湛えた平鍋は、来月の満月を迎えるときにリミギャ王はやってくるという意味だ。金の小片と小さな巻貝は、タンラ[89]の地にある黄金窟と巻貝窟に軍勢を待機させておくように、との意味だ。毒が塗られた矢じりは、積年の雪辱を果たすために、リミギャ王を待ち構えてから殺すようにとの意味だ」

チベット王国の軍勢はリミギャ王一行を待ち構えることにした。そうして、その場所で二人の王が顔を合わせたとき、チベット兵がシャンシュン王を殺害した。そのようにしてシャンシュン王国の十万連隊からなる大軍[90]は戦いに敗れ、一万連隊からなる軍勢[91]のチベット王国軍が勝利を収めた。

ちょうどその頃、中央チベットのラサ[92]と呼ばれる土地に、どうにも困った問題を抱えた一族がいた。彼らはペネクという名の占い師に占いをさせることにした。

「あなた方一族が没落するのを誰も止めることはできない。父親がいない子供というのは近親相姦にちがいない。先が思いやられることになるだろう。それがどうなるかといえば、その子供が十五歳になったとき、馬の鞭の先をこの子供に向けて、やっぱりこの子供のせいだと口に出すことになる」と占い師は言った。

そこで「どうしたらいいでしょうか？」と一族は占い師に尋ねた。

「さまざまに異なる一族出身の十五人のボン教徒に悪魔祓いの儀式を執りおこなわせなさい。そして、近親相姦で生まれた子供を赤褐色の牛に縛りつけて乗せたら、その牛を西に向けて放ち、言葉の通じない国へ追い払えばいいだろう」と占い師は言った。

86　東チベットに存在した国。チベット王国に滅ぼされる。
87　原語　glang gi gyim shod。スムパ国の地名。
88　石を円錐形に積んで目印や道標にしたもの。
89　シャンシュン王国の地名。
90　原語　'bum sde。
91　原語　khri sde。
92　現在のチベット自治区の最大都市。

そうして説一切有部《せついっさいうぶ》[93]の教えが盛んだったカシミール国[94]へとその子供は追い払われた。その子供には根深いカルマが形成された。インドの国で仏教を学ぶようになると、優秀な訳経師になり、ボディーサットヴァ[95]という名で呼ばれるようになった。その子供が追放されたのは占い師とボン教徒の仕業だったので、チベット王国の王や大臣にボン教の悪口を言い広めた。

「ボン教を滅亡させ、仏教を信仰すべきだ。教えといったら、神聖な仏教こそ本物。ボン教が勢力を誇り崇拝されている限り、王家も王国も危害を被ることになる。だからボン教を滅亡させる必要がある」という諫言《かんげん》をボディーサットヴァはチベット王に言づけた。

しかしチベット王はこの誹謗中傷に耳を貸さずに、

「もしもこの諫言の通りだとしたら、太陽と月も衰退しているはずだ。時が至れば、ボン教が衰退することもあるだろう。わざわざ滅亡させることもなかろう」と言った。

ちょうどその頃、太陽と月の光が消え去る事件が起きた。モン国のペンラリン王が夢の中でその兆しを目撃したのだ。三千もの黄金の太陽が燃え尽き、地中深く沈んでいく光景を夢で見たのだ。

その夢はハラヤカ王[96]に告げられ、さらにハラヤカ王からテシテツォ[97]大臣に告げられた。このように人から人へと口伝えにされ、ついにチベット王が耳にすることになった。チベット王は頭を抱えながら次のように嘆いた。

「近親相姦により生まれたこの子供はカシミール王国に追放され、危険な橋や険しい道、南方ネパールの灼熱にも命を落とすことがなかった。インドの国で仏教を習得し、学識深くなったというのに、私に誹謗中傷を吹き込もうとしている。

ボン教王を亡き者にしてしまった。モン国王の夢見が現実になろうとしている。永遠と謳われた宝のように貴いボン教もいつか衰退するだろうといわれることもあったが、いよいよ滅亡するときが来た」

シャンシュン王国は総崩れし、スムパ王国は散り散りになり、チベット王国は分断したその時代[98]。シャンシュン王国第一王妃キュンサ・ツォギャル[99]は、チベット王に対し心中で復讐を誓い、大成就者ナンシェル・ルーポを招聘《しょうへい》した。彼のためにキュンサ・ツォギャル王妃は金襴《きんらん》のクッションを九枚も重ねた特別な座をしつらえ、鹿の絵柄をあしらった白絹製の天幕を張り、心ゆくまで米から醸造した酒（チャン）をふるまい、たくさんの御馳走や魅力的な贈り物でもてなした。

93　部派仏教の一派。
94　北インドに存在した国。現代この地域はイスラム教が盛んだが、古代には仏教が栄えた。
95　サンスクリット語で菩薩の意味。ここでは個人名として使用されている。
96　原語　ha la ya ga。王の名前。どの国の王かは不明。
97　原語　de shi de tso。大臣の名前。どの国の大臣かは不明。
98　飛ぶ鳥を落とす勢いだった当時のチベット王国が分断され散り散りになった理由は、この本文中には明らかにされていない。
99　原語　khyung za mtsho rgyal。シャンシュン王国の第一王妃。

苦しみから血のような涙を流しながら、キュンサ・ツォギャル王妃は大成就者ナンシェル・ルーポに次のように訴えかけた。

「ボン教王は殺害されました。ボン教の道義は絹の結び目も同然。シャンシュン王国の法律は黄金の頸木《くびき》だったが、それも壊されました。ボン教の王国はバラバラに瓦解。永遠なるボン教の教えは滅亡の一途。こんな日が訪れるとは夢にも思いませんでしたわ。どうぞ、復讐を果たしてくれることを心からお願い申し上げます」

それに対して、大成就者ナンシェル・ルーポは次のように答えた。

「私には『プ』[100]という一サン[101]の金《きん》を使用した修法があります。三年間その修法を執りおこない、その金を大空に放てば、チベット王国の国土が風で吹き飛ぶだろう。もしくは、『キュン』[102]という半サンの金を使用した修法を三か月間執りおこない、その金を大空に放てば、ヤルルン渓谷[103]のソカ[104]の地にいるティソン・デツェン王とその従者を殺害することができるだろう。もしくは、『ングゥプ』[105]という一ショ[106]の金を使用した修法を一週間執りおこない、その金を大空に放てば、ティソン・デツェン王自身を亡き者にすることができるだろう」

キュンサ・ツォギャル王妃は「ングゥプ」の修法を執りおこなうように懇願した。

大成就者ナンシェル・ルーポはタロ湖[107]の島に戻ると、鹿の絵柄をあしらった白絹製の天幕を張り、金襴のクッションを九枚も重ねた特別な座の上に座り、一週間ほど「ングゥプ」の修法を執りおこなった。そして、一ショの金を三分割したあと、そのうちの一つを夕暮れどきの大空に放つと、それはヤルルン渓谷シャムポ山[108]の斜面にある湖に衝突した。すると湖は干上がり、そこに住んでいたナーガ族は逃げ失せた。その土地は今日では「ヤルルン枯れ湖」と呼ばれている。
さらに、三分割した金のうちのもう一つを真夜中の大空に放つと、それはヤルルン渓谷のソカにある兄弟山[109]で眠りについていた七匹の鹿[110]に命中し、そのうち二匹は息絶え、五匹は麻痺した。その場所は今日、「麻痺鹿山《まひしかやま》」と呼ばれている。

---

100 原語 spu'。毛という意味のボン教に伝承される密教の修法の名前。
101 サンはチベットの重量の単位の一つで、一両（37ｇ）または一オンス（32ｇ）。
102 原語 khyung'。ガルーダという意味のボン教に伝承される密教の修法の名前。
103 チベットのロカ地方の地名。ラサから東南の方向にあるチベット王国発祥の地。ティソン・デツェン王までの初期のチベット王の住まいはすべてロカ地方にあった。
104 原語 sog kha。ヤルルン渓谷内の地名。
105 原語 rngub'。吸気という意味のボン教に伝承される密教の修法の名前。
106 チベットの重量の単位の一つ。1サン＝10ショ。
107 かつてのシャンシュン王国にあった湖。現在もチベット自治区内に実在する。
108 原語 sham po。チベットの地名。シャムポはヤルルン王朝を守る神。現在ではヤルレン・シャムポ（原語 yar lan sham po）と呼ばれている山。
109 原語 spun po'i ri'。兄弟山とは、通常、頂上が三つ連なる山を意味する。
110 鹿はティソン・デツェン王を象徴する動物だった。鹿が被害を受けることにより、ティソン・デツェン王の生命力が削ぎ落とされることにつながった。

そして、三分割した金のうちの最後の一つを夜明け前の大空に放つと、まどろみの虎峰城111に命中した。チベット王は深刻な病魔に冒された。

聡明なチベット王は次のように命じた。

「永遠なるボン教の教えが滅亡していく。ボン教王は殺害された。今しがたの夜明け前に呪術をかけられたのは、大成就者ナンシェル・ルーポの心が怒りに燃えているからだ。ドンの角いっぱいに詰めた砂金を携え、百騎の人馬に運ばせろ。大成就者ナンシェル・ルーポは私の命を救う方法を知っているはずだ。彼をチベットに招いて礼を尽くして厚くもてなさなければ、すぐにも私は命を落としてしまうだろう」

そうしているうちに百人の騎手がタチェ112の地に到着。シャンシュンの羊飼いに、チベットから来た騎手たちが次のように尋ねた。

「大成就者ナンシェル・ルーポの企みにより、チベット王が病魔に冒された。我々は大成就者ナンシェル・ルーポに謁見し、チベットまで御同行をお願いする所存だ。彼はどちらにいらっしゃるのだ」

羊飼いは次のように答えた。

「湖中の島にある白い崖の麓に、鹿の絵柄をあしらった白絹製の天幕を張り、そこにいらっしゃるじゃろう。いつも同じ御姿をしているわけではなく、どんな御姿にも変身なさいますぞ」

そこで百人の騎手は湖に小舟を浮かべ島へと渡った。金襴のクッションを九枚も重ねた特別な座の上に、水晶の角に姿を変えた大成就者ナンシェル・ルーポがいるのが見えた。百人の騎手はドンの角いっぱいに詰めた砂金を彼に献上したあと、表敬のためにその周りを回り、五体投地をおこなった。

水晶の角から元の姿に戻った大成就者ナンシェル・ルーポは立ち上がると、次のように言った。

「ボン教王は殺害され、永遠なるボン教の教えは滅亡の一途だ。チベット王に対する復讐心に駆られても仕方があるまい。チベット王を死に至らしめ、チベット王国を破滅させるべきところだが、私がこれから言う通りにすると約束できるか」

大臣は次のように答えた。

「我らが主ティソン・デツェンは次のように申し上げている。『第一に、永遠なるボン教が滅亡に瀕しているのは、私の罪ではない。ボディーサットヴァとインド人学者たちと、従者の大臣たちがボン教を中傷していたからだ。これから何を命じられても、そのお言葉に従います』と」

「それならば、私からの要求は以下の四つの通りだ。私が実践するシャンシュン王国由来のボン教の360種類の教え[113]を弾圧してはならないというのが一つ目。私が属すクルップ一族に対しヤルルン渓谷のソカの地を分け与え、シャンシュン王国所属のラマや大臣が支払うべきとされる税金を免除し、

111　クカル・チンワタクツェ。原語　sku mkhar bying ba stag rtse。チベット最初の王ニャティ・ツェンポが住んでいたといわれる城。
112　原語　drwa bye。地名。
113　360という数字は多数を意味している。これらの教えの中には、シャンシュン・ニェンギュとシャンシュン・メリの教えも含まれている。

チベット王の右側に列席を許すことが二つ目。主リミギャの等身大で、黄金製の仏塔を建て、それを金属で作った一尋[114]の卍で装飾するというのが三つ目。キュンサ・ツォギャル王妃の眼前で、身体の12の部分と頭部の合計13の部分に見合う賠償をすることが四つ目。これらの特権を認めるか」と大成就者ナンシェル・ルーポは要求した。

それに対して、チベット王から特命を受けていた三人の大臣がその場で誓いを立てた。

すると大成就者ナンシェル・ルーポはチベット王の御前までクッションに座ったまま移動し、呪術の効果を無効にする儀礼「九重のサンティーパルマ」[115]を執りおこなった。チベット国王の身体にある九か所の開口部[116]から、絡みついた絹糸のような金糸が吐き出された。それらを計測すると、ちょうど合計で三分の一サンにあたる重量だった。

それからチベット王は穢れた血、膿《うみ》、腫瘍などを大量に吐き出したあと、病から回復した。王は歓喜し、シャンシュン王国由来のボン教の教えは滅亡を免れた。グルップ一族はヤルルン渓谷のソカの地を与えられ、チベット王の右側に列席することを許された。シャンシュン王と等身大の仏塔と、13の身体部分に見合う賠償がキュンサ・ツォギャル王妃のもとへ贈られた。

そのような経緯を経て永遠なるボン教が繁栄を続けていた時代に、ブッダの教えに宿る加持を身につけた大成就者ナンシェル・ルーポに対して、学識深き成就者トンギュン・トゥチェンが懇願し、大成就者ナンシェル・ルーポから驚愕すべきボン教の法門を授かった。そのことについては経典『目録』[117]に詳しく記述されている。

この文書は歴史の要約、ボン教が滅亡しない理由を短くまとめたもの。

サルワ・マンガラム[118]。
功徳に恵まれますように。

114 両腕を伸ばした大きさ。
115 原語　gsang this 'phar ma dgu skor。ボン教に伝承されている密教の修法。
116 九か所の開口部とは、両目、両耳、鼻の両鼻孔、口、尿道、肛門。
117 原語　kha byang。
118 一切が吉祥でありますようにという意味。

解説　ボン教が滅亡しない理由

光のチベット史

歴史、地理、謎解き、謀略、呪術。「ボン教が滅亡しない理由」という表題の本章には、あなたがまだ知らない古代中央アジアの魅力がぎっしりと凝縮されています。古今東西どんな国や地域の歴史も、ある一つの視点から語られます。それは常に勝者の視点です。

たとえば、今日チベット人の大多数が仏教徒だということから、仏教がチベット文化史上の勝者だといえるでしょう。実際一般的に受け入れられているチベット正史はチベット仏教の視点から構成されています。それは必ずしも客観的な歴史ではないことがさまざまな研究から明らかにされています。

そのチベット正史では次のように語られています。古い伝承によれば、チベットの始まりは、観音菩薩の化身である猿とチベット高原に住む魔女（羅刹女《らせつにょ》）が交わり、六匹の猿が生まれたことに端を発するといいます。この六匹の猿が後の六氏族に発展し、チベット民族を構成するようになりました。この後長い間、チベット人たちは文字も文化も存在しない未開で野蛮な生活を営んでいたといわれています。

ラサはかつてのチベット王国の首都で、現在のチベット自治区最大の都市です。そのラサから南方に位置するヤルルン渓谷で、いつの頃かはっきりしませんが古代チベット王国が生まれました。

その後7世紀、ソンツェン・ガムポ王の在位中にチベット初の統一王国（吐蕃《とばん》）が建国されると、ほぼ同時にインドから仏教が伝来し、インド文字をもとにしてチベット文字が発明されました。8世紀にティソン・デツェン王が王位に就くと、チベット王国は唐の首都だった長安を一時占領するほどまでに勢力を拡大し、仏教が正式にチベットの国教に制定され、チベット初の仏教寺院サムイェー寺が創建されました。

このようにインドから仏教が伝来したことによってようやくチベット文字が作られ、チベットに高度な宗教文化が根づき、文化的な社会が築き上げられ、それまで野蛮な国だったチベットが文化的な国へと生まれ変わったと信じられています。仏教に篤い信仰心を持っているチベット人ならば、こうした歴史観を何一つ疑うことなく信じているはずです。私たち日本人が書籍やウェブサイトから得られるチベットの歴史も、多くの場合、こうした歴史観に準じています。

影のチベット史

光があるところに影があるように、勝者がいればそこには必ず敗者がいます。チベット文化史上の勝者が仏教ならば、敗者はボン教なのです。なぜならば、8世紀から仏教がチベットで興隆していくのとは対照的に、ボン教は仏教との勢力争いに敗退しその勢力を衰退させていったからです。勝者には勝者の視点に立った歴史があるように、敗者には敗者の視点に立った歴史があります。

敗者であるボン教の視点に立った歴史観は、勝者の視点に立った歴史観とは大きく異なります。ボン教の歴史観によれば、チベット王国がまだ生まれる前のはるか昔から、かつて広大なチベット高原を覆うような大国のシャンシュン王国が存在していました。シャンシュン王国では国王も国民もみんなボン教を信仰していました。その東南にはチベット王国が存在し、チベット王国は紀元前2世紀の初代チベット王ニャティ・ツェンポの時代から8世紀まで、ヤルルン渓谷とラサ周辺だけを領土としていた小国だったのです。

ニャティ・ツェンポ王の時代からすでにシャンシュン王国からボン教がチベット王国に伝来し繁栄していました。また、当時のチベット王国ではボン教と深く結びついたシャンシュン文字が存在し、シャンシュン文字を使用してさまざまな記録文書が作成されていました。つまり、チベット王国には、仏教が伝来するはるか前のその建国当初からボン教と関係した高度な宗教文化と文字が存在していたのです！

チベット王国の建国時から仏教がチベットの国教に制定された8世紀までの長い間、ボン教の教えと宗教文化はチベット王国の政治から生活習慣まであらゆる分野にいきわたり、チベット人社会を支え、チベット王国の国王と国民たちは皆ボン教を篤く信仰したり修行したりしていたのです。このように、ボン教の視点に立った歴史では、仏教がインドから伝来するはるか前からチベットの大地には高度な社会と宗教と文化があったと考えられています。チベット仏教から見たチベット史とボン教から見たチベット史は、ずいぶんと様相が異なるのです。

7世紀から8世紀にかけてチベット王国はみるみるうちに勢力を拡大し、シャンシュン王国やスムパ王国などの周辺諸国との戦争に勝利し、貪欲にそれらの国土を飲み込んでいきました。それにつれ、チベット王の権力と支配力も強大化してきました。しかし一般のチベット人たちはチベット王よりも、これまで通りボン教やボン教のラマに対して篤い信仰心を持ち、揺るぎない信頼を置いていました。彼らはチベット王の言葉には耳を貸さない一方で、ボン教のラマの言葉には素直に従っていたのです。チベット王にとってボン教のラマたちは、いわば目の上の瘤《こぶ》。目障りで仕方がなかったことでしょう。8世紀に仏教がチベットの国教として制定されると、ボン教に対する弾圧が始まり、ボン教は衰退への道をたどるようになりました。

このように、8世紀のチベット高原は政治的にも宗教文化的にも激動の時代だったのです。これから解説していく歴史物語の舞台はこの時代とこの地域、つまり8世紀のシャンシュン王国とチベット王国なのです。

魅力的なボン教史

この歴史物語を読むことにより、あなたは弱者や敗者に転落したボン教徒たちのチベット史観を知ることができます。それは勝者の陰に隠された敗者の歴史。そこには実在の人物名や地名がいくつも登場しますが、ボン教徒たちの視点に立った歴史物語だということをご留意いただきたい。

一般的に語られるチベット正史と同様に、この歴史物語が完全に客観的な歴史ではないからといって、意味のない空想や空言《くうげん》だとは思わないでください。なぜならば、そこには確実にボン教が千年以上もの長きに渡り保存してきた彩り豊かな世界観や古代の伝承が数多く含まれているからです。それらは間違いなく古代チベット世界を知るための窓であり、歴史的な価値が高いものなのです。本章を読み進めていくにつれ、あなたはきっと今まで気づかなかった古代チベットの歴史や文化に心を躍らせることでしょう。

この歴史物語の中に登場する人物や史跡はどれも興味深く、そして魅力にあふれています。これからあなたがこの物語を読み進めるにあたり、先に以下の7人の登場人物と4つの王国と2つの地名について簡単に説明しておきましょう。これらの前知識があれば、話の筋を見失うことなくこの歴史物語を読み進めていけるはずですからね。

7人の登場人物

●ナンシェル・ルーポ　ボン教の成就者でありシャンシュン王国の首席司祭。タピリツァから『シャンシュン・ニェンギュ』の教えを授かった後、人里から離れたタロ湖でゾクチェンの瞑想修行を続けていた。密教の法力を駆使し、ボン教を滅亡から救う。

●リミギャ王　シャンシュン王国最後の王。ボン教に篤く帰依し、ボン教を保護していたボン教王。チベット王国のティソン・デツェン王に暗殺される。

●ティソン・デツェン王　チベット王国の領土拡大を目論むチベット王。仏教をチベットの国教に制定し篤く保護したので仏教王とも呼ばれている。ナンシェル・ルーポの法力により重篤な病を患う。

●クルップサ・ナンドゥン・レクマ　シャンシュン王国の若き第三王妃。恵まれない自分の境遇に不満を抱いている。運命のいたずらにより、リミギャ王の暗殺を立案する。
●キュンサ・ツォギャル　シャンシュン王国の第一王妃。夫のリミギャ王を暗殺された恨みから、ティソン・デツェン王に対する復讐をナンシェル・ルーポに依頼する。
●ナンナム・レクトゥプ　チベットの諜報大臣。ティソン・デツェン王の命を受け、シャンシュン王妃クルップサ・ナンドゥン・レクマに近づく。
●ボディーサットヴァ　不幸な生まれのチベット人男性。子供の頃に国外に追放された後、インドで優秀な訳経師になる。ボン教を恨み憎んでいる。

4つの王国名

●シャンシュン王国　かつてチベット高原を制覇していた巨大な王国。ボン教を保護していた。
●チベット王国　シャンシュン王国の東南に位置した小国。8世紀になるとシャンシュン王国やスムパ王国などを併合し、大国に成長する。
●モン王国　南チベットからヒマラヤにかけた一帯を領有していたモン族の王国。チベット王国に滅ぼされる。
●スムパ王国　東チベットのキュンポ地方やホル地方に存在した国。チベット王国に滅ぼされる。

二つの地名

●ヤルルン渓谷　チベット王家発祥の地。ティソン・デツェン王の住まいがあった。
●タロ湖　シャンシュン王国内にあったナンシェル・ルーポの修行場。

この歴史物語は、大きく三つのパートに分かれています。それは、リミギャ王の暗殺とシャンシュン王国の崩壊、ボディーサットヴァの追放と帰還、ティソン・デツェン王に対する復讐です。それぞれの概要をこれからあなたに説明していくことにしましょう。

第1節　リミギャ王の暗殺とシャンシュン王国の崩壊

この物語の舞台となった8世紀には、シャンシュン王国やチベット王国の人々はボン教を信仰し、ボン教の数多くのラマたちや成就者たちが活躍していました。そうしたラマたちや成就者たちの名前がここで一挙に列挙されています。

その中には、ダワ・ギャルツェンとナンシェル・ルーポの名前も見られます。タピリツァの名前が見当たらないのは、このときすでに虹の身体を成就して、この世界から光となって跡形もなく姿を消滅させていたからだと思われます。

次に各国の国王の名前が列挙されています。シャンシュン王国のリミギャ王とチベット王国のティソン・デツェン王はどちらもこの物語のキーパーソンです。

広大な領土を誇っていたシャンシュン王国でも、当時はまだ小国だったチベット王国でも、外務大臣が一人、内務大臣が一人、諜報大臣が一人しか置かれていないことが語られています。どの国の政府も少数のメンバーによって運営されていたことから当時チベット高原一帯は、国家間の争いごとがなく、比較的に政治状況が安定していたことがうかがえます。

ところが、ティソン・デツェン王が登場すると、この均衡状態が破られ始めます。彼はチベット王国の外務大臣、内務大臣、諜報大臣をそれぞれ10人ずつ任命したからです。チベット王国だけが大臣の数を一挙に増やしたことから、チベット王国が覇権国家になる野望を抱いていたことが読み取れます。こうして、これまで安定していたチベット高原一帯の政治的バランスや軍事的バランスがチベットのティソン・デツェン王の手によって崩壊させられたのです。

ティソン・デツェン王はタジク王を手懐けることに成功していました。タジク王とはタジク王国の王のことです。

タジク王国は財政的に豊かな国だったようです。チベット王国とタジク王国の国境に橋をかけたり、ティソン・デツェン王の護衛を買ってでたり、ティソン・デツェン王のためにかなりの財政的な負担を担っていたようです。

タジクといえば、ボン教の始祖であるトンパ・シェンラプが生まれた神秘の国と同じ名前です。この神秘の国タジクの方は異次元の世界であり、そこにはタ（虎）とジク（豹）がたくさん住んでいたといわれています。

一方、この歴史物語に登場しているタジク王国は、三次元世界のアジアのどこかにその存在が想定されています。ですから、神秘の国タジクとタジク王国は同じ名前をしていても、存在している次元が異なるのです。二つの国は別々の国だと考えた方がよいようです。

また現実世界を描いた世界地図を見てみると、中央アジアにはタジキスタンという実在の国が存在していることにあなたは気づくことでしょう。タジキスタンとこの歴史物語に登場するタジク王国とは名前がとてもよく似ています。歴史家の中にはこの二つが同じ国だと考える人もいるようですが、この二つの国の関係性についてはまだ明らかにされていません。一般的にボン教徒たちは、タジク王国とタジキスタンの間には関係がないと考えているようです。

トンパ・シェンラプの故郷はタジクの他に、オルモルンリンだと説明されることもあります。オルモルンリンはシャンバラそのものだとも言われています。

シャンシュン王国は九十九万連隊もの正規兵を擁し、チベット王国は正規兵と非正規兵を合わせて四十三連隊を擁していました。

当時のシャンシュン王国やチベット王国では、軍隊は千戸単位で組織されていたようです。ただし、この戸というのが一家（世帯）を指すのか、人数を指すのかは研究者の間でも意見が分かれていて、いまだ明確にはされていないようです。

本書では千戸を千人から構成された軍隊だと解釈して、千戸を連隊と翻訳しました。それにしても、シャンシュン王国に九十九万連隊もの正規兵がいたという表現には、だいぶ誇張があるようです。当時のシャンシュン王国がいくら大国だったとしても、チベット王国の二十三倍もの軍事力を擁していたとは考えにくいからです。シャンシュン王国の兵力は九十九万人か九十九連隊とするくらいが妥当だと思われます。

ここで軍事力を示す数字の大きさが不自然になっている理由や原因はいくつか考えられます。たとえば、なんといっても『シャンシュン・ニェンギュ』は千年以上も昔に記された経典なので、長い年月の間に、書き写すときに綴りを間違えたり、文字が欠落したりしたであろうことが考えられます。いずれにしてもチベット王国はシャンシュン王国と比較して圧倒的な小国だったので、正攻法ではシャンシュン王国を制覇できる可能性は皆無でした。そこでティソン・デツェン王は狡猾な諜報大臣のナンナム・レクトゥプとある謀略を企てます。

ナンナム・レクトゥプをシャンシュン王国に派遣し、シャンシュン王国の宮廷内で冷遇され不満を抱いていた若き第三王妃クルップサ・ナンドゥン・レクモに近づけたのです。諜報大臣ナンナム・レクトゥプは甘い言葉で誘惑しながら、賄賂の砂金をクルップサ・ナンドゥン・レクモ王妃の手にのせたのです。

若さのために思慮に欠けていたのかもしれません。クルップサ・ナンドゥン・レクモ王妃はまんまとその口車にのせられて、諜報大臣ナンナム・レクトゥプの謀略に一枚噛むことにしたのです。

彼女は、シャンシュン王国のリミギャ王がほどなく会談のためにスムパ王国に向かう予定であることを思い出し、その途上で暗殺することを提案しました。後日、リミギャ王がスムパ王国に旅立つ正確な予定がわかったら、その情報をシャンシュン王国とチベット王国の国境にあたる峠に残すことをチベットの諜報大臣ナンナム・レクトゥプに約束したのです。

それからしばらく経過したある日、ティソン・デツェン王と諜報大臣ナンナム・レクトゥプがチベットの軍勢を引き連れて国境の峠に足を運ぶと、人目につかない隠れた場所にその場にそぐわない不可解な物体を発見しました。それは一見何気なく置かれたありきたりの平鍋で、その平鍋の中にはたっぷりと水が湛えられ、金の小片が一つ、小さな巻貝が一つ、毒が塗られた矢じりが一つ水中に沈められていました。

ティソン・デツェン王と諜報大臣ナンナム・レクトゥプの二人はお互いの顔を見合わせ、うなずき合いました。まさしくそれは、クルップサ・ナンドゥン・レクモ王妃が約束通りに残していったメッセージだったのです。

クルップサ・ナンドゥン・レクモ王妃が残したメッセージは一種の暗号または謎解きで、聡明なティソン・デツェン王は即座にその謎を解読することができました。「水を湛えた平鍋は満月を象徴しておるから、来月満月になったときにリミギャ王がやってくるという意味。金の小片と小さな巻貝はそれぞれ、タンラの地にある黄金窟と巻貝窟を象徴しておるから、そこにチベット王国の軍勢を待機させておくようにとの意味。毒が塗られた矢じりは殺害可能であることを象徴しておるから、リミギャ王を待ち構えて殺害できるという意味にちがいあるまい」

次の満月の日にティソン・デツェン王はチベット王国の軍勢を引き連れタンラの地に到着すると岩

陰に身を潜ませ、リミギャ王がやってくるのを待ち構えました。果たして、何も知らないリミギャ王が馬に乗りながらシャンシュン王国の大軍を率いて現れました。ティソン・デツェン王が号令をかけると、チベット王国の軍勢は岩陰から躍り出てシャンシュン王国の軍勢に奇襲をしかけました。シャンシュン王国の十万連隊の軍勢に対し、チベット王国は一万連隊の軍勢。チベット王国の軍勢はシャンシュン王国の軍勢の十分の一と数の上では劣勢でしたが、奇襲が功を奏し、シャンシュン王国の軍勢は大混乱におちいり、その隙をぬってリミギャ王を捕獲することに成功しました。リミギャ王はティソン・デツェン王の前に連れ出されました。このとき、二人の王の間でどのような最後の言葉のやり取りがあったのかは歴史に記録されていません。リミギャ王はティソン・デツェン王に向かって悪態をついたのか、命乞いをしたのか、想像する他ありません。ティソン・デツェン王が傍で待機していたチベット兵に合図をすると、チベット兵は大きく剣を振り下ろし、リミギャ王は絶命しました。主を失ったシャンシュン王国の軍勢は烏合《うごう》の衆と化し、ひとたまりもなく総崩れし、チベット王国軍は大勝利を収めました。リミギャ王の暗殺とシャンシュン王国軍の敗退の知らせが伝令により届けられると、シャンシュン王国内は大混乱におちいりました。その混乱に乗じてチベット王国の軍勢はシャンシュン王国に攻め入り、シャンシュン王国の領土を次第に浸食していきました。

なお、本書の冒頭にある推薦の言葉の中で長野泰彦先生が語られているように、文献に基づいた史実によれば、リミギャ王を殺害したのはティソン・デツェン王ではなく、ソンツェン・ガムポ王だとされています。一方で本章「ボン教が滅亡しない理由」の中では、リミギャ王を殺害したのはティソン・デツェン王だったということになっています。いずれにしても、チベット王がリミギャ王を殺害したことには変わりませんが、それがどのチベット王だったのかが異なるのです。こうした矛盾の原因は謎です。

第2節　ボディーサットヴァの追放と帰還

ちょうど時を同じくして、チベット王国内のラサで父親が不明な子供が産み落とされました。当時、父親がわからない子供の出産はとても忌み嫌われていました。一族郎党はこの子供をどう扱ったらいいのか決めかね、会議を開きました。会議は長時間にわたり、幾夜も話し合われましたが、納得できる結論に至りませんでした。そこで、ペネクという占い師に相談することにしたのです。

占い師ペネク「この父無し子は近親相姦で産まれた子供にちがいない。この子供のために、お前たち一族は没落する憂き目を見ることになるじゃろう。この子供が十五歳になる頃には、馬の鞭でこの子供の鼻先を指しながら、やっぱりこの子供のせいだと口に出しながら深く後悔することになるのじゃ」

一族郎党「一族の没落は何としても避けなければなりませぬ。何かいい方法はござらんか」

占い師ペネク「異なる家系のボン教の司祭を十五人見つけ出し、その者たちに悪魔払いの儀式を執りおこなってもらうのじゃ。その上で、汚らわしいこの子供を縄でよく縛りつけて、赤褐色の牛に乗せ、その牛もろとも西に向けて追い払うのじゃ」

こうして、不幸な星のもとに生まれた子供はチベットから北インドのカシミール国へと追い払われました。インドの北方に存在するカシミール地方では現在イスラム教が大勢を占めていますが、当時のカシミール国は部派仏教の一派である説一切有部という、大乗仏教とはだいぶ異なる思想の研究が盛んにおこなわれた土地柄でした。占い師と十五人のボン教の司祭によって故郷チベットから厄介払いされたこの子供はさぞかし心を傷つけられ、大人たちや占い師ペネクやボン教の司祭たちを恨んだことでしょう。この子供の心の奥深くに、どんなに強力な洗剤でも決して洗い落とせないようなどす黒い汚泥の塊のようになった恨みの気持ちが、ネガティブなカルマとなって形成され深く根づいたのは仕方のない話です。

やがてこの子供は立派に成長して、インドの国で一生懸命語学と仏教を学び、仏教経典を他の言語に翻訳する優れた訳経師になりました。その才能と努力が認められ、人々からボディーサットヴァと呼ばれ称えられるようになりました。

ボディーサットヴァとは、古代インドの言語であるサンスクリット語で菩薩を意味します。菩薩とはまだ完全なブッダの悟りには至っていないものの、長年にわたる学問と修行の成果により高い精神を獲得している存在のことを意味します。人々から「菩薩」と呼ばれていたことから、彼がいかに立派な仏教僧だったのかがわかります。

経典『シャンシュン・ニェンギュ』の中でも本章「ボン教が滅亡しない理由」はすでに、部分的に日本語に翻訳され、書籍『チベット文化史』（春秋社、1998年）に収録されています。『チベット文化史』は、その名の通りチベット文化について詳細に記述している書籍で、世界中で読まれている名著です。少し専門的な内容ですが、あなたも手に取って読んでみるといいでしょう。

その本の著者の一人であるデイヴィッド・スネルグローヴ（1920〜2016）は世界的に著名なチベット学者で、世界で最初にアカデミックなアプローチでボン教の研究に着手しました。「ボン教が滅亡しない理由」は『チベット文化史』の中で、以下のような評価が与えられています。

「史実とするには曖昧模糊としており、空想的な部分の多い、新しいタイプのチベットの物語文学の一例」である一方で、「この物語は、はるか後まで現行の形に文字化されることはなかったが（中略）紛れもなく初期のボン教の伝承をいくつか含んでいる」

『チベット文化史』の中では、「ボン教が滅亡しない理由」の中に登場するボディーサットヴァはチベットに仏教をもたらした著名なインド仏教僧シャーンタラクシタだと同定されています。なぜならば、シャーンタラクシタにはボディーサットヴァという異名があったからです。

しかし、本章のボディーサットヴァはチベット生まれのチベット人であり、シャーンタラクシタは現在の北インドに存在したといわれるサホル王国の出身です。『チベット文化史』の主張とは異なり、この二人のボディーサットヴァは同じ名前をしていてもまったくの別人だということは明白です。

ただ、仏教の教えを伝えるためにインドからチベットに渡ったシャーンタラクシタをはじめとする多くのインド人の仏教僧たちは、ボン教を嫌いブッダの教えだと認めず、チベットから排除しようとしていたという伝承が残されています。ですから、いずれにしてもボディーサットヴァという名前をした人とボン教は、何か不思議な因縁関係にあるのかもしれませんね。それでは、物語のあらすじに戻ることにしましょう。

語学に優れ学識深い仏教僧に成長したボディーサットヴァは、その後チベット王国に戻ってきました。仏教をチベット王国に導入する計画を進めていたティソン・デツェン王が、ボディーサットヴァを宮殿に招き重用したことは想像に難くありません。しかし、ボディーサットヴァはこともあろうか、ティソン・デツェン王や大臣たちの前でボン教を誹謗中傷し始めたのです。

ティソン・デツェン王は悩みに悩みました。ティソン・デツェン王はリミギャ王を暗殺し、シャンシュン王国を滅ぼし、チベット王国の領土を広げる野望を抱き、仏教の導入を進めることを望んでいましたが、一方でボン教に対する信心を捨てていたわけではなかったからです。

実際、ティソン・デツェン王はボン教に対する帰依の気持ちを持ち続け、ボン教のゾクチェンを熱心に修行していたという話が現在でもボン教徒の間で伝承されています。ティソン・デツェン王はボン教を信仰しながら、一方で仏教のチベット導入を推し進めるという複雑な宗教観を持った人物だったようです。

ある夜、モン王国のペンラリン王が三千もの黄金の太陽が燃え尽き、地中深く沈んでいく不吉な夢を見ます。ティソン・デツェン王はペンラリン王のその夢見からボン教が滅亡する前兆を読み取り、ひどく狼狽《うろた》えて心から嘆きました。

第3節　ティソン・デツェン王に対する復讐

ティソン・デツェン王の謀略により、リミギャ王を暗殺されたシャンシュン王国は土崩瓦解《どほうがかい》し滅亡へ向けて転落していきました。シャンシュン王国の第一王妃キュンサ・ツォギャルはティソン・デツェン王に対する憎悪の火を燃やしながら心の底から復讐を誓いました。

そこで、シャンシュン王国の首席司祭だった大成就者ナンシェル・ルーポを宮殿に呼び寄せました。宮殿内の客間の一室に美しい白絹で天幕を張らせ、その真下に九枚もの金襴のクッションを重ねた特別な座を設けさせ、そこにナンシェル・ルーポを座らせました。美しい踊り子たちが舞いを舞い、国中から集めてきた贅沢な食べ物や珍味がテーブルの上に広げられ、米から醸造したチャンというチベットの濁酒がふるまわれました。苦痛と悲哀から血のような涙を流しながら、キュンサ・ツォギャル王妃はティソン・デツェン王に対する復讐を実行するようナンシェル・ルーポに依頼しました。

ナンシェル・ルーポ「私から王妃様に三つのオプションを提案してしんぜよう。第一に、私が三年間『プ』という修法を行じれば、チベット王国の国土全体を吹き飛ばしますぞ。第二に、三か月間『キュン』という修法を行じれば、ヤルルン渓谷にいるティソン・デツェン王とその従者を消し去りますぞ。第三に、一週間『ングゥプ』という修法を行じれば、ティソン・デツェン王のみを亡き者にしますぞ。さて、王妃様はこのうちどれを御所望ですかな？」

ティソン・デツェン王に対する復讐を果たすことが目的だったので、従者やチベット王国の国民を巻き添えにする必要はありませんでした。そこで、キュンサ・ツォギャル王妃はナンシェル・ルーポに「ングゥプ」の修法を執りおこなうように懇願しました。

ナンシェル・ルーポは一度だけ深くうなずくと、密教で鍛えた空飛ぶ修法を駆使し、あっという間に王宮を離れタロ湖中の島に戻ってきました。そして、修行場でもあり住居でもあった洞窟の前にキュンサ・ツォギャル王妃から賜った白絹の天幕を張り、金襴のクッションを使って修法を執りおこなう壇と座を設《しつら》え、炒った大麦の粉を練り上げてトルマという特別製の供物をいくつも作りました。

翌日。まだ太陽が昇る前の早朝、ナンシェル・ルーポは懐に入れていた貴重品袋から金を一つ大切そうに取り出すと、供物を並べた供物台の中央に置き、ボン教に伝承されている秘法「ングゥプ」の修法を行じ始めました。机の上に縦に設置した大きな太鼓を右手に持ったバチでリズミカルに叩き、左手で「ングゥプ」の修法のやり方が記述されている経典をめくりながら、昼夜を問わず陀羅尼やマントラを唱え続けました。

一週間後、太陽が西の山稜に沈み大空が黄金色に変わり、あたりが薄暗くなる頃に、ナンシェル・ルーポは座から立ち上がると修法中に法力を込めた金を巧みな方法で三つに分割し、そのうちの一つを右手に握りながら、天幕の外に出ていきました。一日中修法に明け暮れ火照った身体に、夜の冷たい空気が心地よく感じられました。

彼は右手のひらを開き、手のひらの中に小さく収まっている金に意識を集中させた後、その金に「ふぅー」と軽く一度息を吹きかけて念押しで法力を込めると、右手を大きく振りかぶりながら夕暮れの空に向かって金を放り投げました。その金は放物線を描くことなく一直線に空の彼方に吸い込まれていきました。

　ナンシェル・ルーポの手から離れた金は光を放ちながらシャンシュン王国の夜空を高速で横断した後、チベット王国のヤルルン渓谷シャムポ山の斜面にある湖に落下しました。ヤルルン渓谷はチベット王国の発祥の地で、シャムポ山は初代チベット国王ニャティ・ツェンポが天から降臨した聖山です。ですからここは代々のチベット王にとって特別な意味を持つ場所でした。

　ナンシェル・ルーポの法力が最初に打撃を加えたのは、ティソン・デツェン王のルーツや先祖に関わる土地だったのです。シャムポ山の空が一瞬だけ光り輝いた後に、続いてほどなく鈍い爆発音が鳴り響くと、湖の水は一瞬にして蒸発していました。

　次に日付が変わろうとしている真夜中に、ナンシェル・ルーポは同じように三分割したうちのもう一つの金を漆黒《しっこく》の夜空に向けて放り投げました。するとその金はヤルルン渓谷にそびえる兄弟山と呼ばれる三連山で眠りについていた七匹の鹿に命中しました。

　二匹の鹿は絶命し、五匹の鹿は麻痺して動けなくなりました。鹿はティソン・デツェン王を象徴する動物だったといわれていますから、ナンシェル・ルーポが放った法力の打撃はティソン・デツェン王のより間近なところまで迫り、ティソン・デツェン王の生命力は削ぎ落とされていったのです。この場所は、後に麻痺鹿山と呼ばれるようになりました。

　最後に夜が明けようとしている早朝に、ナンシェル・ルーポは三分割したうちの最後の金を白み始めた大空に向けて放り投げました。するとその金はティソン・デツェン王が眠る、まどろみの虎峰城に命中しました。まどろみの虎峰城は、初代チベット国王ニャティ・ツェンポの根城《ねじろ》としても知られています。こうして、ティソン・デツェン王は重篤な病魔に冒されました。

いったい自分の身体に何が起きたのか、聡明なティソン・デツェン王は即座に理解しました。ボン教を保護してきたリミギャ王を暗殺したことに対して、大成就者ナンシェル・ルーポが報復を仕掛けてきたにちがいありませんでした。息も絶え絶えでやっとの思いで寝台から起き上がったティソン・デツェン王はすぐさま三人の大臣を呼び出すと、命乞いするための砂金を手渡しながら、選りすぐりの百人の騎兵隊を率いてナンシェル・ルーポを探しに出動するように命令しました。

三人の大臣と百騎の騎兵隊は砂塵を巻き上げながら広大なシャンシュン王国の領土を横断し、タロ湖のほとりに到着すると、ヤク（チベットに棲息する毛長の水牛）の革から作られたチベット独特の四角形の革舟に乗り換えて、湖中にポツンとたたずむ小島に渡りました。

小島に上陸した大臣たちと騎兵隊は、すぐに洞窟の前に張られた白絹の天幕を発見しました。近づいてみると、天幕の中には祭壇や太鼓や骨笛などの法具が並べられていて、独特の霊的な雰囲気に満たされていました。

まさに瞑想修行者が密教の修法を執りおこなっている真っ最中といった場所でしたが、肝心のナンシェル・ルーポの姿はどこにも見当たりません。ただ、金襴のクッションを九枚重ねた座の上に、角の形をした水晶がちょこんと残されていただけです。

大臣たちはその角が密教の法力で変身したナンシェル・ルーポの姿だと気づき、持参した砂金を献上した後、その周りを左回りに三回回ったり、五体投地を三回したりして敬意を表しました。すると、角の周りの時空が歪み、角があった場所にナンシェル・ルーポの姿が出現しました。

ナンシェル・ルーポ「いったいわしに何の用かね」
大臣その1「我らのティソン・デツェン王が不治の病に冒されました。天下広しといえど、この病を治せるのはナンシェル・ルーポ様だけです。どうぞ、お力添えをお願いします」
ナンシェル・ルーポ「ティソン・デツェン王がリミギャ王を暗殺したために、永遠なるボン教は滅亡への一途をたどっておる。ティソン・デツェン王が病死し、チベット王国が滅んだとしてもやむをえまい。それが因果というものだ」
大臣その2「ボン教が滅亡の瀬戸際に立たされているのは、自らの罪ではないと我らの王は申しております」
ナンシェル・ルーポ「うぬ。なるほど。そういうことで次の四つの要求を満たすつもりならば、命を救ってやらんでもない。一つ目は、シャンシュン王国由来のボン教の教えを弾圧しないこと。二つ目は、我がクルップ一族にヤルルン渓谷のソカの地を譲るなどの特権を認めること。三つ目は、亡きリミギャ王の鎮魂のために黄金製の仏塔を建てること。四つ目は、キュンサ・ツォギャル王妃に賠償金を支払うこと」
大臣その3「御意にございます。我らの王はどんな要求にも従うとのことです」
ナンシェル・ルーポ「それならば、よかろう」
小さくうなずきながらそう言うと、ナンシェル・ルーポは両手で特殊な印を結び、口の中でもぐもぐとマントラを唱え始めました。すると、ナンシェル・ルーポを乗せたまま九重のクッションが浮き上がり、瞬きする間もなく空の彼方に消えていきました。

ティソン・デツェン王の根城に到着したナンシェル・ルーポが九重のクッションから飛び降りると、城の警備兵が駆け寄り、彼をティソン・デツェン王の寝室に案内しました。重い病の苦しみのために起き上がれず、息絶え絶えに寝台の上に横たわっていたティソン・デツェン王の目の前で、ナンシェル・ルーポは「九重のサンティーパルマ」という儀礼を執りおこないました。するとティソン・デツェン王は、今まで瀕死の状態だったのが嘘だったように回復し、呼吸が楽になり、顔に赤みが差し始めました。

ティソン・デツェン王が身軽にベッドの上で上半身を起こすと、そのはずみで、ティソン・デツェン王の両目、両耳、鼻の両鼻孔、口、尿道、肛門の九か所から小さな金糸の塊が飛び出ました。それはナンシェル・ルーポが「ングゥプ」の修法で使用した金のちょうど三分の一に相当する大きさでした。

それに続いて、ティソン・デツェン王はどす黒い血、粘着質の膿、刺激臭を発する腫瘍を口から吐き出し続けると、みるみるうちに病が全快しました。ティソン・デツェン王は何度もナンシェル・ルーポに深く謝罪と感謝の意を述べ、シャンシュン王国に由来するボン教を弾圧したり滅亡させたりしないことを固く約束しました。こうして8世紀のチベット高原ではシャンシュン王国が崩壊しチベット王国が勃興する中で、ボン教は政治的にも文化的にも不安定で大激動のこの時代を辛くも走り抜け、滅亡を免れ、今日まで存続することができたのです。

あとがき

世界でも日本でも注目を集めるゾクチェンの教えと瞑想。本書で取り上げているのはボン教のゾクチェン経典『シャンシュン・ニェンギュ』です。本書の出版以前にもこれまで『シャンシュン・ニェンギュ』は日本語に翻訳され、発表されてきました。「ボン教が滅亡しない理由」の章が部分的に日本語訳されていることはすでに述べました（P．288）。その他にも、季刊仏教26号（法蔵館、1994）の中で中沢新一氏が「光からの世界の生成」というタイトルで、『シャンシュン・ニェンギュ』の中の一章を翻訳し解説されています。その他にも、研究者によって『シャンシュン・ニェンギュ』の翻訳や研究がなされてきたにちがいありませんが、現在そうした業績を見つけ出すことはできませんでした。

私は20代の中頃にゾクチェン瞑想の伝授を求め、また修行をするため、1995年の3月に日本を飛び出し、ネパールの首都カトマンズに建立されていたボン教のティテン・ノルブッツェ僧院の扉を叩きました。いろいろと紆余曲折がありましたが、長い年月の修行生活を経て、ひと通りのゾクチェンの伝授を授かり、ある程度までゾクチェンの瞑想修行を習得することができました。

幸いなことに、私自身のラマであるヨンジン・リンポチェから日本でゾクチェンの教えを伝法する許可を頂戴して、2009年の春、日本に帰国しました。日本に帰国した後すぐに着手したのが、ゾクチェン経典の日本語への翻訳でした。

ボン教の教えは膨大です。ゾクチェン経典に限定しても数えきれないほどの数が存在します。その中でも『シャンシュン・ニェンギュ』はヨンジン・リンポチェを含むボン教のラマたちが最も大切にしている経典です。

かつて人里離れたチベット高原でお籠り修行の真っ最中だった若き頃のヨンジン・リンポチェは、1960年に中国によるチベット侵略のニュースを知ると、すぐさまチベットからの脱出を試みました。亡命するための念入りな準備を整える時間の猶予がなかった彼は、たった二つのボン教経典だけを携えて、チベットの大草原や砂漠を何日もかけて横断し、険しいヒマラヤ山脈を越えてインドへの亡命を目指しました。

そのとき彼がチベットから持ち出せた二つのボン教経典のうちの一つが『シャンシュン・ニェンギュ』でした。ヨンジン・リンポチェにとって『シャンシュン・ニェンギュ』は自分の命そのものと同じくらい価値のある大切な宝だったのです。

大昔と変わらず今もチベット本土や、インドとネパールなどに点在するボン教僧院の中では、ラマたちによって多数のゾクチェン経典が僧侶や尼僧や俗人の修行者たちに伝授されています。私は日本からカトマンズにあるティテン・ノルブッツェ僧院に足繁く通い、チベット人の若い僧侶と尼僧の輪の中に、ときには犬や猫たちと一緒に加わり、ヨンジン・リンポチェから貰いゾクチェンの伝授を授かりました。ビザの関係でカトマンズに長期間滞在することができなかった事情もあり、必然的に私が臨席できた伝授と講義は順番通りの体系的なものにはほど遠い、行き当たりばったりなものになりました。

できることならいろいろな種類のゾクチェン経典の講義に出席したいと思っていましたが、残念なことにその望みを叶えることはできませんでした。そして不思議なことに、私が臨席できたのは『シャンシュン・ニェンギュ』の伝授や講義ばかりだったのです。

2009年の帰国後、「ただでさえ難解なチベット語で記述されたゾクチェン経典の翻訳をするならば、一番慣れ親しんでいるものから着手しよう」と私は思いました。そうして私は、まず『シャンシュン・ニェンギュ』の翻訳に取り組みました。

私はチベット語会話も、チベット語経典の読解も、ゾクチェンの理論的理解や実践も、ボン教僧院という現場で身につけた叩き上げです。大学や大学院で体系的に仏教やチベット語を学んだり研究したりした経験があるわけではありませんでした。

加えて、日本語で書かれた一般的な仏教書すらあまり読んだことがなかったので、当時の私は仏教思想も仏教用語も何も知らないままにチベット語経典の翻訳を始めたのでした。「身のほど知らずのとんでもないことを始めてしまった」ということに気づくのに時間はかかりませんでした。

朝から晩まで一人部屋の中に籠り、何時間も途切れることなく眉間にしわを寄せ、何やら低い唸り声をあげながら、『シャンシュン・ニェンギュ』の経典に並んでいるチベット文字の一語一語に向き合っていると、あまりにも解読が難解なことから、口から内臓が飛び出すのではないかと思うほどのストレス感覚を抱いたりしました。また、長時間イスに座り続けていたためにまるでお尻に火がついたかのような、飛び上がるほどの痛みを何度も感じました。

当時は今とは異なり、まだＳＮＳやボイスチャットを通じてチベット人のボン教の僧侶たちに連絡を取ったり質問したりすることができませんでした。必然的に私は孤立無援で難解なチベット語経典に取り組まざるをえなかったのです。とてもとても孤独な闘いの日々が続きました。

右も左もわからず始めたチベット語経典の翻訳ですが、それでも三年ほど続けていると曲がりなりにも要領がわかり始めました。死に際し意識を仏国土に転移させる「虹の天蓋のポワ」、『シャンシュン・ニェンギュ』とは別系統のゾクチェン経典「アティ」、ゾクチェンと結びついたエクササイズの「トゥンコル」などの経典の翻訳作業を間に挟みながら、私はさらに『シャンシュン・ニェンギュ』の翻訳を続けていきました。

翻訳が終わった部分については、ただ私のパソコンのストレージの中に眠らせていたわけではなく、私が運営している瞑想教室のテキストとして参加者に配布しました。その頃から今もなお、私は自分自身でチベット語経典から日本語に翻訳したテキストを使用しながら、日本でゾクチェンの伝授をしているのです。

思い返してみると、私はボン教のゾクチェンに出会った後、それまでの倦んでいた人生はすっかり変わってしまいました。自分がなぜ生まれてきたのか、何が最も生きがいのある人生なのか、この人生で何をすべきなのか、ゾクチェン瞑想の体験がすべて私に教えてくれたからです。

毎晩眠りにつく前に「私はあと何年生きられるのだろうか」と考えることがあります。厚生労働省による2020年の統計によれば、日本人男性の平均寿命は81・49歳だということです。私はこのあとがきを書いている2023年の12月の時点で54歳ですから、あと27年ほど生きられる計算になります。しかし、突然の事故や思わぬ病気で平均寿命まで生きられない可能性も十分あります。この先何年生きられようとも、私は残りの人生をすべて以下の三種類の事業に捧げるつもりであることにかわりはありません。

第一に、自分自身の心を完成させるゾクチェンの瞑想修行を続けること。第二に、縁ある人々にゾクチェンの教えを伝授し続けること。第三に、ゾクチェンの教えをラマから伝授してもらったり、心ゆくまで瞑想修行したりすることができる、みんなの殿堂を日本の中に創設すること。これら三種類の事業を進める上で共通した最重要課題は、チベット語で書かれたゾクチェン経典を日本語に翻訳し出版することなのです。

私がチベット語経典を日本語に翻訳し始めて、あっという間に14年の年月が過ぎ去りました。まさに光陰矢の如し。この14年の間に、髪の毛には白いものが目立ち始めるようになり、視力が落ちて老眼鏡をかけるようになり、長時間の労働に耐えられないほどまで体力が低下しました。

昔から日本でもチベット仏教は人気を集め、少なからぬ人々がその勉強や瞑想修行をしていましたから、チベット仏教経典の日本語訳ならば多くの人に望まれたり、喜ばれたり、出版の話が持ち上がったりしやすかったことでしょう。しかし私が昼も夜もなく情熱を注いでいたのは当時の日本では一般的にはほとんど誰にも知られていなかった（場合によっては差別され蔑まれていた）ボン教経典の日本語への翻訳でした。ボン教経典の日本語訳など誰にも望まれていなかったし、誰かの目に留まることもないということを知りながら、私はただただ自分の心の命ずるままに今まで翻訳作業に没頭してきました。

そうした中、ナチュラルスピリット社の今井社長が、私の『シャンシュン・ニェンギュ』の翻訳事業に興味を持ってくださり、書籍にして出版することを勧めてくださいました。本当にありがたいことです。そこで、『シャンシュン・ニェンギュ』の中からすでに翻訳済みの数章を選び出し、一冊の書籍にまとめてみたのが本書です。本書に収録されているテキストはすでに何年も前に一度翻訳を終えているものばかりですが、この14年もの間に私のゾクチェンの見解に対する理解と翻訳技術が向上したので、もう一度最初からチベット語の原典から翻訳をやり直しました。

『シャンシュン・ニェンギュ』は瞑想のテキストであるのと同時に、高度な思想書であり哲学書でもあります。千年以上も前に書かれた古い文献でもあり、遥か昔のシャンシュン王国やチベットの文化的な文脈の上で記述されています。現代のチベット僧ですらその内容を正確に読み解くのは容易ではありません。

ですから、たとえその内容が日本語に翻訳されていたとしても、そのままでは21世紀の日本で生活する一般の読者にはほとんど役に立たないものだと思いました。読者に『シャンシュン・ニェンギュ』の価値とその魅力を知っていただくために、各章の内容に対応した読みやすくわかりやすい解説を新たに書き下ろし付け加えました。

この解説では各所に散見するチベットの思想や歴史や文化などの専門的な内容にはあまり踏み込まず、かつての私がそうだったような公立高校の三年生の生徒が理解できるような内容に絞りました。ですから、高校三年生以上の読解能力がある人ならば、それほど骨を折ることなくすいすいと読み進めることができるはずです。一方で、チベット語やチベット文化に関して造詣が深い専門家のために、特に注目してほしい言葉や地名などだけに、もともとのチベット語の言語の表記をワイリー方式［チベット文字によ る綴りをラテン・アルファベットに翻字するための方式の一つ］で掲載しました。

欧米を中心に世界各国で、『シャンシュン・ニェンギュ』の翻訳と出版事業が、個人的な努力により徐々に進められています。しかし、本書に収録されている「見解の概略による禅定瞑想の修行方法」の翻訳は、私が知る限り英語でもまだ出版されていません。つまり、世界初の外国語への翻訳になるはずです。

その他の章はジョン・レイノルズ氏によってすでに英訳され、『Oral Tradition from Zhang-Zhung（シャンシュン王国由来の口伝）』という書名で出版されています。アメリカ人であるジョン・レイノルズ氏はチベット仏教ニンマ派のラマであると同時に、ボン教経典の英訳のパイオニアです。

それは私が瞑想修行をするために、カトマンズに創建されていたティテン・ノルブッツェ僧院にはじめに通い始めた頃のことですから、1995年か1996年のことだったと思います。当時のティテン・ノルブッツェ僧院はまだ小さく、チベットから亡命してきたばかりの若い20代のチベット僧が20人ほど在籍していただけでした。僧院の中にはその当時の規模には不釣り合いなほどにがらんとした広い客間があり、その客間に入るための扉はいつも廊下側に開かれていたことを、今でも昨日のことのようにはっきりと思い出せます。

一時期、私がその客間の前を歩くたびに室内のようすを覗き込むと、長テーブルを挟んでヨンジン・リンポチェとジョン・レイノルズ氏が熱心に英語で話し合っている姿をたびたび目にすることがありました。机の上にはチベット語で書かれた経典とA4サイズの紙が何枚も広げられていました。そのようすから、二人でボン教経典を英訳する作業に没頭していることがすぐに推察できました。二人の姿の後ろには、外に向かって開放されたいくつもの大きなガラス窓が横一列に並び、窓の先には涼風を呼び込む竹林の葉の間から、カトマンズ随一の聖地スワヤンブナートの仏塔が遠くに見えました。

当時は英語でもボン教に関する十分な参考文献は手に入りませんでしたし、インターネットはまだ物珍しく、一般的には普及しておらず、国際電話の通話料金が大変かかる時代だったので、ジョン・レイノルズ氏はヨンジン・リンポチェのいるネパールに気軽に電話してわからない文章や単語について質問することができなかったはずです。ですから、彼は集中的にまとめて自分が翻訳した内容をヨンジン・リンポチェにチェックしてもらったり、辞書に見当たらない特殊なボン教用語の意味を確認したりするためだけに、決して安くはない航空券代を支払い、何時間もかかる長旅をして、海外からカトマンズに何度も足を運んでいたのです。『Oral Tradition from Zhang-Zhung』はこのように大変な労力と時間や費用を費やして、英訳されたり出版されたりしていたはずです。彼の苦労がしのばれます。

ジョン・レイノルズ氏はこの他にもボン教のゾクチェン経典や密教経典の翻訳書を出版されていて、世界中のボン教仲間たちの間で知らない人がいないくらい著名な人です。しかし、彼が翻訳作業を進める上でどれだけ膨大な時間を費やし、多大な労力を注ぎ込み、少なからぬ費用をかけ、苦労をしてきたのか、ほとんど誰も気づきませんし想像することもできないでしょう。私は偶然その現場をたびたび目撃していたので、普通は表に出ることのない彼の苦労を幾分か理解することができているのです。

私はチベット語の原典と照らし合わせながら彼が翻訳した『Oral Tradition from Zhang-Zhung』をこの機会に読み返したところ、その端々にパイオニアだけが体験する苦労と苦心の跡が色濃く残されていることを発見しました。彼の苦労を何も知らない他の誰かならば、誤訳だと言って彼を非難するかもしれませんが、私は彼を責める気持ちには到底なれません。
『Oral Tradition from Zhang-Zhung』は私の翻訳作業の大きな助けになりましたし、ジョン・レイノルズ氏への尊敬の気持ちには変わりありませんが、私は本書でより正確な翻訳を実現できたと自負しています。なぜならば、私にはチベット語でチベット人のボン教の高僧たちと直接コミュニケーションできるという強みがあったからです。本書の翻訳にはその強みを最大限反映させることができたと思います。

近年スマートフォンの登場により、チベット人の僧侶たちとＳＮＳやボイスチャットを通じて気軽に連絡を取ったり質問できたりするようになり、私の翻訳作業の精度と効率は大幅に向上しました。辞書にも記載されていない単語、解釈が困難な文章、ボン教独特の表現や言い回しなどについて、私は日本に居ながらチベット人の高僧たちに質問することができるようになったのです。

それでも今まで長い時間を費やしてきたゾクチェンの理論や実践に関する宗教的な経典の翻訳とは異なり、実在の歴史上の人物や地理などを含む「ボン教が滅亡しない理由」のような古い文献の翻訳には手を焼きました。私の古くからの友人であり、もはやチベット人の高僧の一人に数えてもおかしくないモンラム・ワンギャル師は、ＳＮＳやボイスチャットを通じて根気強く私の質問に答えてくれました。

彼の協力のおかげで、本書に含まれる翻訳は飛躍的に精度の高いものになりました。ティテン・ノルブッツェ僧院の学頭ラマのツァムパ・テンジン師にはコンピューター入力された『シャンシュン・ニェンギュ』のデータを送信していただき、同僧院の瞑想学堂長のツルティム・テンジン師からは

表紙の仏画を描いたイウォナ・ザワツカ氏

『シャンシュン・ニェンギュ』の成り立ちに関するアドバイスをいただきました。

イウォナ・ザワツカ（Iwona Zawadzka）氏はポーランドを中心に活動する画家であり、同時にボン教の瞑想修行を続ける女性修行者です。彼女が描いた、青色が映える美しい護法神ウェルロ・ニパンセの絵画がＳＮＳ上でたまたま私の目に留まったとき、本書の表紙はこれ以外ないと思いました。すぐさま作者の彼女に連絡すると、本書の表紙に使用することを快諾してくれました。

ここでイウォナ・ザワツカ氏について手短に紹介してみたいと思います。イウォナ氏は１９８１年にポーランドの東部ポドラシェ県で生まれました。子供の頃から美術の才能に目覚め、小学校を卒業した後スプラシルの美術高校に進学し、卒業後さらにワルシャワの美術アカデミーに進学しました。アートの世界に没頭する中で、絵を描くことは自分自身との対話になることに彼女は気づいたそうです。

２００６年に美術アカデミーを卒業後、ワルシャワのプラガ地区に「The East Studio」を友人たちと設立し、アート活動を継続。人生の問題や人間関係で苦しみ続けてきた彼女は、出口に導いてくれる何かを探し求めていました。そうして２０１２年、イウォナ氏はボン教に出会ったのです。

ボン教の教えに耳を傾けるうちに、それまで抱えていた疑問に対する答えを発見しました。当時すでにポーランドに設立されていたボン教の瞑想センターに足を運ぶようになり、多数の優れたラマたちからボン教の教えを集中的に学ぶことができました。

またこの時期、彼女はボン教や仏教にまつわる場所を旅行しました。それはインドのメンリ僧院、ネパールのティテン・ノルブツェ僧院やルブラ村、テネリフェ島のザムリン・ガル、フランスのシェンテン・ダルギェリンなどです。その中でも最も親近感を感じたのはインドのメンリ僧院でした。メンリ僧院には最初3〜4週間滞在し、2回目からは毎回3〜5か月間滞在するようになりました。

２０１５年にはメンリ僧院の学頭ポンロプ・ティンレー・ニマ・リンポチェのもとで帰依戒（帰依するための戒法）を授かりました。２０１６年に初めて3週間にわたるお籠り修行を実施し、それ以降も1か月または2か月のお籠り修行を毎年2回実施しています。お籠り修行の間、瞑想から素晴らしい体験と結果が得られるため、ますますお籠り修行に熱が入るようになったそうです。

こうしてイウォナ・ザワツカ氏の心は自然と癒され、人生の色彩が変わり、人生に対する理解が深まりました。そして苦しみが減少するにつれ、彼女の人生の中で瞑想が重要な位置を占めるようになりました。定期的に長期間にわたるお籠り修行を実施できる境遇に恵まれていることに、計り知れないほどの幸せと感謝の気持ちを感じているそうです。

コロナ禍によりアジアへの旅行が不可能になった２０２０年からは、お籠り修行の場所をポーランドにあるボン教の瞑想センターに移しました。ポーランドには現在、チャムマ・リン（Chamma Ling Centre）とシャルザ・リン（Shardza Ling Meditation Centre）というボン教の瞑想センターが運営されています。

こうしたボン教の瞑想センターでお籠り修行をする間、欧州のボン教仲間たちが進んで彼女のお籠り修行の支援を申し出てくれています。空いている時間には自分の才能を生かしてボランティアで、仏画を描いたり、瞑想センターの祭壇や施設の装飾作業をしたり、Web サイトを運営したり、イベントのバナーやフライヤーなどのデザインをしています。このように彼女は現在、ダルマ（仏法）と結びついた活動に、多くの時間を注ぐ生活を送っています。

２０１９年から「テンパ・ナムカ財団」（drenpa-namkha.org）の運営に関わり、ボン教の経典を翻訳したり、法話会や放生会（生き物を自然に帰し功徳を積む催し）を開催したりしています。また、チャムマ・リンでは香煙供養のための仏塔を建てたほか、現在、龍神（ナーガ）を供養するための仏塔の建設の準備を進めています。

２０２２年からは「チャプル・ファンデーション」（chaphurfoundation.com）の運営にも携わり、チベットのナンシ僧院で学ぶ僧侶たちの経済支援を行っています。ボン教のゾクチェン瞑想を続ける彼女は『シャンシュン・ニェンギュ』の教えと深い縁を感じているそうです。

ウェルロ・ニパンセは『シャンシュン・ニェンギュ』の護法神ですが、ウェルロ・ニパンセの仏画は入手困難です。より多くの人々がウェルロ・ニパンセの仏画に触れる機会が増えることを発願し、自分自身の手で新たに描くことを決心したそうです。それが本書の表紙となった仏画なのです。

最後に巻頭に掲載した推薦文についても触れたいと思います。ありがたいことに、本書のために長野泰彦先生から推薦の言葉を寄せていただきました。長野先生は世界的に著名な言語学者であると同時に、ボン教やシャンシュン文化の研究における第一人者です。欧米ではチベット学の研究者だけでなく、ボン教仲間やボン教修行者の間でも、その高名と業績は広く知られています。基礎研究を重視されているので、一般向けに日本語の書籍を執筆されたり、研究発表されたりすることはまれです。

世界中でシャンシュンに関する研究や調査が開始されてからしばらくたち、その成果や情報を少しずつ目にする機会が増えました。長野先生に寄稿いただいた推薦の言葉の中では、シャンシュンの版図や言語、漢籍による記録、ゾクチェンとの関係などがコンパクトにわかりやすく説明されています。何度でも読み返したい素晴らしい内容です。本当にありがとうございました。

1990年代後半には長野先生の指揮により、ボン教に関する国際的で大規模な基礎調査が実施されました。その成果の大部分は英語で出版や発表がなされ、世界中で高い評価を得ています。その成果の中には、チベット文字で表記されたシャンシュン語やボン教独特の用語の意味を英語で知ることができる辞書があります。その辞書は紙媒体で出版されただけでなく、データとしても関係者に配布されていて、著作権フリーの辞書ソフトと組み合わせることにより、ボン教の文献の中でしか見当たらない解読難解な語彙を簡単に検索できるようになりました。この特殊な辞書は、私が『シャンシュン・ニェンギュ』をはじめとするボン教経典を翻訳するときの強力かつ不可欠なツールになりました。

英語の言葉の場合にはその発音のカタカナ表記はほぼ統一されたものがありますが、チベット語の場合にはそういうわけにはいきません。統一されていないので、執筆者によってカタカナ表記が異なるのです。推薦の言葉の中で長野先生がポン教とリク・ミヒャと表記されているのは、それぞれ私がボン教とリミギャと表記しているものと同じものです。また文章中のガリの「ガ」とグルカルの「グ」は特殊な発音表記で、鼻濁音（音声を鼻にかけながら発音する音）を表しています。

本書の原稿にざっと目を通された後、長野先生はナチュラルスピリット社さんに電話をかけ「この本には地図は入るのですか？　シャンシュンは、今はないのだから地図があった方がわかりやすいのではないか」と問い合わせをされたそうです。突然、高名な学者である長野先生からかかってきた電話を取られたナチュラルスピリット社の田中さんはとても驚かれて、ドキドキ、しどろもどろになったそうです。研究には厳しい長野先生ですが、こんな悪戯《いたずら》なところがあります。そこで急きょ、長野先生のアドバイスに従い、シャンシュンの地図を本書の冒頭に掲載することになりました。

シャンシュンやボン教に関する地図はどこにでもあるわけではありません。『ボン教：弱者を生き抜くチベットの知恵』（創元社、2022年）の執筆者の諸先生方と編集者の原氏に、同書に掲載されている素晴らしい地図の二次使用をお願いしたところ、快諾していただきました。この地図にシャンシュンの版図を示す範囲を追加して、本書に掲載することができました。諸先生方と原氏に感謝を申し上げます。

この『ボン教：弱者を生き抜くチベットの知恵』は日本人の一流研究者が中心となりボン教の歴史や文化についてまとめられた、日本語で読める優れたボン教の入門書です。『シャンシュン・ニェンギュ』を通じてボン教に興味を持たれた方は、この書籍をぜひご覧ください。

私をいつも遠くから見守ってくれている、ヨンジン・リンポチェと後継者の僧院長テンパ・ユンドゥン・リンポチェに対する私の恭敬《きょうけい》と感謝の気持ちをここでも述べておきたいと思います。

本書を出版する機会を与えてくださったナチュラルスピリット社の今井社長と、常に私の意思を尊重しながら編集に尽力された高橋聖貴氏に感謝を申し上げます。

私の活動に対する支援や援助してくれる方々、応援してくれる方々に心からの感謝を申し上げます。

参考文献

〈和書〉

・岩尾一史、池田巧編『チベットの歴史と社会』臨川書店、二〇二一年

・サムテン・ギェンツェン・カルメイ『光の少年 ―チベット・ボン教の聖者たち―』津曲真一訳、ナチュラルスピリット社、二〇二三年

・ギブ・クリストファー『チベット史ものがたり』小川英郎訳、日中出版、一九八九年

・熊谷誠慈編著『ボン教：弱者を生き抜くチベットの知恵』創元社、二〇二二年

・D・スネルグローヴ、H・リチャードソン『チベット文化史』奥山直司訳、春秋社、一九九八年

・チベット中央政権文部省『チベットの歴史と宗教――チベット中学校歴史宗教教科書』石濱裕美子、福田洋一訳、明石書店、二〇一二年

・ロラン・デエ『チベット史』今枝由郎訳、春秋社、二〇〇五年

・星泉『古典チベット語文法』東京外国語大学アジア・アフリカ言語文化研究所、二〇一六年

・ヨンジン・テンジン・ナムタク・リンポチェ『虹の身体の成就者たち』エルマコヴァ、キャロル・エルマコフ、ディミトリー編、箱寺孝彦訳、ナチュラルスピリット、二〇二一年

〈欧文書〉

・Nagano,Yasuhiko, Karmay, Samten G.（Eds.）, 2008, *A Lexicon of Zhangzhung and Bonpo Terms*, Bon Studies 11, Senri Ethnological Reports 76, Osaka: National Museum of Ethnology

・Namdak, Tenzin, Tmscr. & ed. Carol Ermakova and Dmitry Ermakov, *Zhang Zhung Nyengyud Kagyud Korzhi The General Presentation of the Outer Views & The Essential Pith Instructions of thc Inner Cycle Volume* II（Shenten Dargye Ling, 2011）

・Reynolds, J. M., 2007, *Oral Tradition from Zhang-Zhung: An Introduction to the Bonpo Dzogchen Teachings of the Oral Tradition from Zhang-Zhung Known as the Zhang Zhung Snyan Rgyud.*, Vajra Publications

◉ 編訳・解説者略歴

箱寺孝彦（はこでら・たかひこ）

1969年生まれ。1995年からネパールのボン教僧院でヨンジン・テンジン・ナムタク・リンポチェの指導のもとゾクチェンの瞑想修行を始める。2009年からチベット語経典を日本語に翻訳するプロジェクトを進めると同時に、日本でゾクチェンを含むボン教の瞑想指導を始める。

著書：電子書籍『ゾクチェン瞑想修行記』(2015)、『ゾクチェン瞑想マニュアル』(ナチュラルスピリット、2019)
訳書：電子書籍『光明の入口』(2016)、『虹の身体の成就者たち――ボン教のゾクチェン「体験の伝授」の系譜と教え』(ナチュラルスピリット、2021)

ホームページ：ボン教の楽しい宝箱　https://bonjapan.jimdofree.com/

シャンシュン・ニェンギュ入門

●

2024年2月23日　初版発行

編訳・解説／箱寺孝彦

装幀／内海 由
本文イラスト／came
編集／高橋聖貴
DTP／細谷 毅

発行者／今井博揮
発行所／株式会社 ナチュラルスピリット
〒101-0051 東京都千代田区神田神保町3-2 高橋ビル2階
TEL 03-6450-5938 FAX 03-6450-5978
info@naturalspirit.co.jp
https://www.naturalspirit.co.jp/

印刷所／中央精版印刷株式会社

ISBN978-4-86451-466-8 C0010